全民弱智

決定命運的政治智商

謝選民 著

Natural Rights Press, LLC
美國自然人出版社

版權所有頁

書名： 《全民弱智——決定命運的政治智商》
Naive Majority (Traditional Chinese Edition)
作者： 謝選民（Raymond Xie）
出版者： Natural Rights Press LLC
84 W BROADWAY STE 200
DERRY, NH 03038, United States
責任編輯：Gail Xiang
封面設計：Gail Xiang
初版時間：2025年8月
修訂版時間：2025年10月 （繁體中文第 1.1 版）
印刷地點：美國印製 by Amazon Kindle Direct Publishing
聯繫方式：info@naturalrightspress.com

版權所有 © 2025 by 謝選民（Raymond Xie）
本書內容受美國及國際版權法保護，未經版權所有人書面許可，不得以任何形式複製、翻印、影印、翻譯或傳播本書全部或部分內容，包括印刷版、電子版、音訊或網路版本。違者將依法追究法律責任。

All rights reserved.
No part of this publication may be reproduced, stored in a retrieval system, or transmitted in any form or by any means — electronic, mechanical, photocopying, recording, or otherwise — without the prior written permission of the publisher.

ISBN：979-8-9929224-1-7
本書由作者通過獨立出版平臺發行，內容僅代表作者個人立場，與出版平臺無關。

全民弱智，無問西東，
黨國不分，粉紅成風。
多元平等，自由架空，
大愛無疆，亡國有功。

殺嬰變性，極左癲狂，
地獄之路，鮮花怒放。
順天者昌，逆天者亡，
決定命運，政治智商。

——《全民弱智》題記

序言

　　群眾是愚昧的，精英是虛偽的，權力是腐敗的，制度是脆弱的。現代人正坐在核武、病毒、貿易戰與恐怖主義交織的火藥桶上，而最大的風險，來自於普遍缺失的「政治智商」。

　　《全民弱智：決定命運的政治智商》正是為你而寫。它既是一首現代人的悲歌，也是一部將顛覆你思維方式的政治文明啟蒙之作。

　　這不是一本學術著作，而是寫給每一個身處大時代中的普通人的政治自救指南。無論你是初入社會的年輕人，還是久經職場的專業人士，在這個政治與經濟高度交織、百年未有之大變局中，每個人都必須具備一份敏銳的政治智商。

　　因為你所做的每一個決定——是否接種疫苗、何時投資房地產、是否「潤」、應該將選票投給誰——都會直接影響你與家人的命運。

　　通往地獄的道路，往往鋪滿了善意的鮮花。朋友們，無論你是在牆內還是牆外，你是否具備識別各種陷阱的政治嗅覺？

　　本書將與你深入探討一系列華人極為切身的問題：

　　——華人如何在中美貿易戰中自保？

　　——為什麼華人政客往往專門「收割華人」？

　　——面對複雜的選舉局勢，華人應如何理性投票？

　　——四劑「良藥」，治癒華人在美「種族歧視焦慮症」。

　　作為一名90年代來到北美的留學生，我並非政治學者。我的職業起點是通訊與網路領域的軟體工程師，後來做了十幾年產品經理，如今是一名資料科學家，可以說是一個典型的「理工男」。也正因為如此，我希望用你聽得懂的平實語言，講清那些與你命運息息相關、人生不可或缺的政治常識。

你是否還在相信「經濟基礎決定上層建築」？馬斯洛的「需求層次理論」？亨廷頓的「文明衝突論」？你是否還在膜拜那些專家和大師？——但萬一他們大部分都是錯的呢？

我始終相信：一個群體的愚昧，遠比一個人的邪惡更可怕。

你真的瞭解美國歷史嗎？你明白古典自由主義和保守主義的關係嗎？你知道憲政和民主的區別嗎？你認識新保守主義和「華盛頓沼澤」之間的關係嗎？你掌握倫理學和批判性思維的基本原則嗎？

你需要一個有高度、有深度的思想格局。

本書以美國政治與歷史為背景，圍繞世界觀、原則、知識與邏輯四個維度，系統構建出現代「政治智商」的完整思想架構。它註定將拓寬你的視野、訓練你的批判性思維，幫助你看清真相，做出明智選擇，成為家庭與自由的守護者。

當整個世界正在奔向懸崖，唯有選擇反方向奔跑的人，才是真正有智慧的人。

在本書的寫作過程中，我使用了人工智慧工具 ChatGPT、Grok 和 Claude，作為資料檢索、文字潤色與校對的輔助工具。但本書的觀點、立場與核心內容，始終是我個人獨立思考與選擇的結晶。書中的插圖大多由 ChatGPT 協助繪製。

最後，我要深深感謝我的妻子 Gail。如果沒有她全程參與本書的編輯、校對、插圖製作，以及生活中的體貼陪伴和屬靈上的代禱扶持，這本書根本不可能完成。同時，我也要感謝十幾位試讀的朋友們，他們花費大量時間認真閱讀，提出了寶貴的建議，是我思想旅程中最忠實、最可貴的同行者。

目錄

序言	4
目錄	6
第一部分 全民弱智的症狀和病因	**10**
第一章 什麼是政治智商？	**11**
1-1 決定命運的政治智商	12
1-2 政治智商的四種定義	16
1-3 公民政治智商的四個功用	21
1-4 構建政治智商的基本框架	26
1-5 測測你的政治智商：十個認知挑戰	32
第二章 全民弱智的八個症狀	**36**
2-1 對國家、政府、政黨和人民的認知錯位	37
2-2 對政府福利的依賴	44
2-3 對權威精英的迷信	48
2-4 對結果平等的嚮往	52
2-5 對多元文化的崇拜	56
2-6 無底線的虛偽大愛	60
2-7 對恐怖主義的縱容	65

2-8 天下烏鴉一般黑的犬儒主義　　　　　　　　71

第三章　全民弱智的病因：對人性的雙重誤判　　75

3-1 三座大山壓垮了中國人的認知　　　　　　　76

3-2 三個陷阱摧毀了美國人的常識　　　　　　　82

3-3 誤判一：低估人的罪性　　　　　　　　　　90

3-4 誤判二：漠視人性尊嚴　　　　　　　　　　97

第二部分　重建世界觀和政治智商的原則　　103

第四章　世界觀：政治智商的基石　　　　　　104

4-1 支持進化論的四個柱子是如何坍塌的？　　　105

4-2 順天者昌：你有上帝的形象　　　　　　　　114

4-3 逆天者亡：你被判了死刑　　　　　　　　　123

4-4 給人民自由，他們將以美德回報　　　　　　127

4-5 天賦人權：為什麼只從新教產生　　　　　　133

第五章　美國政治文明的四項基本原則　　　　142

5-1 自然權利是目的：人權能當飯吃嗎　　　　　143

5-2 憲政共和是框架：保護少數人的權利　　　　154

5-3 有限政府是手段：防火防盜防大政府　　　　160

5-4 市場經濟是動力：最公平的遊戲規則　　　　168

5-5 從古典自由主義到保守主義：自由三劍客　　175

第三部分　政治智商的知識體系　　186

第六章　重審美國歷史　　187

　　6-1 美國建國歷史：讓人民騎在政府頭上　　188

　　6-2 美國兩黨初期歷史：誰守住了建國初心　　196

　　6-3 淪為大政府：自由的蠶食與百年滑坡　　205

　　6-4 民主黨的華麗變身：從奴隸制到平權先鋒？　　212

　　6-5 共和黨的建制派與華盛頓沼澤　　219

　　6-6 川普的回歸：美國的第二次獨立戰爭　　226

第七章　經濟發展的三塊基石　　237

　　7-1 經濟基礎決定上層建築：你被忽悠了嗎？　　238

　　7-2 從私有財產權看懂經濟的興衰　　245

　　7-3 從經濟自由指數預測經濟的走向　　255

　　7-4 華人如何在中美貿易戰中自保？　　261

第八章　戰爭與外交　　269

　　8-1 正義戰爭的十二個原則　　270

　　8-2 新保守主義和戰爭狂的興起　　279

　　8-3 亨廷頓錯了：文明之間沒有衝突　　288

　　8-4 誰在給恐怖主義輸血：中東問題的出路　　296

第四部分 政治智商的邏輯與應用　　307

第九章 倫理學和社會議題　　308

9-1 倫理學導論：原則，還是結果？　　309

9-2 墮胎：撕裂美國的倫理問題　　318

9-3 非法移民與選舉誠信：亡國的一盤棋　　326

9-4 華人政客專宰華人：華人該如何投票　　336

第十章 批判性思維和應用　　346

10-1 批判性思維的實用模型　　347

10-2 政治智商的三個應用實例　　357

10-3 四劑良藥：治癒華人在美種族歧視焦慮症　　367

10-4 馴服公權力的十個公民責任　　376

結語：請珍惜來之不易的自然權利　　384

附錄一：政治智商樣本測試題與解析　　386

附錄二：圖表目錄　　393

參考文獻　　394

第一部分

全民弱智的症狀和病因

「一個群體的愚昧,遠比一個人的邪惡更危險。」

——作者

(注:此警句改編自伯克、托克維爾等思想,
強調群體無知對社會穩定的威脅。)

第一章

什麼是政治智商？

「在民主社會中，一個選民的無知，都會削弱所有人的安全。」

"The ignorance of one voter in a democracy impairs the security of all."

——約翰・甘迺迪（John F. Kennedy）

美國甘迺迪總統的這句話道出了一個令人警醒的事實：在民主制度下，沒有人是一座孤島。一個人的錯誤判斷，可能導致整個國家走入歧途；一個群體的盲從，甚至會讓自由和秩序毀於一旦。民主並不自動等於智慧，它需要公民具備起碼的認知能力與責任感。而這種能力，便是我們要討論的「政治智商」。

本章將首先回顧學術界對政治智商的幾種主要定義，探討它在現實生活中的實際功用。最後，我們將嘗試搭建一個清晰的框架，幫助你理解政治智商的基本結構與知識體系。

第一部分 全民弱智的症狀和病因

1-1
決定命運的政治智商

1948年冬天，北平的空氣中彌漫著寒意和不安。國共內戰的炮聲雖已遠去，城內的平靜卻帶著詭異的沉重。北大校長胡適站在窗前，凝視著漸漸昏暗的街道，指間的香煙燃盡，嫋嫋青煙散去，他卻渾然未覺。幾天後，他將離開這座承載無數記憶的城市，踏上未知的旅途。

「思杜，你真的不跟我走嗎？」他終於開口，聲音裡帶著一絲疲憊。

他的兒子胡思杜，剛從美國留學歸來，站在一旁，臉色蒼白而堅定。

「爸爸，我已經決定了。你走吧，我留下。」

「你不明白。」胡適皺緊了眉頭，焦急地看著兒子。

「你留在這裡，他們不會放過你。你的名字，你的出身——都會成為罪狀。」

胡思杜低下頭，沉默片刻，緩緩說道：「我沒有做過反共產黨的事，我沒事的。」

胡適的手微微顫抖，他想再說什麼，卻終究只是長歎一聲。

9年後，1957年9月的一個夜晚，被打成右派的胡思杜，在北京的家中上吊自殺，年僅36歲。胡適在臺灣得知消息後，悲痛欲絕，感歎未能履行父親的責任。

這個故事的意義何在？重述這個故事，是因為我不希望我的孩子們重蹈胡思杜的覆轍。我寫這本書，就是為了他們。在這個複雜

而充滿危險的時代，給孩子們最好的遺產是深厚的政治智商，遠超于給孩子們最好的學校，最優渥的物質條件。

政治智商是什麼？

它是一種對歷史趨勢的判斷能力，一種對社會制度的警覺，一種預見未來風險的本能。

1933年，希特勒上臺，德國猶太人仍然能過正常生活。但從1938年起，納粹開始大規模逮捕猶太人，許多人被送往集中營。在1933到1938年的5年時間，德國猶太人可以逃難離開。歷史上有近一半德國猶太人選擇離開，他們躲過了後來的毒氣室和焚屍爐。著名物理學家愛因斯坦就是其中之一。

如果你是當時的猶太人，面對著財產、親友和故土，你會抓住1933到1938的五年視窗期逃離嗎？

1946年，抗戰剛結束，一個在南洋賺了錢的華人回到安徽老家。當時那裡仍屬國民政府管轄，他考慮買一塊地養老。表面上看，這是個理所當然的決定，土地在中國傳統文化中意味著安身立命。

然而，幾年後土地改革開始。地主被鎮壓，財富被沒收。假如這位華人真的買了土地，他的下場極可能是輕則勞改，重則公審槍決。

他是否擁有足夠的政治智商，提前看到這場即將到來的風暴？

快進到今天

很多人以為，現代社會比以前更安全，但事實並非如此。我們來看另外一個故事。

2021年秋天的美國麻州，寒意漸濃。疫情未退，醫院的命令卻如陰影籠罩。艾米麗，一位懷孕的護士，站在窗前，凝望漸漸昏暗的天空，手指輕輕撫著隆起的腹部。她不願接種 mRNA 新冠疫苗—

——孕婦資料不足,風險未知。可醫院強制要求全員接種,10月10日是最後期限,她心亂如麻。

「艾米麗,你別打了,辭職吧!我可以養活你,你和兒子的健康最重要。」丈夫終於開口,聲音帶著焦急。

她轉過身,臉色蒼白卻倔強,「我想要這份工作,孩子也許不會有事的。」

「你不明白!」丈夫皺眉,急切地看著她,「疫苗沒保障,你看網上官方的疫苗受傷資料庫,一萬人都死了,你要簽無責任書,孩子怎麼辦?我怎麼辦?你在冒險!」

艾米麗低頭,沉默片刻,緩緩說道:「為我禱告吧。我相信會沒事。」

丈夫想再勸,卻只剩一聲長歎。

接種新冠疫苗後第二天,艾米麗感到腹痛難忍,隨即被送往急診。醫生告知,胎兒已無心跳——她即將出生的兒子流產了。病房裡,她淚流滿面,撫著空蕩的腹部,低語:「我錯了。」丈夫握著她的手,無言以對。這個決定,留下無盡悔恨。

這樣的故事絕非個案。一位朋友告訴我,她的兩位護士同事在接種疫苗後不幸發生了流產的悲劇。2021年,美國官方的疫苗不良反應資料庫 VAERS(Vaccine Adverse Event Reporting System)持續公佈相關案例,到了10月份,疑似疫苗相關死亡人數便已超過一萬例。

現代醫學無疑拯救了無數生命,但隨著大型製藥公司利潤的飆升,政府監管機構的獨立性遭到侵蝕,而媒體因依賴製藥企業的廣告收入,也逐漸淪為宣傳工具。結果,疫苗從原本的公共健康工具,變成了政治與資本交織的戰場。如今公眾對疫苗的信任度已降至歷史最低點。

此外，美國主流媒體對成千上萬的疫苗相關死亡案例保持沉默，大型社交平臺則大量刪帖、控制言論。古時尚有「天高皇帝遠」，而如今的技術手段使得統治者的監控無處不在。你的手機、社交媒體、搜索記錄、銀行帳戶，甚至日常對話，都可能被追蹤、分析，不僅用於商業目的，還可用於精准壓制你的言論，甚至控制你的銀行帳戶。

在這樣一個科技發達但監控橫行、醫療進步但健康堪憂、資訊發達但認知被操控、經濟繁榮但危機四伏的時代，政治智商決定著你的生存能力。

這本書，不只是留給你自己，更是留給你的孩子。當世界再次陷入混亂，他們是否能敏銳察覺危險，並做出正確的抉擇？

如果你在1933年的德國，你會不會在1938年之前離開？

如果你在1946年的安徽，你會不會買那塊地？

如果你在今天的世界，你會不會犯同樣的錯誤？

答案，就掌握在你的政治智商裡。

1-2
政治智商的四種定義

你生活的大部分時間可能是在和平年代。然而，一個人的政治智商應該在和平時期就逐步形成，而非等到危機降臨才開始思考。例如：你早晨醒來，喝了一杯水，送孩子去學校，然後開車去上班。這些看似普通的日常行為，其實都與政治息息相關。

你喝的水裡含有多少化學物質？自1945年起，美國公共供水系統開始添加氟化物（fluoride），以降低蛀牙率。然而，近年來圍繞飲用水氟化物的健康影響爭議不斷。美國國家毒理學研究項目（National Toxicology Program, NTP）在2024年的一份系統評估中指出，高水準的氟化物暴露與兒童智商降低存在關聯，尤其是在飲用水氟化物濃度超過1.5毫克/升的地區。你是否知道自己每天飲用的水中氟化物的含量？你所居住的城鎮官員是否對此進行過研究調查？

再比如，你有沒有知情權去了解孩子在學校學些什麼？為什麼學校廁所的男女標誌被換掉了？這些問題的答案，通常隱藏在各州的法律裡。而這些法律的制定，與你的選票息息相關。無論是日常生活，還是決定搬家或者移民他國，政治智商都在影響你的選擇。

現在，讓我們開啟這段旅程。首先，我們需要瞭解學術界在這一領域的研究與知識積累。當然，這本書並非學術著作，而是一本面向大眾的讀物。因此，我們不會深究複雜的理論，而是用簡明的方式介紹和總結核心內容。

政治智商（Political IQ，簡稱 PQ）可以簡單理解為：在複雜的政治環境中，能夠分析歷史、解讀政策、預測趨勢，並做出明智

決策的能力。它不僅僅是智商（IQ）或情商（EQ）的延伸，更是一種融合了原則、知識和邏輯的「超級能力」。

例如，你是否能看懂一項新法律背後的意圖？你能否預測某項政策將如何影響你的生活？你是否能在選舉中選擇真正代表你價值觀的候選人？

在本書的開篇，我們將介紹政治智商的四種核心定義，以幫助你建立一個清晰的認知框架。

政治智商的四種定義

雖然政治智商不像智商（IQ）或情商（EQ）那樣廣受研究和定義，但它在政治學、心理學和領導力研究領域已被多次提及和探討。學術界對政治智商的定義仍處於百家爭鳴的階段，目前尚無嚴格的量化標準，而僅有一些政治知識的自測工具。以下是四種互相關聯的政治智商類型：

1. 公民的政治智商（Civic Intelligence）
2. 集體的政治智商（Collective Political Intelligence）
3. 企業的政治智商（Business Political Intelligence）
4. 政客的政治智商（Strategic Political Intelligence）

公民的政治智商不同于政客贏得選舉所需的政治智商。它指的是個體在日常生活中理解、分析和應對政治環境的能力，包括對公共政策、社會問題和政治制度的認知，以及通過投票、參與公共事務、批判性思維，甚至遷移避險來保護自身利益和履行公民責任。公民的政治智商是本書的核心主題。

集體的政治智商

在學術界，「集體政治智商」通常指的是群體、組織或社會如何通過協作、知識共用和多元化視角，做出比個體更明智的決策。

這個概念強調對話、民主審議，並利用技術工具（如互聯網、開源平臺）整合不同個體的智慧，以應對複雜的政治挑戰。

然而，筆者在查閱大量美國學術文獻與政策報告後發現，現實中的「集體政治智商」概念，早已被全球主義、環保主義等思潮深度影響。許多研究者將其目標預設設定為推動環境保護、社會正義等進步主義議題，而對普通民眾最切身的就業、治安、物價、教育等現實問題關注甚少。正是這種脫離民眾、停留在象牙塔中的理想主義，催生了大政府、高福利、高稅收與高通脹等社會危機。

事實上，一個社會的「集體政治智商」直接決定了它的命運走向。在美國，政治理念的差異已將各州清晰劃分為三類：藍州（民主黨主導）、紅州（共和黨主導）與搖擺州（兩黨輪流執政）。藍州與紅州在治理理念、政策路徑乃至社會風貌上，幾乎如同兩個國家，展現出制度選擇與政治智商的巨大分野。

藍州普遍稅收較高，以維持龐大的福利體系，同時在政府機構的選拔上更強調種族、性別和身份認同，而非單純以能力為導向。許多重要職位，如市長、檢察官等，往往優先由特定身份群體（例如非裔、LGBTQ+人士等）擔任，而這並不一定是基於擇優錄用的原則，結果導致行政管理效率下降，類似於過去「工農兵學員」優先上崗的做法。

例如，洛麗·萊特富特（Lori Lightfoot）於2019年當選為芝加哥首位非裔女性市長，也是該市首位公開同性戀身份的市長。然而，在她的領導下，芝加哥的治安狀況急劇惡化，謀殺案數量攀升至25年來最高點，整體暴力犯罪率上升了40%。這一治理失誤無疑反映了芝加哥選民在政治選擇上的集體判斷失誤。物極必反，在2023年2月28日的市長選舉中，選民最終用選票否決了她的連任，使她成為40年來首位未能成功連任的芝加哥市長。

因此，一個社會或群體的集體政治智商，不僅關乎其政策方向，也直接影響其長遠發展和治理成效。

企業的政治智商

第三是企業的政治智商。在全球商業環境中，政治決策和政策變化對企業的生存至關重要。缺乏政治智商的企業往往難以適應環境變化，最終不得不付出巨大代價。以下是兩個案例。

近年來，由於高稅收、嚴格監管、無控制的犯罪率，以及生活成本飆升，加州企業紛紛外遷。

根據加州公共政策研究所（PPIC）的資料，2018年至2023年，超過400家大型公司搬離加州，僅2021年就有74家企業將總部遷往其他州。其中，特斯拉（Tesla）於2021年將總部從加州帕洛阿爾托遷至德克薩斯州奧斯丁，理由是「加州監管過於繁重，商業環境不友好」。與此同時，甲骨文（Oracle）、惠普（HP）等科技巨頭也紛紛搬遷至德州等低稅收州。據加州企業遷移報告顯示，德州成為加州企業的首選遷移地，占所有外遷企業的35%，因為德州不僅稅收低，而且商業友好度更高。這種趨勢表明，企業必須具有敏銳的政治智商，及時察覺政策變化，以便做出正確決策。

在國際上，中美貿易戰、供應鏈重組、嚴格監管政策以及COVID-19清零政策的影響，導致外資企業調整在華佈局。據日經新聞報導，2023年外國對華直接投資（FDI）降至約82.65億美元，創下30年來最低水準，而2022年FDI為189.1億美元，已顯著下降。蘋果公司（Apple）為減少對中國供應鏈依賴，已將部分iPhone生產線轉移至印度和越南。據彭博社2023年報導，富士康（Foxconn）計畫投資7億美元在印度建廠，目標在未來幾年將25%的iPhone生產轉移至印度。同時，日本和韓國企業如索尼（Sony）和三星（Samsung）也在越南擴展工廠，降低對中國的依賴。這種趨勢反映了企業的政治智商——未能及時預測和適應政策風險可能導致重大代價。這也給中國政府敲響了警鐘：唯有堅持政策透明、保障法治與自由貿易原則，才能挽回國際社會的信任，穩住國家發展大局。

政治人物的政治智商

政治人物的政治智商，指的是一種兼具戰略眼光與實戰技巧的政治智慧。它體現為政治領袖或參政者在競選、立法、執政等過程中，如何通過權力博弈、資訊佈局與策略思維，達成自身的政治目標。它不僅是個人魅力的體現，更是深諳政治規則的證明。

例如，英國前首相邱吉爾（Winston Churchill）在二戰期間展現出極高的政治智商。面對德國納粹的威脅，英國國內一度出現「綏靖主義」風潮，許多政客主張對希特勒妥協換取和平。但邱吉爾敏銳洞察到納粹擴張的真實意圖，堅決反對綏靖政策，並通過慷慨激昂的演講喚醒了民眾的危機意識。他不僅巧妙運用輿論，贏得了選民與議會的支持，還在關鍵時刻聯合美國、蘇聯，組建反法西斯聯盟。最終，英國不僅避免了全面淪陷，更成為二戰勝利的重要力量。邱吉爾的遠見、果斷與輿論駕馭能力，正是政治智商的經典體現。

本書的主題

本書主要探討的是公民的政治智商。它是我們普通公民理解、分析並有效應對政治環境的核心能力，融合了知識、原則以及對政治動態的敏銳洞察。理解政治體系是其關鍵，包括深入認識制度、法律和政策，同時具備預測政治後果和做出明智決策的能力。公民若缺乏這種智商，可能在複雜的政治漩渦中迷失方向，甚至成為他人操控的棋子。

目前，公民的政治智商作為一個獨立研究領域，在學術界尚未形成統一的定義或系統的研究框架。然而，相關概念已見於政治素養、政治心理學及公民教育等領域的研究。這些探討為我們理解公民如何在民主社會中發揮作用提供了重要啟示。

1-3
公民政治智商的四個功用

作為一個普通公民，擁有良好的政治智商有何用處？僅僅是為了趨利避害、積福避禍嗎？其實不然。政治智商的意義遠不止於此，至少能幫助我們做到四件大事：看懂歷史、預測未來、保護家人和承擔公共責任。

看懂歷史

還記得中學歷史課上的枯燥時光嗎？課本裡密密麻麻地寫滿了朝代更替的故事：農民起義、宮廷鬥爭……歷史彷彿是一個無盡的輪迴，強者稱王，敗者為寇，似乎並無新意。即便是世界歷史，一戰、二戰也彷彿逃不出類似的模式。那時候，我只是機械地背誦年號、朝代和人物，考試時照本宣科，卻對這些事件背後的深層邏輯毫無興趣。

如果當初老師能拋出幾個簡單卻重要的問題，或許一切都會不同。比如：教科書上的歷史記載真的可信嗎？同一時期，還有哪些重要事件被有意無意地忽略了？課本總結的歷史規律，真的是唯一合理的解釋嗎？標準化的教材和統一答案，常常把我們的思想框死，而教育真正的意義，恰恰是要培養批判性思維，去尋找真相與真理。

法國詩人夏爾·佩吉（Charles Péguy）曾說：「歷史就是任人打扮的小姑娘。」這句看似輕佻的話，卻道出了歷史學的殘酷現實——歷史的記載與解讀，往往受到當權者的立場、觀點與意識形態的深刻影響。比如，過去我們熟知的歷史唯物主義，聲稱人類社會必然從奴隸社會走向封建社會、資本主義、社會主義，最終邁向

共產主義。可如今,還有多少人真正相信這套理論?諷刺的是,它被另一種膚淺的「弱肉強食」歷史觀所取代,彷彿人類社會的全部邏輯,只是殊死搏鬥的零和遊戲。

但一個有高政治智商的人,絕不會用單一、僵化的理論來看待歷史。他既不會盲目套用歷史唯物主義那一套,也不會簡單陷入叢林法則的犬儒主義。他懂得用多元視角理解世界,既承認人性的敗壞與歷史的黑暗,也能看到歷史中的良知與英雄、道義與擔當。他懂得總結歷史規律,分辨善惡興衰。比如,為什麼殘酷高壓的秦政必然滅亡?為什麼二戰中,正義終究戰勝邪惡?為什麼制度、文化與信仰的差異,最終決定了國家與社會的不同命運?

只有真正理解歷史規律與人性本質的人,才能在大眾的盲目與時代的混亂中保持清醒,找到通往自由與希望的路。

預測未來

正如自然界遵循自然規律,人類社會也由一套可以被理解和驗證的社會規律所掌控。政治智商,便是認識、理解並內化這些社會規律的智慧。順應這些規律,社會繁榮昌盛;違背它們,則必然招致混亂與衰敗。比如,市場經濟鼓勵自由競爭,激勵個人努力工作,保護產權並維護社會誠信,這些原則共同推動了文明的進步。然而,任何試圖強行扭曲這些規律的行為,最終都會變成對社會的詛咒,帶來災難性的後果。

我們將在本書的第二部分深入探討這些原則,但在此,先通過一個現實案例——委內瑞拉的崩潰,來說明違背經濟與社會規律的嚴重後果。

20世紀中葉,委內瑞拉曾是拉美最富裕的國家之一,坐擁世界最大已探明石油儲量,經濟繁榮,人民生活富足。然而,一系列違背經濟規律的政策,將這個富裕的國家一步步推向深淵。

2007年，時任總統烏戈·查韋斯（Hugo Chávez）推行極端社會主義政策，大規模國有化電信、電力、食品生產等行業，聲稱政府接管一切，便能公平分配財富，讓人民共同富裕。這些口號聽起來美好，彷彿只要政府擁有經濟控制權，就能消除貧困、保障民生。然而，稍具經濟常識的人都知道，國有化往往帶來效率低下、貪腐盛行和資源浪費。當市場自由消失，企業創新受限，生產力下降，供應鏈很快崩潰，整個經濟體系陷入混亂。

2007年，委內瑞拉的通貨膨脹率已達到18.7%。儘管部分人開始感到不安，但大多數民眾仍然選擇相信政府，認為「情況不會更糟」。我的一位同事卻敏銳地察覺到危機的苗頭，果斷移民美國，因為她深知，當國家領導人無視經濟規律，災難只是時間問題。

事實證明她的判斷是正確的。2016年，委內瑞拉的通脹率飆升至800%；2019年更是達到驚人的10,000,000%（一千萬百分比）！紙幣比廁紙還廉價，物資極度匱乏，超市貨架空空如也，人們只能在街頭搶購剩餘的食品。曾經富饒的國家，如今陷入赤貧，社會治安全面崩潰，數百萬委內瑞拉人被迫逃亡鄰國，只為尋求生存機會。

這場災難並非天災，而是人禍。一個具備基本政治智商的人，在2007年查韋斯實施國有化政策時，就能識別其中的隱患，並未雨綢繆，為自己和家人找到出路。

保護家人

在現代社會，保護家人不僅意味著免受戰火、疾病或自然災害的威脅，更意味著在資訊氾濫、利益交錯的世界中，為他們篩選真相，做出理性且負責任的決定。我們所處的時代，資訊看似唾手可得，然而真正的挑戰在於如何分辨真偽，避免落入被操控的陷阱。

比如，超市里琳琅滿目的食品包裝上充斥著「無糖」、「有機」、「天然」的標籤，彷彿只要選擇這些產品，就能保證健康。然而，許多所謂的「健康食品」依然含有大量人工添加劑、種植過

程中使用的農藥殘留，甚至隱藏的高果糖玉米糖漿，這些成分長期攝入可能會導致肥胖、糖尿病，甚至慢性炎症，危害程度不亞於吸煙。消費者以為自己在做出「健康的選擇」，但實際上，許多食品企業只是換了一個行銷話術，而監管機構對這些虛假宣傳往往睜一隻眼閉一隻眼。

在我小時候，幾乎從沒見過自閉症的孩子。事實上，幾十年前的美國，自閉症患者也極為少見。然而短短二三十年間，情況發生了驚人的變化。我們身邊的自閉症兒童似乎越來越多，增長速度幾乎呈指數級上升。據說，如今在美國，每36個孩子中就有一人被診斷為自閉症（資料來源：美國疾控中心 CDC 2023年報告）。這是怎麼發生的？是疫苗中的鋁、汞等添加劑，還是環境污染、飲食結構、生活方式，甚至醫療標準的變化？

這不再是遙遠的公共話題，而是每個家庭、每位父母必須直面的現實。我們又該如何保護自己的孩子，遠離這些看似撲面而來的健康風險？這是值得每一位父母認真思考的問題。

承擔公共責任

政治智商的最高境界，是承擔公共責任。歷史上，德國民眾的政治智商缺失，直接釀成了人類文明史上最慘痛的悲劇之一。

1933年，希特勒領導的納粹黨在議會選舉中贏得43.9%的選票，合法當選德國總理。然而，僅僅幾年後，他便摧毀了民主制度，發動第二次世界大戰，最終導致約7000萬人喪生。諷刺的是，當時的德國是一個深植基督教傳統的國家，超過90%的人口信奉基督教（主要是路德宗和新教），教會在社會生活中具有重要影響力。然而，宗教信仰並未能阻止民眾被極權主義蠱惑。

這背後，與路德宗傳統對「兩個國度」理論與「順服掌權者」的強調不無關係。馬丁·路德主張信徒專注於靈魂得救與個人敬虔，認為世俗政權是神所設立，應當順服——這一思想在宗教改革後的

德國根深蒂固。到了20世紀，這種「順服權柄」的神學傾向，使許多德國基督徒將政治視為純粹的屬世事務，缺乏對政治謊言與制度邪惡的抵抗意識。

然而，也有例外。以潘霍華為代表的認信教會勇敢地發出了反抗聲音，但他們在當時是少數。大多數教會選擇了沉默或妥協，這成為了一個深刻的歷史教訓：單純的宗教虔誠，如果缺乏政治智慧和道德勇氣，必然無法抵禦極權主義的控制。

另外，公共責任並非僅僅存在於重大危機裡的抉擇中，它滲透於我們日常生活的每一個決定。

兩年前，我所在的小鎮舉行了一場公投，決定是否擴建當地圖書館。支持者認為，這是一項關乎文化與教育的長期投資，能夠提升社區整體的學習氛圍；反對者則擔憂，三千萬美元的預算將加重稅收負擔，並可能擠佔道路維修等其他公共支出。

鎮上共有兩萬名符合投票資格的居民，而日常鎮議會的參會人數通常不超過500人。然而，在這次公投中，社區中心聚集了1000名居民，這已經遠超平時的參與度。人們圍繞這一議題展開了激烈討論，現場氣氛一度緊張。

最終，投票結果非常接近，這1000人的決定通過了三千萬美元的預算。然而，值得深思的是，剩下的95%未投票的居民，最終也要共同承擔這筆沉重的稅收負擔。這次公投不僅決定了圖書館的未來，也凸顯了一個現實——公共事務的決策往往掌握在少數積極參與者手中，而沉默的大多數最終只能接受既定結果。

影響社區並非政客的專屬權力，每個公民的參與都至關重要。政治智商的真正價值，不僅在於理解政治，更在於明白——公共責任不僅關乎個人利益，更是影響社會未來的抉擇。在這個相互依存的世界裡，每個人的選擇，最終彙聚成我們共同的命運。

1-4
構建政治智商的基本框架

在我們做決策的過程中，無論是有意識還是無意識，我們的思維主要依賴於三個核心要素：資訊、原則和邏輯。原則就像一套計算規則，甚至可以被看作是文明運行的「方程式」；資訊則是輸入的變數，而邏輯決定了我們如何運用這些規則來推導結論。當我們將資訊代入原則，並運用邏輯進行推理，就會得出最終的判斷。

以新冠疫苗為例

比如，在新冠疫情期間，美國社會對於是否強制接種新冠疫苗產生了嚴重分歧。

一部分人支援疫苗強制令，他們的思維路徑可能如下：

資訊來源：他們每天接收來自主流媒體、政府衛生部門、CDC的資料，看到疫苗在降低重症和死亡率方面的初步成效。

基本原則：在公共健康危機中，集體安全高於個人選擇。

邏輯推演：既然疫苗能降低傳播風險，那麼不願接種者就是「公共危險」。因此，政府有權推行疫苗護照、限制未接種者的出行自由或工作機會。

而另一部分反對強制令的人，則持有完全不同的認知框架：

資訊來源：他們注意到疫苗受傷資料庫有大量案例，獨立醫生、疫苗副作用受害者的發聲被打壓，以及各類關於藥廠、媒體與政府監管機構之間利益勾結的事實。

基本原則：新冠疫苗是實驗疫苗，有風險，政府無權強迫醫療行為。

邏輯推演：即便疫苗對多數人有效，也不能因此強迫每個人服從；另外，被打壓的聲音的可信度更高。

這兩種看法，哪一方更有邏輯？你或許有自己的立場。但我們必須承認：資訊來源不同、價值原則不同、推理方式不同，就會導向完全不同的結論。你無法用「情緒」打敗對方，也無法用「立場」說服別人。因此，**要提升政治智商，我們必須掌握三大核心能力：資訊的廣度、原則的高度和邏輯的深度。**

圖表1：政治智商的三大核心能力

首先，資訊的廣度至關重要。你獲取的資訊是否全面？主流媒體是否隱瞞或扭曲了一些事實？你是否關注過那些冒著風險分享真相的人，而不是僅僅接受從中獲利的媒體提供的資訊？真正具備政治智商的人，必須能夠主動獲取多方資訊，並進行獨立思考，而不是被單一敘事所操控。

其次，原則的高度決定了你的視野是否足夠開闊。你的原則是基於短期個人利益，還是建立在更深層次的世界觀之上？你是否曾思考過，權力趨於腐敗？一個醫生的言論自由是最基本的自然權利，人的身體自主權不容侵犯，這些看似哲學化的問題，實際上決定了你的政治立場。只有當你的原則建立在更高層次的價值體系之上，你才能不被短期利益和情緒煽動所迷惑，從而看清事物的本質。

最後，邏輯的深度決定了你是否能夠透過表像看清真相。批判性思維是政治智商的核心組成部分。權威需要被質疑，權力需要被監管。你是否會用批判性思維來看政府和主流媒體的宣傳。你是否

會思考，為什麼在 Google 搜索的時候，那些對疫苗的負面影響的消息總是被過濾掉？

政治智商的培養並非憑空而來，而是有其清晰的方法論基礎。在學術界，公民教育專家約翰·派翠克（John J. Patrick）在其研究中指出，健康的民主社會必須建立在三大核心素養之上：

公民知識（瞭解制度與歷史）、公民技能（具備參與和判斷的能力）以及公民品格（具有責任感與公義感）。這三者恰恰對應了政治智商的結構——資訊的掌握、判斷的能力與原則的操守。

而在屬靈層面，基督教護教學家拉維·撒迦利亞（Ravi Zacharias）則從「人如何明辨真理」的角度，提出認知必須建立在三個維度上：證據（Evidence）、理性（Reason）與經驗（Experience）。這是在信仰、倫理與世界觀判斷中不可或缺的三重支柱。

他在《信仰的邏輯》中強調，信仰必須經得起理性和經驗的檢驗，並認為，缺乏道德與永恆意義的政治判斷無法長久維繫自由與真理。

這兩位學者——一位代表制度教育的理性之聲，一位代表信仰護教的智慧見證——共同指出了一個事實：政治智商的提升，既要有知識結構的支撐，也要有價值根基的滋養；既要理性清晰，也要道德光照。

政治智商的框架

在本書提出的框架中，我在三大核心能力的基礎上，進一步加入了世界觀的維度。世界觀是你認識世界的基石，它不僅塑造你的原則，也直接決定了你的政治智商是否具備準確性和穩定性。

如果把政治智商比作一列穩定行駛的火車，那麼世界觀就是這列火車賴以運行的地基，原則是指引方向的軌道，資訊是提供動力

的燃料，而邏輯就像司機，負責判斷該走哪條軌道、使用哪個原則，從而帶領整列火車穩健前行。

圖表 2：政治智商的框架

世界觀：政治智商的基石

世界觀，就是政治智商的基石。它決定了你如何理解世界和人的起源、目的、意義，以及最終的歸宿。

比如，人性本善還是本惡？

如果你相信人性本善，你的基石可能讓你接受社會主義和計劃經濟，因為你相信只要合理管理，人們就會自動行善，社會就會變得公平。但如果你認為人性本惡，你的基石可能讓你傾向於限制政府權力，支持自由市場，因為你相信只有競爭和制衡才能防止人性的貪婪和腐敗失控。

原則：政治智商的軌道

原則就像鐵路軌道，決定了火車前進的方向。

在政治判斷中，原則是我們思考和決策的指南。如果遵循正確的原則，社會就能穩步發展；如果偏離原則，就容易陷入混亂和失敗。

比如，自由市場經濟已經被歷史反覆證明是一種行之有效的經濟模式，而計劃經濟因為忽視市場規律，最終難以為繼。雷根政府推行自由市場政策，促進了美國經濟的繁榮，而蘇聯的計劃經濟因為缺乏靈活性和市場機制，最終走向崩潰。這些歷史經驗告訴我們，原則不是空泛的理論，而是決定社會成敗的方向標。

本書後面會提出現代政治文明的四大基本原則：個人權利、憲政共和、有限政府和市場經濟。原則不僅幫助我們理解政治和社會，還指引我們的思考和行動，使我們的判斷更加穩健、理性和可靠。

知識：政治智商的燃料

一列火車，它的軌道堅固，結構完善，但如果沒有燃料，它仍然寸步難行，無法向前推進。資訊和知識，就像政治智商的燃料，決定了我們能否真正運轉，避免成為「政治文盲」。

如果你正在美國生活，卻不瞭解《獨立宣言》的歷史背景，那麼你可能無法真正理解美國立國的核心理念。如果你不熟悉美國憲法及其修正案，就可能不知道自己有哪些權利，甚至在關鍵時刻無法維護自己的自由。

如果你不瞭解州政府與聯邦政府的關係，就容易被媒體誤導，以為所有政策都是總統一人決定的。這些基本知識就像火車的燃料，儲備越充足，你的思考能力就越強，政治判斷就越清晰。

邏輯：政治智商的指揮司機

一列火車，即便軌道鋪得再筆直，燃料再充足，如果缺少一位掌舵並指揮方向的司機，它依然無法前行。邏輯思維正是政治智商中的「指揮司機」，它通過理性推理，在紛繁的知識與資訊之間辨

別真偽、厘清結構，協調多個原則，將混亂轉化為有力的判斷與清晰的行動。

邏輯不僅幫助我們推理，更關鍵的是：**在原則衝突時做出抉擇，在資訊矛盾中辨別真偽**。例如，在納粹統治下的德國，如果一位猶太人藏在你家中，而納粹士兵上門搜查，你是堅持「誠實不撒謊」的原則，還是優先「保護無辜生命」的原則？這並不是一個簡單的是非判斷，而是對倫理優先順序的權衡。我們將在第九章討論倫理學時，詳細分析這類問題。

同樣，當面對互相矛盾的資訊時，比如「疫苗是否有效」、「氣候變化是真是假」這類現實爭議，邏輯思維可以幫助我們判斷：哪個資訊來源更可靠？哪種論證更有依據？我們將在第十章介紹批判性思維，帶你理解如何拆解觀點、檢驗證據，從而在資訊混亂的時代做出清晰、理性的判斷。

最終，邏輯讓我們的政治判斷不至於流於情緒化、盲從，或本能反應，而是建立在可解釋、可自洽的理性基礎之上。

本書的框架

本書將沿著這個清晰的框架展開，以世界觀、原則、知識和邏輯為四大支柱，讓你在政治智商的道路上走得更遠、更穩，不僅理解政治運作的核心規律，還能在現實生活中運用所學，做出更明智、更負責任的判斷。

1-5
測測你的政治智商:十個認知挑戰

　　下面這十個問題,是你政治智商的試金石。它們看似簡單,卻暗藏著當代社會最核心的政治錯覺與思想陷阱。

　　這些問題,有的會顛覆你習以為常的「政治常識」,有的會挑戰你內心早已默認的「標準答案」。它們的目的並不是讓你簡單答對,而是激發你重新思考。本書在附錄中,將分享這十個問題背後的答案與解釋。

1. 在提升「政治智商」的過程中,理解現代政治文明的目的至關重要。你認為,下面哪三樣東西是現代文明中被視為神聖不可侵犯、政治制度存在的最終目的?

　　A. 國家、邊境和主權
　　B. 政黨、政府和人民
　　C. 憲法、民主和自由
　　D. 生命、自由和財產

2. 你覺得一個政府的主要目的應該是:

　　A. 讓大多數人吃飽
　　B. 讓少數人先富起來
　　C. 讓每個人都可以批評政府
　　D. 保護國家不受外敵侵略

3. 以下哪一項，在20世紀造成的全球死亡人數最多？

　　A. 兩次世界大戰

　　B. 世界各地的共產主義實驗

　　C. 墮胎所造成的未出生嬰孩死亡

　　D. 重大傳染病與病毒疫情

4. 一個剛落地美國的中國留學生是否受到美國憲法的保護？

　　A. 不會，只有美國公民才有憲法保護

　　B. 只在獲得綠卡後才有憲法保障

　　C. 只在繳稅以後才享有部分權利

　　D. 會，因為美國憲法保障的是人的自然權利

5. 一個移民宣誓成為美國公民、莊嚴承諾要誓死捍衛的，是什麼？

　　A. 美國

　　B. 民主

　　C. 自由

　　D. 憲法

6. 以下哪兩項指標，被認為是最能準確預測一個國家經濟走向的早期信號？

　　A. 國內生產總值（GDP）和消費指數

　　B. 私有財產權指數和經濟自由指數

　　C. 貧富懸殊指數和社會福利開支占比

　　D. 失業率和貨幣供應量M2

第一部分 全民弱智的症狀和病因

7. 要有效提升一個國家人民的道德水準，以下哪一項措施最為根本且具有持久影響？

  A. 由國家提供全面的免費教育

  B. 通過媒體宣傳精神文明建設

  C. 保障憲法所賦予的宗教自由

  D. 嚴格的法律管制與高壓監督

8. 很多人常說：「天下烏鴉一般黑，美國也腐敗，中國也腐敗，民主國家也打仗，專制國家也打仗，反正哪裡都一樣，別裝了，誰上臺都一樣。」這種觀點是典型的犬儒主義（Cynicism）。下面哪一條對犬儒主義的評價最有道理？

  A. 他們看清了現實，選擇不參與任何陣營。

  B. 他們認為所有政府都是敗壞的，所以無需為任何制度辯護。

  C. 他們缺乏原則判斷，把人性墮落與制度優劣混為一談。

  D. 他們善於揭露陰謀，因此他們比普通人更有政治智商。

9. 哈馬斯對以色列發動恐怖襲擊後，美國多所大學爆發了支持巴勒斯坦的示威潮。美國左派與伊斯蘭恐怖組織之間存在緊密關係。以下哪個原因最能合理解釋這一現象？

  A. 左派天生喜歡暴力，因此與恐怖組織天然合得來。

  B. 兩者在顛覆西方傳統價值觀的目的上，存在「敵人的敵人就是朋友」的策略性合作。

  C. 伊斯蘭恐怖組織製造的難民潮，成為美國左派爭取募捐和政府援助的搖錢樹。

  D. 美國左派誤把恐怖組織當作普通宗教團體支援。

10. 根據近代世界各國民主政治的歷史經驗，以下哪一項最根本地決定了一個民主社會能否成功建立並長期維持自由與文明？

　　A. 一群受過精英教育的領袖
　　B. 制度完善的三權分立體系
　　C. 左右平衡的兩黨競爭格局
　　D. 相信天賦人權的民情秩序

　　這十個樣本題，涵蓋了世界觀、原則、憲法常識和邏輯四個層面的內容。如果你一時答不上來，或者發現自己沒有清晰的答案，完全沒關係。只要你耐心讀完這本書，所有答案都藏在其中。

　　在書的附錄，我也會附上這十個問題的解析與答案，幫助你系統梳理思路，查漏補缺。

　　但比「選A還是D」更重要的，是你是否願意用這一整本書的閱讀，重新搭建自己的政治世界觀，鍛煉那份可以在關鍵時刻決定命運的政治智商。

第二章

全民弱智的八個症狀

> 「通往地獄的道路，總是鋪滿了善意的鮮花。」
>
> "The road to hell is always paved with good intentions."
>
> —— 英語諺語

這句英語諺語揭示了人類因誤判人性本質而釀成的深重悲劇。現代社會表面上高舉理想主義的旗幟，實則在不知不覺中滑向混亂與自毀的深淵。

正如診斷疾病是治癒的前提，要重建現代人的政治智商，首先必須明確「全民弱智病症」的表現。本章將從「對國家、政府、政黨和人民的認知錯位」這一關鍵點切入，揭示全民弱智背後更深層的結構性病灶。

這種錯位並非源於惡意，而是出於長期以來對烏托邦的幻想、對制度的誤解，以及對現代意識形態的盲從。而這一切，正是現代世界在「善意」掩蓋下走向混亂的癥結所在。

2-1
對國家、政府、政黨和人民的認知錯位

在現代社會，對「國家」、「政府」、「政黨」與「人民」的認知錯位，已成為「全民弱智」的首要症狀。這種錯位並非偶然，而是源於對政治基本概念的長期混淆與意識形態灌輸，尤其體現在將國家神聖化、政府父母化、政黨正義化，而忽視了人民主權和個體自由這一政治秩序的基石。

政治智慧的起點，在於清晰界定這四者的關係：人民才是政治共同體的真正主權者；政府只是人民授權的工具；國家是一種維持秩序的制度安排，其存在目的是保護人民的自然權利；政黨則是政治理念的競爭平臺，而不是忠誠的對象。

然而，現實卻被徹底顛倒。現代「愛國主義」教育往往以「國家至上」為信條，灌輸一種將個人價值、道德判斷、甚至真理本身從屬於「國家利益」的觀念；而政府及政黨也樂於利用這種錯位，將自身包裝成「人民的代表」，使反對聲音自動被等同於「背叛國家」或「擾亂社會」。這不是現代政治文明的體現，而是政治常識的缺失、邏輯訓練的貧乏與公民素養的滑坡所導致的全民弱智的現象。

讓我們首先厘清「國家」、「政府」、「政黨」和「人民」這四個核心概念，恢復它們在現代政治文明中的本來含義。

國家，不神聖

國家，並不神聖，因為它可以被獨裁者拿來當作壓迫人民的工具，也可以被恐怖分子利用，把老百姓當成人肉盾牌來擋子彈。

「國家」本身是一種制度性的主權組織，它依靠疆域、法律、軍隊和行政機構來實施統治與管理。但國家並不等於民族，不等於文化，更不等於正義。民族是一種血緣與歷史的共同體，文化是一個社會代代積累的精神成果，而正義則是道德與法治所追求的最高理想。國家，僅僅是一種工具性的制度建構，是人為了保障自身權利而設計的政治裝置。

把國家神聖化，就如同把錘子當作道德裁判——其結果不是崇高，而是暴力。歷史反覆證明：凡是將國家升格為神聖存在的社會，最終都以人的自由的滅絕為代價。

國家不神聖，人的生命才是神聖的；國家不是目的，人的自由才是目的。人的生命、自由與財產不是由國家「賦予」的，而是出自其天賦的自然權利（對於「自然權利」的內涵與界定，我們將在第五章中展開詳細論述）。國家的正當性，恰恰在於它是否尊重、保護這些先於國家而存在的權利。這也是現代憲政與共和理念的基石。

比如，美國的入籍誓詞，並不要求新公民效忠國家、政府或政黨，而是明確宣誓效忠美國憲法。因為憲法才是美國政治制度的核心，它代表著自由、法治與人民主權這一整套原則。憲法不是統治工具，而是限制政府、保障人民權利的根本契約。

國家是一種制度性的建構，具體而言，指的是國家治理的體制安排，例如憲政、共和等原則。就全球而言，「共和國」是目前最為主流、最廣泛被接受的國家制度形式。根據聯合國的記錄，截至2023年，全球193個主權國家中，至少有159個在其官方國名中採用了「共和國（Republic）」這一稱號，如中華人民共和國、法蘭西共和國、義大利共和國、哥倫比亞共和國、朝鮮民主主義人民共和國等。

「共和國」一詞源自拉丁文 res publica，意為「公共事務」或「公共之事」。這一定義的核心在於，國家權力不是屬於某一人、

某一貴族家族或君主，而是屬於全體公民。**簡單來說，共和國的意思是權力屬於人民**。在政治體制上，共和國是指一個沒有君主的政體，通常通過憲法確立一套由民選代表行使權力的制度安排。其基本特徵包括：權力來源於人民、政權受限於法律、公共事務通過代表制度而非世襲或個人獨裁來處理。

古羅馬共和國（約前509年 - 前27年）通常被認為是歷史上第一個明確的共和國。古羅馬在推翻君主制後，建立了一個以元老院和保民官為核心的治理體系，權力理論上來自公民（儘管僅限於男性貴族）。

當今世界持續時間最久、也是最早確立全民選舉制度的共和國之一，是美利堅合眾國。自1776年獨立以來，美國將在2026年迎來建國250周年的里程碑。有意思的是，儘管美國事實上是一個典型的共和國，其國名中卻並未使用「共和國」這一詞彙。這是因為建國者在設計政治體制時，尤為強調州的主權與聯邦的平衡。他們建立的是一個以憲法為基礎的聯邦共和國，聯邦政府與各州政府並行、權力分立，旨在防止任何一方濫權。因此，「United States of America」（美利堅合眾國）這一命名，反映了多主權單元結合而成的政治共同體，而不是偏向中央政府的「共和國」。

有趣的是，當我們在討論現代政治文明時，往往最常提及的是「民主」這個詞。但如果我們觀察現實世界，就會發現一個令人意外的現象：在全球近200個主權國家中，將「民主」一詞正式寫入國名的國家寥寥無幾，不超過五個。例如：剛果民主共和國和朝鮮民主主義人民共和國等。

這種現象並非偶然。原因在於，「民主」雖然是現代政治中的一項重要原則，但並不是政治文明的根基。**真正構成現代文明秩序核心的概念，不是「民主」，而是「共和」**。

共和（Republic）所強調的，是法治、權力制衡、少數權利保障與政府合法性來自人民授權，而不僅僅是多數人的意志。民主如

果沒有共和框架的約束，極易淪為暴民政治，最終通向專制。這一點我們將在後文5-2章《憲政共和是框架——保護少數人的權利》中詳細展開。

政府，是受人民託付的公僕

在現代政治文明，尤其是共和制度的框架下，政府既不是父母，也不是恩人。政府是人民基於契約設立的行政代理，其存在的唯一正當性，來自人民的授權與憲法的許可。它的職責不是塑造公民的道德，也不是安排個人的人生，而是有限、被動地履行一項基本使命：保護人民的生命、自由與財產。

以美國為例，建國者深知人性墮落、權力易腐。他們既不相信人是天使，也不幻想政府會自我節制。因此，他們締造了一套制度化的制衡機制，讓政府必須服從法律、接受監督，並始終服務於人民利益。正如亞歷山大・漢密爾頓在《聯邦黨人文集》中所言：「人民不是為政府而生，政府是為人民而設。」湯瑪斯・傑弗遜更直言不諱：「當政府成為人民權利的破壞者時，人民有權將其推翻。」

這正是「共和國」（res publica）的本義：公共事務屬於公民，政治權力必須受制於人民的意志，並始終在憲法所劃定的邊界內運作。人民不是被動的臣民，而是持續的監督者、評判者與雇主。

當一個政府高舉「為人民服務」的旗幟，卻拒絕接受人民的監督與質疑；當它以「國家利益」之名凌駕於個人自由與合法權利之上——那便意味著，它已經脫離了憲政共和的軌道，正悄然駛入通往專制的快車道。**共和國的精神，在於以民意與憲法共同限制權力**；而全民弱智的開端，則是把權力的濫用誤認作善意的保護。

政黨，是理念競爭的平臺，不是忠誠的對象

在共和制度之下，政黨應是表達政治立場、組織政治參與、推動公共辯論的重要平臺。它們代表著不同的價值觀、政策理念和社會願景，理當在開放而有序的政治環境中，通過說服和辯論爭取選民支持。政黨本質上是人民自願結社的一種形式，是自由社會中不可或缺的工具性機構，而絕非道德或歷史的化身。

比如在美國，加入或離開一個政黨只需在選民註冊系統中更改黨派歸屬，通常可在線上平臺上完成，過程只需幾分鐘。在大多數州，這不需要党的領導批准，也無需繳納黨費。理論上，你可以隨時更改黨派，例如今天註冊為民主黨，明天轉為共和黨。

這樣的設計是保障人民自由和選擇的權利，**讓政黨忠於人民，而不是人民忠於政黨**。在這種制度下，政黨必須通過政策主張和執政表現來贏得選民的持續支持，而不能依靠行政手段綁架選民。選民的自由轉換權利，實際上是對政黨權力的一種制衡——當政黨背離了選民的期望時，選民可以用腳投票，迫使政黨回歸服務人民的本質。

人民是主人，政府是僕人

在一切真正的政治文明中，人民才是國家的主人，政府不過是其受託的僕人。這不僅是一句政治口號，更是一項深植於現代憲政共和傳統中的核心信念。正如保守主義政治哲學（在第五章會詳細介紹）所強調的：政治的正當性來自人民的授權，而不是權力本身的擴張或任何意識形態的包裝。

美國憲法的序言開宗明義，以三個鏗鏘有力的詞揭示其政治信仰的核心——「We the People」（我們人民）。這不是修辭的裝飾，而是制度的根基。它意味著一切主權歸於人民，一切政府行為必須接受人民的授權與審查。在這一前提下，立法、行政與司法的

權力被精心設計為相互制衡、避免濫權的系統，為了保障每一個人的不可剝奪的自由權利。

同樣地，孫中山提出的「三民主義」——民族、民權、民生——深受美國憲政思想的啟發。「民權主義」直接體現了人民主權原則，主張通過代議制和五權憲法保障人民的自由與政治參與；「民族主義」旨在實現國家獨立與民族自尊，反對帝國主義壓迫，而非狹隘的排外；「民生主義」則聚焦於經濟平等和民生保障，在自由與法治框架內追求社會正義。三者的核心一致指向：國家的正當性只能來源於人民的福祉與授權，而非反之。

因此，無論是中國早期的共和夢想，還是美國憲政制度的現實實踐，都共同揭示出一個樸素而深刻的真理：政治文明的中心，不是國家，不是政黨，更不是政府，而是每一個有理性、有自由意志、有責任感的人民個體。

當我們從正面確立這一原則，就能有一個清晰的政治判斷標準：凡是強調人民是主人、政府須受限的體制，就是共和制度；而凡是以國家至上、黨派正確、政府無錯為出發點的體制，無論其包裝如何動聽，實質都背離了現代政治文明的根基。

當代人的認知錯位

「國家利益高於一切」——這句口號在許多社會中幾乎被當作普世真理，然而它本質上卻是對政治概念的徹底顛倒。國家本應是受限的制度工具，而非具有道德意志的實體。將其神聖化，正是法西斯主義與極權主義得以起家的心理基礎。

納粹德國則將這種神聖化推向種族主義的極端。希特勒把國家與民族綁定，將「德意志民族的復興」塑造成神聖使命，要求人民對國家的忠誠高於宗教、高於家庭、高於真理。焚書、清洗、集中營等暴行，都在「民族利益」、「國家榮光」的旗幟下展開。當國

家被賦予道德的面具，惡便以善的名義行事，極權便獲得了群眾的歡呼。

這一現象並未隨著極權的衰退而終結。在當代中國，所謂的「愛國小粉紅」正是國家神聖化教育的產物。他們將國家等同於文化、情感甚至宗教對象，凡是批評國家者，皆視為「賣國賊」；凡是質疑政府者，皆被辱罵為「崇洋媚外」。他們不關心人民的自然權利，不關心政策是否合理，甚至不關心自己是否真正享有自由，而只在乎「國家有沒有被冒犯」。這種非理性的國家崇拜，是極權主義賴以延續的群眾基礎。

國家的「強大」，往往意味著政府擁有更多的財政收入、更龐大的軍隊和更嚴密的監控能力。以蘇聯為例，冷戰時期它是世界第二強國，核武庫規模龐大、軍事力量驚人，可普通百姓的生活卻籠罩在恐懼之中：鄰居隨時可以舉報你，秘密員警深夜登門帶人走，物資短缺，思想與言論受到嚴厲管控。這種所謂的「強大」，不過是國家用鐵拳牢牢控制住了人民。

對國家與政府角色的誤解，並非共產主義國家所獨有。在西方，由於人性的惰性與依賴傾向，許多民眾對政府的依賴也越來越嚴重。現代福利國家的膨脹與「大政府」理念的盛行，進一步加劇了這種角色錯位。從疾病、失業、教育、住房，到心理健康、社交障礙——幾乎所有生活問題都被歸咎為政府的責任。這種「福利依賴」不僅削弱了個人責任感，更瓦解了家庭、教會、社區等社會中間力量的功能，使公民逐漸淪為等待資源配置的被動消費者，而不是勇於參與治理、守護自由的積極個體。

接下來的內容，我們將從政府福利講起，深入探討在西方社會全民弱智的幾大核心症狀。

2-2
對政府福利的依賴

有一天，我太太去附近的中國超市買菜，推著購物車在貨架間穿梭，挑了滿滿一車的食物，結帳時大概要一百多美元。正巧這時，一輛小巴停在超市門口，一群老年人從老年活動中心下來，有說有笑，也來這裡購物。

排隊時，一位阿姨熱情地跟我太太打招呼，笑著說：「哎呀，好久不見！你今天買這麼多啊？」

她瞥了一眼我太太的購物車，忽然拍了拍口袋，從包裡掏出一張卡，說：「別刷你的卡了，我替你付吧！」

我太太愣了一下，連忙擺手：「不用不用，我自己來。」

阿姨小聲說：「沒事兒，我這福利卡上每個月的錢用不完，反正也是白給的，不花白不花！」

我太太這才注意到，隊伍裡好幾位老人都拎著滿滿的購物袋，結帳時刷的全是政府福利卡。

最後，我太太還是自己付了錢。走出超市，她忍不住皺起眉頭。我們麻塞諸塞州有700萬人口，卻發放了260萬張福利卡。我們這些上班族，真成了州民主黨高福利政策的「冤大頭」。

在美國養老的中國老年人大約有數十萬，且人數還在持續增長。根據皮尤研究中心（Pew Research Center）的資料，華裔是美國增長最快的移民群體之一，其中65歲及以上的華人老年人數量在過去20年翻了一倍。

這些老年人中，不少人在國內已領取退休金，但在美國仍享受慷慨的福利。由於他們在美國沒有工作記錄，或工作年限不足，無

第二章 全民弱智的八個症狀

法領取社會安全金（Social Security），卻可以通過「低收入」身份申請聯邦和州政府的各種福利，包括白卡（Medicaid）、糧食券（EBT）、住房補助（Section 8）、老年人現金補助（SSI）等。

一些老年人每月在國內領著數千甚至上萬人民幣的退休金，卻在美國對政府申報「無收入」，從而獲得全額福利。很多人利用制度漏洞，在中美兩國同時領取政府補貼，過著比普通美國納稅人還舒適的生活。

這種對福利的依賴，並非華裔獨有，而是人性中的通病——不勞而獲的誘惑對任何人都難以抗拒。美國本地人亦是如此。以下我們以加利福尼亞州為例，進一步探討這一現象。

加州的福利與腐敗

加州的福利體系以慷慨著稱，涵蓋醫療補助（Medi-Cal）、食品券（CalFresh）、住房補貼等領域。根據加州預算與政策中心的資料，2023財年，加州社會福利支出超1,200億美元，占州預算近三分之一。然而，高福利並未顯著降低貧困率，反而讓部分人依賴救濟，喪失工作動力。

例如，疫情期間，加州失業救濟金高達每週450美元，外加聯邦補助，甚至超過許多低收入工作的薪資。根據美國勞工統計局資料，2022年加州勞動參與率僅62.4%。這表明，部分人選擇不工作，依靠福利生活，尤其在低技能崗位工資與福利差距不大的情況下。這種「養懶人」現象不

圖表3：加州的福利養懶人。

僅加重財政負擔,也為腐敗提供土壤,福利專案的管理和分配常成為權錢交易的溫床。

加州的吸毒問題在美國尤為嚴重。據美國國家藥物濫用研究所(NIDA)資料,美國吸毒人數占全球約12%,而加州毒品消費尤甚。2021年,加州吸毒過量死亡人數達10,901人。青少年吸毒比例更令人擔憂,18至25歲人群吸毒率高達39%,遠超全國平均水準。

福利政策一定程度上被指為吸毒問題的「助推器」。加州的「無條件現金援助」和寬鬆審核機制,使部分福利資金被用於購買毒品,而非改善生活。例如,三藩市的「全民基本收入試點」每月向居民發放數百美元現金,卻缺乏嚴格監管,導致部分資金流入毒品市場。此外,福利政策吸引大量無家可歸者和吸毒者遷入加州,尤其在洛杉磯和三藩市,加劇社會問題。這些現象背後,往往伴隨著腐敗——地方官員和福利機構可能通過放鬆監管換取政治支持或個人利益。

加州政客利用福利「買選票」早已不是秘密。競選期間,承諾擴大福利成為吸引低收入選民的慣用手段。以州長加文·紐森為例,他2019年上任後推動多項福利擴張計畫,包括將Medi-Cal覆蓋無證移民,預計每年耗資30億美元。然而,他曾被曝接受太平洋燃氣電力公司(PG&E)的政治獻金,而該公司在野火危機中因管理不善飽受批評。這種權錢交易表明,福利政策不僅是民生考量,更是政治利益的交換。

此外,福利專案執行層面也腐敗頻發。2022年,洛杉磯市爆出福利資金挪用醜聞,多名官員被指控將數百萬美元住房補貼挪作私用。這些案例顯示,福利政策不僅是「買票」工具,也成為政客和利益集團分贓的管道。

「為人民服務」是最恐怖的語言

1986年，美國總統羅奈爾得・雷根在一次新聞發佈會上說出了一句經典名言：

英語中最恐怖的九個單詞是：「我是政府的人，我是來幫助你的。」

The nine most terrifying words in the English language are: "I'm from the government, and I'm here to help."

這句話直指政府權力擴張的危險。直白一點，「為人民服務」可能是最恐怖的語言。這與我們接受的教育大相徑庭，畢竟政府的職責本是管理國家、照顧民生。然而，雷根的話揭示了一個深刻現實：政府常以「幫助人民」的名義擴張權力，高福利制度養懶人，最終往往導致低效和腐敗。

政府的首要職責應是維護憲法賦予人民的自然權利。只要保障自由，人民就能通過工作養家糊口，履行自然人的責任，而不是依賴政府。

在一次著名演講中，雷根直言：「政府不是解決問題的方法，政府本身就是問題。」這句話道出了政府權力膨脹的本質危害。在美國，幾乎所有政府深度干預的領域——無論是教育、醫療，還是福利救濟——最終都容易演變為腐敗滋生、思想控制的溫床。至於這背後的根源與制度邏輯，我們將在第五章裡的《有限政府是手段》一文中做系統分析與深入討論。

2-3
對權威精英的迷信

在現代社會，「全民弱智」的另一個顯著症狀，就是對權威和精英的迷信。很多人深信：只要是專家說的、教授說的、政府科學顧問說的，那就一定對；只要是「權威機構」發佈的報告，那就不容質疑。

他們天真地認為，受過高等教育的人自然「更懂科學」；精英階層一定比普通人「更理性、更無私」；甚至在危機中，他們自動放棄自己的判斷，把命運完全交給所謂「科學決策者」。

然而現實並非如此簡單。精英也是人，在利益下也趨於墮落和腐敗。科學研究也需要資金，而誰掌控資金，誰就有可能影響研究方向和結論。

一些本該獨立的科研機構，早已與政治權力或財團資本深度捆綁。他們發佈的「報告」，很多時候更像是「宣傳產品」，用來引導輿論、塑造合法性，而非尋找真理。真正獨立、敢於唱反調的科學家反而被邊緣化，甚至被封殺。

新冠疫情就是一個活生生的案例。在這場公共衛生危機中，普通民眾的盲目信任付出了慘痛代價。

疫情期間的科學欺騙：權威和精英如何濫用權力

新冠疫情爆發後，全球精英階層——包括政府官員、公共衛生專家、科技巨頭、主流媒體和跨國製藥公司——聯合推動了一場前所未有的「公共衛生欺騙」。他們不再依賴真實資料和科學事實，而是通過恐嚇民眾、操控輿論、打壓異見，強行推行封鎖政策、強

制疫苗接種和極端防疫措施。這些政策導致全球經濟衰退、社會自由受限，甚至危及民主制度本身。

回顧2020年，各國政府和專家一致宣稱「疫苗是唯一出路」，任何質疑疫苗有效性或安全性的人都會被社交媒體封殺，被政府貼上「反科學」的標籤。然而，後來的資料表明，疫苗並未達到政府宣傳的「預防感染」效果。以色列、英國和美國的真實資料顯示，接種率最高的國家仍然遭遇了大規模突破性感染，尤其是在 Delta 和 Omicron 變種傳播期間。2021年12月，美國疾病控制與預防中心（CDC）被迫承認，疫苗無法完全阻止病毒傳播，而只能降低重症風險。然而，這一關鍵資訊在政策推動階段從未被公開討論。

更糟糕的是，新冠疫苗的副作用問題被系統性掩蓋。根據美國疫苗不良事件報告系統（VAERS），截至2022年底，已有超過120萬起新冠疫苗不良反應報告，其中包括超過3萬例死亡病例，但這些資料被主流媒體忽視，甚至被刻意壓制。

新冠疫苗不良事件報告系統數據

OpenVaers.com reports through April 25, 2025

1,663,522 總共	38,615 死亡	220,701 住院	156,638 急診
247,657 就醫	11,253 過敏	18,011 麻痺	5,185 流產
22,531 心臟病發作	29,150 心肌炎/心包炎	73,461 永久殘廢	

圖表4：美國新冠疫苗的副作用

上圖的新冠疫苗資料來自網站 OpenVAERS.com。OpenVAERS 是一個基於美國衛生與公眾服務部（HHS）在 VAERS

（疫苗不良事件報告系統）系統中公開資料所建立的開放查詢平臺。VAERS 於 1990 年設立，是一項自願性報告制度，據估計，實際報告的疫苗不良反應事件可能僅占真實情況的約 1%。

此外，製藥公司如輝瑞（Pfizer）和莫德納（Moderna）不僅未能公開完整的臨床試驗資料，還在多個國家與政府簽署保密協議，確保其法律責任最小化。例如，輝瑞與歐盟的合同條款被曝光後，顯示政府需承擔疫苗副作用帶來的所有法律責任，而公司則免於任何訴訟風險。

在這場「科學欺騙」中，我們看到的不是理性和科學，而是精英集團的濫權、隱瞞和操控。政府機構、製藥公司和科技巨頭相互勾結，利用精英的權威壓制批評聲音，製造社會恐慌，使民眾被迫接受未經充分驗證的醫療干預措施。

在2021年，臉書（Facebook）、推特（Twitter）和穀歌（Google）刪除了數百萬條質疑疫苗、封鎖政策和口罩效用的帖子。許多醫學專家，包括《大巴靈頓宣言》（Great Barrington Declaration）的作者——來自哈佛大學、斯坦福大學和牛津大學的科學家——因提出「精准防疫」方案而被邊緣化。他們的研究雖然基於流行病學資料，卻被科技巨頭封鎖，甚至被美國政府列入「虛假資訊」黑名單。

為什麼大部分人都迷信精英

大部分人都迷信精英。越是受教育程度高的地方，越是踴躍地去打疫苗。他們把主流專家的話奉為圭臬，把主流媒體視為「科學」的傳聲筒，在他們的世界觀中，專家不會撒謊，政府不會騙人，「主流共識」就是科學真理。他們對人性持一種天真的態度，在他們的字典裡，沒有「邪惡」兩個字。

這場「科學欺騙」清楚地表明，精英階層的決策往往並非建立在真正的科學和理性判斷之上，而是受政治利益、經濟利益和意識

形態偏見驅使。精英群體並不比普通人更理性、更公正，反而由於他們掌握更多資源、話語權和權力，他們的墮落往往會對社會造成更深遠的影響。

而天真的普通百姓不相信人會為了權力而撒謊，不相信公司會為了利潤掩蓋副作用，不相信政府會操縱資料、打壓異見。他們認為，掌握「專業知識」的人自然道德高尚，彷彿智商和良知是成正比的。其結果是，他們像羔羊一樣走進屠宰場，對即將到來的碾壓毫無察覺。

這正是「全民弱智」的症狀之一——不是沒讀書，而是缺乏對人性墮落的警覺。這種「盲目信任」的後果，在新冠疫情中表現得淋漓盡致：很多人被逼著打了第三針、第四針，後來生病了卻找不到原因，更沒有人為他們負責。

一個健全的政治制度不能建立在對權威和精英的盲目信任之上，而必須設立強有力的制衡機制，以防止精英階層濫用其影響力，誤導社會走向專制和墮落。

2-4
對結果平等的嚮往

網上流傳著這樣一個虛擬故事：一位大學的經濟學教授與學生們辯論奧巴馬的經濟政策。這個班的學生們堅信奧巴馬的社會主義理念的優越性，認為在這種制度下，不會有人貧窮，也不會有人富有，社會將實現完全的平等。

教授聽後說道：「好，我們就在這個班裡做一個關於奧巴馬政策的實驗。」他宣佈，所有人的成績將被平均分配，每個人都會得到相同的分數，這樣就不會有人不及格，也不會有人得 A。

第一次考試後，成績被平均，每個人都得了 B。那些努力學習的學生感到不滿，而那些平時不怎麼學習的學生卻很高興。到了第二次考試，那些本就不怎麼學習的學生變得更加懶散，而那些原本努力學習的學生也覺得沒必要再那麼拼了，於是大家都降低了學習投入。

第二次考試的平均分變成了 D！這時，所有人都不再高興了。到了第三次考試，平均分直接降到了 F（不及格）。隨著考試的進行，成績再也沒有上升，反而是同學之間開始互相指責、抱怨、爭吵，課堂變得充滿怨氣，沒有人願意再努力學習，因為他們看不到努力的意義。最終，全班集體掛科！教授最後總結以下四句話：

- 你無法通過剝奪富人的財富，讓窮人變得富有。
- 一個人不勞而獲，必然意味著辛苦工作的人得不到應有的回報。
- 政府不能給予任何人任何東西，除非它先從別人那裡拿走。
- 你無法通過「分配」財富來「增加」財富！

結果平等：人人幻想的烏托邦

結果平等，其實是一種烏托邦式的幻想。它不是追求公平的結果，而是幻想一個人人拿一樣工資、住一樣房子、過一樣生活的「完美世界」。這種思維根源於馬克思主義的階級鬥爭邏輯，認為社會的所有不平等都來源於「結構性的壓迫」，通過政治手段消除差異，就能實現「真正的公平」。這聽上去理想主義，但歷史反復證明，這種幻想的代價是自由的消亡和暴力的氾濫。

馬克思主義的危險就在於，它不滿足于機會平等，而是要強行製造「結果平等」，不管個人的努力、才能和選擇如何不同，一律要求在物質結果上「劃一」。這就意味著，必須由國家或政黨來沒收財富、重新分配資源、定義「公平」。最終，就像蘇聯、古巴、朝鮮那樣，權力集中在少數人手中，社會淪為壓抑、荒謬和恐懼的地獄。歷史上的每一次「共產主義實驗」，從來沒有造福人民，只是讓少數掌權者獲得極權。

而今天，美國人的一個「全民弱智」現象，就是對「結果平等」的盲目嚮往。他們常把「不平等」視為最大的不公，卻忽略了：真正的不公，而在於剝奪人人機會的平等。結果平等聽起來道德高尚，實際上卻是一種懶人思維的集體自我安慰——它用「公平」的旗號掩蓋了對自我責任的要求。

美國的平等革命——亞裔為什麼成為受害者

以黑人問題為例，今天美國社會把黑人在教育程度低、貧窮、犯罪率高等現實問題，統統歸咎於所謂的「系統性種族歧視」。儘管美國早已廢除一切法律上的歧視制度，甚至通過「平權法案」給予黑人在大學錄取、政府職位等方面的政策性傾斜，他們仍然執著地聲稱，「問題的根源在白人心裡的白人至上」。這套說辭與中國「文革」時期的「鬥私批修」如出一轍：就算你表面順從，還得審查你心裡有沒有「私心一閃念」。

而亞裔是讓美國左派最尷尬的群體——我們根本不符合他們的「受害者敘事」。如果真有「白人至上」，那麼亞裔本應和黑人一樣，被系統性地壓制、邊緣化；但事實恰恰相反，亞裔不僅沒有特殊照顧，也幾乎沒有「身份政治」的特權，卻靠著自身的努力，攀上了經濟與教育的高峰。

根據美國人口普查局（U.S. Census Bureau）2023年發佈的《Income in the United States: 2023》報告顯示：

亞裔家庭的中位收入為112,800美元，

非西班牙裔白人家庭為89,050美元。

這表明，2023年亞裔家庭的中位收入比白人家庭高出約26%，而且這個趨勢已經維持多年。

要知道，亞裔沒有語言優勢，也沒有所謂的「世襲資源」，大多數第一代移民是在完全陌生的環境中白手起家。他們之所以成功，不是因為「系統偏愛」，而是因為文化價值觀中高度重視家庭、教育和勤勞。他們遵紀守法、重視儲蓄、努力工作，這些傳統美德反而成為左派所蔑視的「中產道德」。

左派最痛苦的，是亞裔的存在徹底戳破了他們「系統性種族歧視」的論調。如果美國真是一個靠膚色決定命運的國家，那麼亞裔的成功根本無法解釋。於是他們開始貶低亞裔的成功，聲稱亞裔只是被當作「模範少數族裔」來利用——即把亞裔塑造成「勤奮、守法、高成就」的典型，以此來指責其他少數族裔「不夠努力」。他們認為這種「模範少數族裔」的標籤本身就是一種壓迫工具，用來

圖表5：大學對亞裔學生有更高的錄取標準。

分化少數族裔群體。基於這種邏輯，他們甚至在大學招生政策中故意設限，打壓亞裔比例。所謂的「平權」竟然變成了「限制亞裔機會」。例如，美國大學的「平權招生」政策要求錄取時降低非裔群體的門檻，卻對亞裔學生設定了更高的錄取標準，導致亞裔需要比黑人學生高出200-300分的 SAT 成績，才能獲得同樣的錄取機會。

哈佛大學的招生歧視案就曾引發全國關注，最終被最高法院裁定違憲。這種人為設定的族裔配額，表面上是為了促進「公平」，實則剝奪了真正依靠努力奮鬥的人應得的機會。

美國左派拒絕承認是他們的福利政策導致了黑人社區的家庭崩解、單親率飆升的問題，也閉口不談黑人文化內部對教育的輕視和對毒品的容忍。他們不講個人責任，只講社會壓迫。他們不要求自我改變，卻堅持要整個社會為其失敗負責。

自由與平等的真正關係

> 「一個把平等置於自由之上的社會，最終既得不到平等，也得不到自由。一個把自由置於平等之上的社會，則會在很大程度上同時獲得兩者。」
>
> —— 密爾頓・弗裡德曼（Milton Friedman）

1976年諾貝爾經濟學獎獲得者密爾頓・弗裡德曼的話揭示了一個重要的真理：如果你追求平等，你將失去平等和自由；如果你追求自由，你有最好的機會得到兩者。

烏托邦聽上去美好，但它從未在現實中成功過。歷史證明，平等不能通過強制手段實現，而必須建立在自由的基礎上。在一個自由的社會，每個人都有權利去追求自己的幸福，平等是法律賦予的機會平等，而非結果平等。如果政府強制推行「結果平等」，就會侵犯個人自由，最終導致既無自由，也無真正的平等。

2-5
對多元文化的崇拜

最近，哈佛蔣小姐的畢業演講火了。她侃侃表演了7分鐘，主題圍繞「多元」、「包容」、「人類命運共同體」。她自豪地提到自己有同學來自印度、巴西、烏克蘭、南非等世界各地，說這是「哈佛的魅力」，是「多元世界的縮影」。她的演講反映了當今美國主流的文化範本：你要歌頌全球化，要強調膚色與文化的多樣，要講「消除貧窮」等等。

然而，這場演講卻翻車了。牆內和牆外的觀眾，都不買她的賬。有人覺得她太虛偽，有人覺得她太做作、太偽善。這種演講的問題，不在於她說錯了什麼，而在於她的演講都是大話套路，缺乏深度和真實感人的力量。

她反映了現代人的另一種全民弱智——對「多元」的盲目崇拜。在過去十年裡，無論你打開國內還是國外的大學宣傳片，99%都重複著一個調子：我們有來自五湖四海的學生，我們包容不同文化、種族、性取向、宗教信仰，我們歡迎「多樣性」。這種「多元至上」的敘事，不僅主導了教育體系，也滲透進了商業世界。

今天，在全球500強公司的官網上，「多元與包容」（Diversity, Equity & Inclusion, 簡稱DEI）幾乎成了企業價值觀的標準配置。不論是雇員培訓還是品牌行銷，「多元文化」都被高舉為道德制高點。好像只要人群成分夠複雜，膚色夠分散，公司就一定更聰明、社會就一定更公正，世界也一定更加美好。

但事實並非如此。多元本是中性的，強調的是文化之間的尊重與共存；然而當它被意識形態化、被政治利用，它就不再是「多

元」，而成了一種對真實問題的回避，一種不許質疑的教條。今天，多元被神化了，成了一種「道德護身符」——只要你講多元，你就不可能是錯的；只要你質疑多元，你就可能是「種族主義者」、「仇恨分子」。這正是一種新的愚昧。而這愚昧的危險，在於它不允許反思，不接受異議。讓我們來看一個寓言故事。

海風鎮的多元結局

從前，有一個名叫「海風鎮」的港口小鎮，以其高聳的燈塔聞名。燈塔不僅指引著船隻安全入港，也是小鎮居民的驕傲象徵。海風鎮歷史悠久，居民世代以捕魚為生，信奉自由、勤勞和互助的價值觀。

隨著時間推移，港口貿易的繁榮吸引了來自世界各地的新移民。鎮上出現了形形色色的文化：有的移民帶來了精湛的手工藝，有的帶來了異域美食。起初，居民們對此感到新奇，決定打造一個「多元之鎮」，提出口號：「多元是我們的力量！」他們承諾接納一切文化，不評判任何習俗，以此展現包容精神。

最初，多元化似乎確實讓小鎮變得更加熱鬧。街頭多了彩色集市，節日也增添了異國風情。然而，問題很快浮現。

一群移民來自一個吃狗肉的文化，他們在鎮上捕殺狗，令當地視狗為忠誠夥伴的原住民感到震驚。另一群移民要求女性必須遮面，公開批評小鎮女性的穿著「傷風敗俗」。還有一群人堅持他們的一妻多夫傳統，導致許多孩子長大後不知道自己的父親是誰。

海風鎮的燈塔上有一塊石碑，上面刻著祖先流傳下來的十誡，小鎮居民世代遵守。除了不可殺人、不可偷盜外，其中三條是：

1) 狗是我們忠貞的助手，不能吃狗肉。
2) 不可歧視女性。
3) 婚姻只能是一夫一妻。

這塊石碑很快惹惱了這三群移民。他們認為十誡是不包容和多元主義的阻礙，必須剷除。於是，他們聯合起來，放火燒毀了燈塔。那一夜，燈塔熄滅，商船撞上暗礁，貨物沉沒，貿易停滯。

隨著經濟衰落，原住民陸續搬離，剩下的三群人也因文化衝突爆發內鬥，昔日繁華的海風鎮最終淪為廢墟。

多元文化的誤區

這個寓言揭示了多元主義（Multiculturalism）的無知和膚淺。一個健康的社會需要共同的價值觀、文化認同或目標作為黏合劑。如果多元僅停留在膚色、性別、種族的多樣性，而缺乏深層的統一基礎，最終只會導致群體間的矛盾加深。

多元文化主義的問題在於文化相對主義，即認為所有文化和價值觀都應被平等對待，無優劣之分。然而，事實並非如此。有些文化尊重法治、自由和人的自然權利，而有些文化則宣導極端思想、性別歧視、仇恨教育，它們幾乎是不可調和的。

歐洲國家在20世紀末大量接納中東和北非移民後，許多城市如瑞典的瑪律默（Malmö），出現了「平行社會」，移民社區拒絕融入當地文化，甚至形成與主流社會對立的法律和規範。

美國曾以「熔爐理論（Melting Pot）」聞名，即移民應融入主流文化，而不是保持原有文化的割裂性。然而，如今的「沙拉碗理論（Salad Bowl）」則強調每個群體保持自身文化，而非融合。

多元文化更深層的問題是對人性的天真樂觀與對善惡的標準缺失。在多元主義宣導者的詞典裡，沒有「邪惡」這個詞——任何文化、任何習俗都必須被「尊重」，哪怕它本身違背人權或壓迫女性、摧毀自由。這種拒絕判斷、拒絕區分善惡的姿態，使多元文化主義最終滑向道德虛無。一個對「什麼是邪惡」都無法給出定義的社會，也無法真正捍衛任何正義。

例如，伊朗至今仍保留「剁手刑罰」（砍手制度）。根據該國2013年《伊斯蘭刑法》第278條的規定，第一次盜竊可被判砍去右手四指，第二次則可能被砍左腳五趾，若多次犯案，還可能面臨終身監禁甚至死刑。近年來，這類「砍手」判決有明顯上升趨勢，已嚴重違反國際人權法中關於禁止酷刑和殘忍、不人道處罰的基本原則，引發聯合國及多個國際人權組織的強烈譴責。

海風鎮的燈塔被燒毀，寓意著當社會放棄了核心價值觀，試圖迎合一切文化，最終只會走向分裂與衰敗。正如今天的西方社會，在多元文化的名義下，放棄了曾經塑造自由社會的基督教價值觀和法治原則，結果並未帶來真正的團結，反而加劇了內部的撕裂。

一個自由社會必須建立在堅實的道德和法律基礎之上，而非僅僅追求膚淺的「多元」。否則，正如那個港口小鎮一樣，最終會因自身的混亂而走向毀滅。**多元不是問題，沒有任何善惡標準的多元才是問題**。當一個社會不再捍衛自身的核心價值觀，而是盲目迎合所有文化、所有意識形態，它就等於拆毀自己的燈塔，失去方向，最終只能在風暴中沉沒。

2-6
無底線的虛偽大愛

過去四年，美國在南部邊境推行了史無前例的開放政策，預計已有約兩千萬非法移民湧入。這種「敞開家門，歡迎所有人」的做法，不僅得到民主黨的廣泛支持，也受到許多美國民眾的讚賞——他們相信，只要有人需要，就有權進入美國，政府就應當無條件接納。

這種「無底線的大愛」背後，是一種被扭曲的人道主義精神和全球主義意識形態。主張者認為，既然美國擁有世界最強的財富和制度優勢，就應承擔起開放國門的道德責任。

但這份看似高尚的善意，卻忽視了一個基本常識：即便是那些最熱衷「大愛」的民主黨議員們，也不會真的敞開自家大門，任由陌生人自由進出——無論人數多少，無論對方是否有犯罪記錄。我們不妨從一個現實的角度，看看這樣政策背後的財政赤字。

不可持續的財政負擔

隨著無底線地接納非法移民，美國多個地區正陷入嚴重的財政危機。以麻塞諸塞州為例，這個一向以「進步」和「包容」自詡的州，如今卻因巨額支出而捉襟見肘。僅庇護系統的緊急開銷就已超過10億美元，預計全年將突破11億美元。州政府每月支出約7500萬美元，用於為庇護家庭租賃酒店、提供三餐、計程車接送等服務。這些費用涵蓋了食宿、交通、教育以及法律援助等各類公共資源。

在紐約市，為安置大批庇護移民，市政府簽署了逾10億美元的酒店和臨時住宿合同。截至目前，相關支出已達31億美元，並已預

訂未來價值13億美元的合約。2024年，僅租賃中低端酒店一項的花費就接近8000萬美元，這些酒店被臨時改造為所謂的「難民之家」。

而在州層面，財政壓力更為嚴峻。紐約州政府計畫在2022至2026年間，為庇護申請人額外撥款43億美元。這筆巨額開支，最終都要由本地納稅人承擔。換句話說，辛苦工作的中產階級必須為他們從未投票支援、甚至無法監督的移民政策買單。

這種「撒錢+住酒店」的做法，嚴重擠佔了原本就緊張的公共資源，令真正有需要的本地居民被邊緣化。尤其令人痛心的，是那些為國家流血犧牲卻無力進入福利體系的退伍軍人。在麻塞諸塞州，關於優先保障退伍軍人庇護權的法案曾提交議會，但在投票中遭到絕大多數民主黨議員反對，最終未獲通過。

結果就是——這些曾保家衛國的英雄，如今無家可歸，在街頭流浪；而初來乍到的非法移民卻被安排住進酒店，甚至享有更多補貼和福利。這不僅是制度的錯位，更是價值觀的倒置。

公共安全風險

大量非法移民的迅速湧入，不僅加重了財政負擔，也帶來了日益嚴重的治安隱患，尤其是在兒童和青少年犯罪問題上愈演愈烈。

首先，許多非法移民的孩子在入境後無人陪伴，極易成為黑幫組織的首要目標。這些未成年人由於缺乏社會保障與法律保護，很容易被捲入犯罪網路，從事販毒、盜竊等違法活動。像MS-13這樣的中美洲幫派，早已滲透進美國多座城市，專門在移民社區中招募青少年。許多孩子不僅被脅迫參與暴力犯罪，甚至被訓練成「少年殺手」。

其次，人口販賣和兒童走私問題十分嚴重。每年有超過十萬名無人陪伴兒童通過美墨邊境進入美國，其中一些可能成為人口販賣的受害者。他們面臨被迫從事廉價勞工或性虐待的風險，在一些案例中，這些兒童被發現時已身心俱疲、創傷嚴重。

再次，由於非法移民沒有合法身份，無法進入正常勞動市場，只能在地下經濟體系中勉強維生。這不僅助長了黑市與非法用工現象，也使他們更容易遭受剝削。一旦經濟環境惡化，這些社區往往迅速淪為治安重災區。以紐約為例，許多改建為移民庇護所的中低端酒店，如今已成為幫派活動的溫床，治安事件頻發，警方疲於奔命，市民的安全感顯著下降。

總的來看，非法移民帶來的問題遠非「同情」和「善意」所能解決。它不僅是沉重的經濟負擔，更是公共安全和社會整合的嚴重危機。如果美國繼續用「無底線的大愛」掩蓋現實，放任非法移民持續湧入而不設任何邊界與機制，那麼最終付出代價的，將是每天繳稅、守法生活的普通美國人。

滿足移民的「性需要」？

在歐洲，一起令人震驚的事件引發了關於移民政策和個人信念的激烈爭論。2021年，法國波爾多（Bordeaux）一名23歲的左派女性志願者，長期活躍于支持移民權益的運動，宣導更寬鬆的移民政策，卻在一次街頭活動中遭到一名非洲裔男性移民的性侵。據歐洲媒體V4NA報導，這名女性是當地移民支持團體的積極成員，事件發生時她正在參與和移民的社區互動。

此事在當地引發爭議，尤其因為受害者在社交媒體和採訪中的表態令人意外。她表示，事件可能涉及「語言和文化的誤解」，並提到嫌疑人「也有自己的需求」，似乎試圖為對方的性侵行為主動提供藉口。

這一事件在法國社會掀起波瀾。一位長期宣導「包容與同情」的女性，為何在遭受嚴重傷害後仍選擇為施暴者辯解。這種反應可能源於過度理想化的信念，將「同情」置於個人安全和正義之上。

歐洲美國頻繁發生的性侵案件

在歐洲，多地頻繁發生與移民相關的性侵案件，嚴重挑戰了公共安全與社會信任，也突顯了所謂「無底線大愛」的悲劇性後果。

以英格蘭與威爾士為例，僅2024年1月至10月期間，29個員警轄區內就報告了2,775起涉及外國人的強姦案件，占全部性侵案件的40%。外籍人士的性侵案件逮捕率是本國公民的3.5倍，儘管他們僅占總人口的9%，卻涉及超過四分之一的性犯罪案件。

在瑞典，2000年至2015年間共有843起強姦判決，其中58%的罪犯為外籍人士，約40%來自中東和非洲地區。僅2015年一年，瑞典各地公共浴池和游泳館就報告了123起性騷擾事件，超過80%的嫌疑人是外來移民。

德國發生的「科隆新年夜襲擊」更是震驚全球。2015年底至2016年初，新年慶典期間，大量女性在街頭遭到性騷擾甚至性侵。後續調查發現，已有153名嫌疑人被定罪，其中三分之二為摩洛哥、阿爾及利亞等北非國家的移民。更令人擔憂的是，其中一半人在襲擊發生前不久才抵達德國。

在2024年6月，德州休斯頓發生一起駭人案件：12歲女孩 Jocelyn Nungaray 在北休斯頓被兩名委內瑞拉非法移民綁架、性侵並勒死。2024年初，佐治亞一位22歲的女大學生 Laken Riley 被一名來自委內瑞拉的非法移民 José Antonio Ibarra 殺害，案件引發全國關注與移民政策爭論。Ibarra 曾持「臨時釋放」狀態入境，後因盜竊和「不當傷害兒童」等案件被捕，卻未獲及時遣返，最終犯下滔天大罪。

在維吉尼亞州2017年的一起案件中，17歲的 Nabra Hassanen 在夜間被來自薩爾瓦多的非法移民 Darwin Martinez Torres 強姦並殺害。

官方資料亦揭示：根據 ICE 統計，已有超過13,000 名非法移民因謀殺罪被定罪，還有逾523人因強姦而被定罪，2,222 人面臨謀殺指控，大約222,000 人等待庭審。

當然，我們不能因此將所有非法移民汙名化，但是這些真實事件橫跨歐洲和美國，揭示出無序、大量的移民湧入對本地社會造成的深遠影響，尤其是對女性與兒童安全構成極大威脅。然而，在「政治正確」的壓力下，許多政府選擇回避問題，受害者往往得不到應有的關注與正義。

全民弱智的體現

當許多現代人因缺乏個人代價的意識和歷史視野，依舊將「無條件開放與包容」簡單等同於「人性的光輝」，這正反映出一種典型的「全民弱智」症狀：

虛偽的善良：他們從不思考財政能否承受、治安是否會惡化、制度是否瀕臨崩潰，只是情緒化地高喊「大愛無疆」。他們歡迎一切，不設防線、不問代價，但從不願打開自家大門接納陌生人。面對本國公民的困境，尤其是那些為國家犧牲的退伍軍人，卻視而不見。這不是善良，而是一種自欺欺人的偽善。

道德綁架：在這種氛圍中，任何試圖劃定邊界、厘清責任的聲音，都會被貼上「種族主義者」、「排外分子」甚至「仇恨煽動者」的標籤。政治正確取代了理性討論，誰若質疑政策，就成了「壞人」。

若「愛」失去了正義的基石，最終只會蛻變為縱容。真正的愛，必須植根於公義之上。若沒有規則、制度和善惡的界限，那種「無底線的大愛」不僅無法帶來祝福，反而將成為助長邪惡、毀壞文明的力量。

2-7
對恐怖主義的縱容

根據聯合國大會 2004 年報告草案及學界的普遍共識，恐怖主義可定義為：非國家行為體，或由國家支持的團體，出於政治、宗教、意識形態或其他動機，故意針對平民、醫護人員、學校、宗教場所等非戰鬥目標實施暴力或暴力威脅，以製造恐懼、撕裂社會，從而迫使政府或公眾政治讓步。

恐怖主義的手段往往具有極端殘酷性，例如大規模屠殺、劫持人質、自殺式攻擊、利用平民作為人肉盾牌等。其目的並非戰術層面的軍事勝利，而是要透過駭人聽聞的暴行放大心理衝擊，製造恐懼和混亂。

因此，恐怖主義與合法抵抗或常規戰爭有著本質差異。在戰爭法框架下，如果武裝衝突的一方主要攻擊的是敵軍或軍事設施，可以被視為戰爭行為；但當其故意屠殺平民、擄走人質，甚至利用兒童和婦女作為人肉盾牌時，就已經徹底越過了文明社會的紅線。

這正是文明與野蠻的分界。歷史不能倒退回野蠻的時代。

哈馬斯對以色列平民的恐怖攻擊

2023年10月7日，哈馬斯對以色列平民發動了一場殘忍的襲擊，殺害了超過1200人，包括婦女、兒童和老人等平民，並伴隨著強姦、肢解和劫持人質的野蠻暴行。攻擊者針對和平社區、音樂節和集體農場等目標，留下了難以想像的殘酷場景——性虐待，酷刑，家庭被活活燒死，倖存者遭受嚴重創傷。哈馬斯自己的宣傳影片得意地展示了這些屠殺，凸顯了他們對人命的漠視。

從上方定義來看,哈馬斯10月7日的攻擊顯然符合恐怖主義的定義:目標是無辜平民,手段是極端殘酷,目的在於製造恐懼並以此作為政治籌碼。這也是為什麼國際社會中多數國家和機構,將哈馬斯列為恐怖組織,而不僅僅是「抵抗力量」。

比死亡更恐怖的,是對人性的摧殘。

在人生最後的時刻,有人被迫親眼看見自己的妻子遭到凌辱,親眼看見丈夫被斬首,親眼看見年幼的孩子被活活燒死。這樣的景象,已超越了肉體的痛苦,而是對人性的殘害。

試問:有哪一種文明,會把年邁的祖母和年幼的孩子擄走當人質?有哪一種文明,會虐待俘虜,甚至逼迫他們為自己挖掘墳墓?又有哪一種文明,會故意把指揮所和武器庫隱藏在學校、醫院和居民區?更有甚者,從小向孩子灌輸仇恨教育,把他們培養成人肉炸彈,視送死為「榮耀」?

哈馬斯的罪行,已是惡貫滿盈,罄竹難書。

西方支持恐怖主義的浪潮

然而,令人震驚的是,這場暴行在西方竟引發了支持的浪潮和遊行。在理應成為啟蒙與理性殿堂的西方大學校園,部分學生與教職員在以色列尚未展開任何報復行動之前,便組織起挺巴勒斯坦的示威。在哥倫比亞大學、哈佛大學、加州大學洛杉磯分校等高等學府,抗議者高喊「從河流到大海」的口號,這一言辭廣泛被視為對以色列人的全體屠殺。有些人甚至撕毀張貼的以色列人質海報,將這些受害者的苦難淡化為「解放鬥爭」的代價。

這種異常現象並不只出現在大學校園。在西方的主流媒體中,我們也看到了類似的趨勢。自10月7日哈馬斯發動大屠殺以來,許多西方大型媒體機構在第一時間並未重點報導以色列平民遭到屠殺、強姦與劫持人質的事實,反而迅速轉向關注以色列的軍事反應以及加薩平民的處境。例如,BBC、CNN、《紐約時報》與《衛報》等

主流媒體,在事發初期紛紛將標題聚焦於「以色列轟炸加薩」、「加薩人道危機升級」、「平民死亡人數不斷上升」等關鍵字,而對哈馬斯公開上傳的恐怖攻擊影片、現場遺體情況與倖存者證詞,則低調處理,甚至語氣模糊、避免使用「恐怖組織」一詞。

這種報導方式的背後,並非偶然。它反映出當今西方輿論深受一種根深蒂固的意識形態影響:文化馬克思主義。這個思想將社會劃分為「壓迫者」與「被壓迫者」,並默認「被壓迫者」的一切反抗行為都具有正當性與道德優先性。在這個框架中,以色列被視為「殖民者」、「強權代表」,而巴勒斯坦則自動成為「被壓迫的第三世界人民」的象徵。因此,無論事件本身多麼殘忍,一旦與這種身分結構相衝突,西方左翼知識圈與媒體生態就傾向於「淡化加害者、強化受害者」的敘事重心。

更進一步的原因,在於西方左派與激進伊斯蘭主義之間,近年來形成了一種「反西方聯盟」式的共識。兩者雖然在價值觀上存在根本矛盾(如性別平等、同性戀、政教分離等),但在「反西方傳統的基督教文明」、「反以色列」、「反資本主義」等政治目標上卻不謀而合。這種「敵人的敵人是朋友」的邏輯,使得西方主流媒體和智庫精英,有意識地為帶有恐怖主義性質的行動開脫,甚至將其包裝為「反抗正義」。

在後續章節中,我們將進一步探討這種文化現象是如何形成的,又是如何一步步滲透進西方的高等教育與媒體體系,最終塑造了整個世代的認知與價值觀。然而在此,必須指出:這種對恐怖主義的縱容,其實是一場由伊斯蘭極端主義與西方主流文化合力導演的「全民弱智」現象。

以色列總理對媒體謊言的駁斥

以色列總理最近在聯合國的發言,就針對外界流傳的一些主要謊言作出了駁斥。

首先，是所謂「以色列蓄意針對平民、實施種族滅絕」的指控。事實恰好相反。美國西點軍校現代戰爭研究所城市戰研究主任、上校軍官約翰・史賓塞指出：以色列為減少平民傷亡所採取的措施，超過歷史上任何軍隊。在加沙，以色列軍隊投下了數百萬份傳單，發出數百萬條短信，撥打無數電話，反復懇請平民撤離戰區；而哈馬斯則將指揮所和武器庫植入清真寺、學校、醫院和公寓樓，並用槍口逼迫平民留下，把他們變成人盾和宣傳工具。

儘管如此，仍有近 75 萬加薩人聽從呼籲，轉移到相對安全的區域。請問：一個真正企圖「種族滅絕」的國家，會一次次苦口婆心地勸平民撤離嗎？在歷史上，哪一次種族滅絕會先提醒受害者「快走」？真相被徹底顛倒了：以種族滅絕為綱領的恐怖組織卻被豁免，而竭力避免平民傷亡的以色列卻被推上被告席——這是極大的荒謬。

其次，是「以色列蓄意讓加薩人民挨餓」的指控。事實上，自戰爭爆發以來，以色列已向加薩提供超過兩百萬噸糧食與援助，平均相當於每人一噸，接近每日 3000 卡路里的供應。如果加薩依舊有人挨餓，那並不是因為援助缺乏，而是因為哈馬斯系統性地搶奪、囤積和倒賣物資，將本該救助平民的糧食轉化為其戰爭機器的燃料。甚至連一向對以色列並不友善的國際機構，也不得不承認：絕大部分救援物資進入加薩後被武裝團體搶走。這些新的污衊，與中世紀那些「猶太人投毒水井」的血腥謊言本質上並無不同——只是換了一套現代的語言包裝而已。

然而，哈馬斯和所有恐怖組織一樣，本質上是一個極權化的統治體系。他們嚴密控制媒體與輿論審查，精於擺拍與剪輯，用廢墟、哭泣的孩童與血跡斑斑的畫面製造假象，再將其包裝成「以色列暴行」的證據。西方主流媒體在報導中與這種宣傳形成了某種呼應，甚至在事實尚未澄清之前，就急於以「受害者敘事」替恐怖組織粉飾，使得真相在雙重操控下被進一步遮蔽。

簡中媒體對恐怖主義的聲援

與西方大學與媒體的反應相對應，在中文輿論空間，特別是短視頻平台如抖音上，也形成了一種類似的「單向聲援」現象。事發之後，大量與巴勒斯坦相關的影片迅速獲得熱推，其中不少內容帶有強烈的情緒色彩和政治立場，以「受害者—解放者」的二元敘事為主調，強調「反抗壓迫」、「以色列暴行」、「穆斯林團結」等口號式表達。畫面多採用炸彈攻擊後的廢墟、哭泣的孩童、廢墟中尋找親人的畫面，再配以悲傷音樂或憤怒控訴，極具感染力，但很少交代背景事實或事件前因。

這種輿論傾向不僅僅是演算法與情緒傳播的自然結果，更深層地，與中共政府對輿論的引導密切相關。在整個以哈衝突期間，中國的主流官媒——包括新華社、央視新聞、《環球時報》等，基本上維持了一種「挺巴勒斯坦、批以色列、迴避哈馬斯暴行」的統一基調。報告中常強調以色列空襲造成的平民傷亡，卻鮮有提及哈馬斯10月7日屠殺平民、劫持人質的事實；即便提及，也常以「有爭議說法」或「以色列方面稱」來降低其可信度。相反，哈馬斯幾乎從未被稱作「恐怖組織」，而是以「武裝組織」、「巴勒斯坦派別」或「抵抗力量」等中性或正面的語彙出現。

黨媒的選擇性報導，對中文網路使用者的認知產生了決定性的影響。在中國嚴格的新聞審查與監控體制下，公開為以色列辯護、揭露哈馬斯罪行的內容往往很快就會被限流甚至刪除，導致資訊生態愈發單一。

在這種由官方立場、平台機制與輿論氛圍共同塑造的環境中，中文網路上關於以哈衝突的討論，極少展現出對事實的多維理解。相反，它更常呈現出一種意識形態化、情緒化的單向敘事：哈馬斯的恐怖主義性質被有意淡化甚至忽略，巴勒斯坦被整體塑造成無辜的「被壓迫者」，而以色列則被簡化為「侵略者」、「強權國家」，乃至「中東的美國代理人」。

這不僅模糊了正義與邪惡的基本界限，也讓中國公眾在未經充分資訊的前提下，被裹挾進一場本不屬於自己的情緒洪流中。更重要的是，這種立場並非真正出於對巴勒斯坦人民的關懷，而是服務中共自身在國際論述場上的戰略利益。被誤導的，是那些真心希望了解世界的普通人。

總結

對恐怖主義的縱容，並非某一地域的獨特病症，而是一種橫跨東西方的普遍現象。西方與東方的路徑雖表面不同，但結果卻驚人一致：都在削弱公眾對恐怖主義本質的識別能力，把「蓄意針對平民的暴力」包裝成所謂「正義的反抗」。

要真正走出這場「集體失智」，需要的是深層次的剖析與常識的回歸：第一，要回到尊重生命的世界觀和正義戰爭原則，劃定合法抵抗與恐怖主義的分界線；第二，要追溯中東衝突的歷史根源，理解恐怖主義的思想起源與宗教背景；第三，要梳理現代恐怖主義的演化過程，揭示其資金鏈、宣傳戰略網絡與宗教背景。

這些議題，我們將在後續章節《誰在給恐怖主義輸血》中繼續深入探討。

2-8
天下烏鴉一般黑的犬儒主義

我們常常聽到類似的論調：「美國也腐敗，中國也腐敗，民主國家也打仗，專制國家也打仗，反正哪裡都一樣，別裝了，誰上臺都一樣。」這類話語，尤其在知識份子圈子裡更為普遍，簡單一句話概括，就是所謂的「天下烏鴉一般黑」的犬儒主義心態。

犬儒主義（Cynicism）表面上看似「清醒」，實際上是一種片面的悲觀主義思維。它缺乏基本的原則判斷，把「人性的墮落」當作否定一切制度的理由，從而模糊了制度設計與人性約束之間的本質差異。它看不到制度的目的正是為限制人性中的邪惡，因而也否認了民主制度中存在的自我修正機制——如輿論監督、司法獨立、權力制衡與選舉更替等。

歷史背景：犬儒主義的起源與演變

犬儒主義（Cynicism）這個詞源自希臘語「kynikos」，意為「像狗一樣的」（dog-like），最早的含義並不帶貶義，反而代表了一種對世俗虛偽的蔑視與對簡樸生活的追求。其哲學根源可以追溯到古希臘，代表人物是第歐根尼（Diogenes of Sinope，約西元前412-323年）。他是犬儒學派的奠基者，以極端簡樸、蔑視權威和直言不諱著稱。

最初，犬儒主義並非現代語境下的冷漠、虛無或嘲諷，而是一種強調回歸自然、反對貪婪與虛偽的生活態度。第歐根尼以極端方式身體力行，他在西元前4世紀的雅典居住在陶罐中，拒絕財富和地位，公然挑戰社會規範，甚至在白天手持燈籠「尋找誠實的人」，

以戲謔方式揭露虛偽。古希臘時代的犬儒主義者，更像是「行走的精神苦行僧」，他們雖蔑視權力，但通過批判社會現狀試圖喚醒良知。

然而，歷史的演變讓犬儒主義逐漸變了味。進入中世紀與近代，社會的不公、權力的濫用與制度性的腐敗愈加顯著，人們對社會的失望日益加深。到了19世紀，犬儒主義被賦予了更多的消極色彩，成為對政治體制和人類本性的普遍懷疑與否定。

到了20世紀，「犬儒主義」這一概念隨西方思想一同傳入中國。最早的中譯法可以追溯到晚清和民國時期，當時，胡適、馮友蘭、金嶽霖等著名學者在譯介西方哲學與思想史時，普遍採用「犬儒主義」來對應 Cynicism。尤其是在馮友蘭的《中國哲學史》和他參與的《西方哲學史》譯介過程中，這一譯法逐漸確立下來，並在學術界廣泛流行。

這個譯法不僅忠實保留了 Cynicism 詞源中「狗」的意象，更巧妙地通過「儒」字，賦予其與知識份子、社會批評相關的文化內涵，同時也帶入了中文語境下的諷刺與批判意味，堪稱中西語言融合的經典翻譯案例。

然而，今天的犬儒主義早已偏離了最初的哲學批判，變成了一種懶惰而冷漠的心態。**其根本問題就是「狗眼看人低」**——看不到有人在為正義持守，看不到有人在為真理奮鬥，更看不到上帝仍在掌權。因此，在犬儒主義者眼中，世界只剩下腐敗與黑暗，個人只剩下麻木與冷漠。

20世紀，兩次世界大戰、冷戰對峙、民主與專制的反覆較量進一步加劇了這種心理傾向。許多人開始相信所謂的「天下烏鴉一般黑」，認為無論什麼制度、什麼領導人，最終都不過是權力與利益的遊戲，理想、道德和社會進步不過是政治的遮羞布。這種思維是現代犬儒主義的典型體現。

犬儒主義是全民弱智的溫床

犬儒主義聽上去像是「看透了一切」，實際上卻是「放棄了一切」。當這種思維在社會蔓延，最直接的後果，就是全民弱智化。

首先，犬儒主義瓦解了人的基本判斷力。

有人常說：「反正民主國家也打仗，專制國家也打仗，別裝了，民主制度沒什麼了不起。」這種說法表面看似「客觀理性」，實際上卻把人性墮落與制度優劣混為一談。民主制度當然不是完美無缺，但它具備相對完善的自我糾錯機制：輿論自由、新聞監督、選票更替、司法獨立，這些制度設計，本質上是為了約束人性的墮落和權力的膨脹。相比之下，專制制度缺乏這些基本保障，一旦權力失控，腐敗就會無限蔓延，戰爭決策也常常在黑箱中拍板，最終帶來的社會災難根本無法相比。

更重要的是，正因為民主國家的存在與競爭，極權國家才不得不被迫引入一些文明秩序。例如，伊朗雖然實行神權統治，但也設立了相對有限的民主選舉制度；中國為了融入國際社會、特別是加入WTO的準備過程中，陸續引入了勞工法、五天工作制、智慧財產權保護等基本法律制度。這些制度的改良，並非出於自發的良知覺醒，而是民主國家提供的現實榜樣與制度壓力所促成的。否認民主制度的價值，既是邏輯上的謬誤，更是對人類歷史進步的選擇性失明。

其次，犬儒主義讓人喪失了預測和行動的能力。

比如有人說：「中國有產權的問題，新加坡也是威權國家，也有問題，反正都一樣。」這種說法聽起來像是「看透一切」的冷靜判斷，實則是偷懶的糊弄邏輯。看看資料就知道，國際財產權聯盟（Property Rights Alliance）發佈的《國際財產權指數》（International Property Rights Index）顯示，2024年，新加坡的

財產權保障全球排名第2,而中國僅排在第65位。這不僅是數字的區別,更是制度設計、執法環境和社會文化的巨大落差。

我們在後面的第七章會詳細討論財產權和經濟興衰的關係。這裡需要強調的是,資料不會撒謊。你需要資料來指導你的投資方向,同樣,如果你身處國家的關鍵崗位,也必須正視差距,堅定不移走改革開放、與國際接軌的道路。

用「反正都一樣」來掩蓋這些本質差異,不僅是判斷力的喪失,更是預測和行動能力的瓦解。所以,犬儒主義不是「清醒」,而是全民智力的腐蝕劑。

歷史的教訓:天下烏鴉不一樣黑

「天下烏鴉一般黑」是犬儒主義最常見、也最弱智的謊言。歷史一次又一次清晰地告訴我們,國家與社會可以截然不同,制度與文化的選擇,決定著一個民族的命運走向。

最典型的例子,便是冷戰時期的東西德國。二戰結束後,德國一分為二:一邊是聯邦德國,實行民主制度,保障個人自由和法治秩序;另一邊是東德,受蘇聯控制,推行專制高壓,剝奪基本權利。幾十年過去,西德經濟騰飛,社會富裕,政治清明,成為世界公認的發達國家;而東德卻陷入貧困、壓抑與謊言,連出國的自由都成了奢望。1989年,忍無可忍的東德民眾終於推倒柏林牆,用行動證明了——不是「烏鴉都一樣黑」,而是制度讓烏鴉的羽毛有了分明的顏色。

制度不能消除人性的墮落,但它能有效約束權力、激發善良、抑制惡行。這正是歷史留給我們的清晰答案。否認這種差別,不僅是邏輯上的錯誤,更是對那些曾為自由與尊嚴抗爭、甚至付出生命代價的人們的不敬。歷史從不完美,社會也不會盡善盡美,但良知與正義從未真正離開,文明的火種也始終未曾熄滅。

第三章

全民弱智的病因：對人性的雙重誤判

> 「如果人性沒有被正確認識，最理想的制度，
> 也會變成最危險的陷阱。」
>
> ——作者

在上一章中，我們梳理了「全民弱智」的八大症狀。追根溯源，這些症狀背後隱藏著同一個深層病因——對人性的雙重誤判：對人性的盲目樂觀，和對人性尊嚴的漠視。

這種雙重誤判，在東方與西方雖有不同表現形式，卻最終殊途同歸，合力製造了當今社會的政治幼稚、思想混亂與制度幻覺。

本章將系統揭示，這些思想誤區如何在中美兩種路徑下，分別壓垮了人的常識、理性與判斷力，最終共同把世界推向「全民弱智」的境地。

第一部分 全民弱智的症狀和病因

3-1
三座大山壓垮了中國人的認知

若要理解當代中國人在政治、歷史與道德判斷上的集體盲區，必須從他們深層的「知識結構」入手——尤其是這個結構如何回答三個終極問題：人從哪裡來？人活著是為了什麼？人死後將歸於何處？

遺憾的是，中國現代教育體系對這三大問題的回答，早已被三座沉重的「思想大山」所遮蔽：進化論、唯物主義與民族主義。這三者並非孤立存在，而是交織成一個封閉的思想系統，構成中國人世界觀的基礎。也正是這套系統，使整個社會對人性過於樂觀，而且在面對自由、法治、信仰、人權等現代文明命題時，顯得集體性緘默。

圖表 6：三座大山壓垮了中國人的認知。

第一座大山：進化論誤導「人從哪裡來」

進化論原本是19世紀達爾文用以解釋人類起源的一種大膽猜想。那時，科學尚不發達，顯微鏡技術有限，基因科學尚未興起。如今看來，它更像是一個過時的假設。然而，自20世紀以來，進化論被意識形態廣泛濫用，異化為社會達爾文主義。這種濫用不僅是對科學的誤讀，更是對人類自我認知的深刻誤導。它告訴我們：我們是

從魚變來的，是猴子進化的，是在偶然的自然選擇中「倖存下來的一群」。這樣的敘事既缺乏邏輯，也抹除了人類獨特的尊嚴與神聖性。

這種錯誤的人觀，直接動搖了政治哲學的根基。如果人只是動物進化而來，那政府也不過是管理動物群體的工具，又何來「上帝賦予的不可剝奪的自由」？在這樣的觀念下，自然權利成了虛構的神話，政府也就不再是「被託付的僕人」，而成為凌駕於人之上的主宰。

但如果我們相信人是按照上帝的形象被造的，是具有尊嚴與永恆目的的受造物，那麼人的地位就從根本上高於一切制度安排。正因如此，我們才能講出一句震撼歷史的話：「**人民騎在政府頭上，而不是政府騎在人民頭上。**」這正是美國《獨立宣言》與憲政體系的精神核心：政府存在的目的，不是管理人，而是保護人的自然權利——生命、自由與財產。

因此，對「人從哪裡來」的理解，不只是一個生物學的問題，更是政治智商的起點問題。你若把自己看成塵埃中的偶然，就無法談論不可剝奪的尊嚴；你若視自己為上帝所造的「神聖形象」，才能真正理解為何政治秩序必須以「人」為中心。

在本書第四章中，我們將專門探討進化論賴以建立的四大科學支柱是如何一一崩塌的，幫助你以更堅實的知識基礎，重新認識「人是誰」這一政治問題的源頭。

第二座大山：唯物主義蒙蔽了「人死後去哪裡」

「人死後去哪裡？」這並不是一個哲學系的閒談題目，而是關乎人類文明最深處的信仰與道德根基。這個問題涉及人是否有靈魂、有罪、有終極的去處——是否要面對一位聖潔且公義的上帝的審判。若答案是「人要見上帝」，那麼今生的一切言行，都不再只是個人

選擇，而是有永恆責任的體現。一個相信「死後有審判」的人，會對生命心存敬畏，對行為更負責任，對權力保持警惕。

然而，唯物主義將這一切掐斷。它從來就不是中華五千年文化的傳統。它本是近代西方一股偏激而早已被主流文明所摒棄的哲學，然而諷刺的是，在中國，唯物主義卻被奉為幾十年來唯一被官方認可的主流思想，全面主導教育、傳媒與社會思維。唯物主義將人類壓縮為純粹的物質結構，把死亡視為生理終結，宣稱「人死如燈滅」。它否定了靈魂的存在，剝奪了人對生命最基本的終極關懷。

回顧中國的哲學歷史，古代以儒家為根基，講究天道、人倫與道德秩序，強調人與宇宙、人與社會、人與自我的和諧關係。比如民間廣為流傳的一句俗語是「頭上三尺有神明」。意思是：即使沒人看見，人做事也要存善念、守底線，因為頭頂之上自有神明監察，善惡終有報應。這種說法強調了對「天」與超越秩序的敬畏。

中國傳統講究「修身齊家治國平天下」，歷史的發展重在人倫、文化與道德教化，而非單純的經濟基礎和階級鬥爭。這也正是為什麼網上有類似這樣的說法：「中國的唐朝留在了日本，宋朝留在了東南亞，明清則留在了臺灣。」——這些地方繼承了中華文明中溫潤而有精神高度的部分，而中國本土在1949年後，傳統哲學體系被馬克思主義徹底取代，雖然後來儒學、國學有所復興，但更多是作為「文化裝飾」服務於馬克思主義框架，根本未能撼動唯物主義的主導地位。

唯物主義的一個致命問題在於，它人為地把世界簡單粗暴地劃分為「唯心主義」或「唯物主義」兩種極端，好像這世界只能二選一，除此之外別無可能。在他們的邏輯裡，物質和意識不可能奇妙地同時真實存在，更不可能彼此協調、相輔相成。

但現實遠比這種二元劃分複雜，也美妙得多。打個簡單的比方，就像一台電腦。你看到的只是硬體——CPU、記憶體、硬碟、顯示幕，但你不會因此就否認軟體的存在和重要性。恰恰相反，真正決

定這台電腦用途、價值和體驗的，恰恰是運行在硬體上的各種軟體，以及背後設計者的智慧與意圖。硬體和軟體，缺一不可，彼此依存。

所以，你不能說「唯硬體主義」或者「唯軟體主義」，這兩種偏執的極端，放在現實裡都不成立。人的存在同樣如此。我們的肉體是有形可見的「硬體」，我們的靈魂、意識、情感、理性，便是那看不見卻決定人價值和意義的「軟體」。而這兩者，都是出自造物主之手，都是美好的，都是不可分割的。

因此，唯物主義不僅是狹隘的，更是反人性的。它抹殺了人的靈魂與尊嚴，也切斷了人對超越世界、對創造者的敬畏與思考。在這樣的思想統治下，信仰被貶為迷信，道德成了權力的工具。沒有終極真理，也就沒有終極正義；沒有超越標準，善惡對錯就全憑輿論和利益決定。這也正是許多中國人難以理解「自然律」、「道德律」以及道德律背後那位聖潔主宰的原因所在。

更嚴重的是，當一個人不再相信永恆的審判，便失去了對人性敗壞的基本警覺。他更容易相信政府，相信「組織」，相信「大我」，而不是對權力保持清醒的懷疑。於是，在集體主義的名義下，個人尊嚴被犧牲，自由被踐踏，政治智商也隨之滑落。

第三座大山：民族主義統治了「人活著為何」

當一個社會將信仰連根拔起，奪去了人對於永恆真理的依靠，權力就必須尋找某種「替代信仰」來維繫秩序與凝聚力。而最常被用來填補這片空白的，就是民族主義。

原本，「民族」、「國家」、「復興」這些詞語只是中性的集體概念，但在缺乏終極信仰的社會中，它們卻被逐步神聖化，最終演變為評判一切道德的最高準則。在這樣的邏輯下，「為了國家」就足以壓倒所有反思與懷疑；「為了民族復興」也足以為犧牲個體生命與自由披上合法的外衣。

中國古代的傳統文化強調「**順天者昌，逆天者亡**」，天不僅是自然之天，更是超越性的天道與正義的象徵。這種觀念提醒著統治者與百姓：國家、君王若違背天意、踐踏道德，即便一時強盛，最終也難逃覆亡的命運。正因如此，儒家重「天命」，道家講「道法自然」，佛教言「因果輪回」，這三者共同構築起中國人內心深處對超越力量的敬畏感。

然而，進入近代以後，隨著民族主義的興起，這種對「天」的敬畏逐步被稀釋乃至取代。民族主義本可以作為抵禦外侮、凝聚人心的正面力量，但在缺乏信仰與超越標準的背景下，它迅速異化為一種新的「世俗宗教」。

這種「國家即道德」、「民族即正義」的敘事，把集體主義包裝成道德光環，壓制了個體的良知與自由的空間。一切普世性的價值，如正義、人權、自由、信仰，在「民族利益」的名義下都可以被放棄。個人也不再是擁有天賦尊嚴的存在，而只是國家機器的一顆螺絲、一張可以被犧牲的牌。

更可怕的是，這種民族主義一旦與權力勾連，就極容易滑入極端主義與排外情緒，不容異見，不容質疑。它在表面上高舉團結與榮耀，實則內裡是對自由、正義與責任的系統性封閉。

翻越三座大山

這三座大山彼此支撐，構成了中國當代人看世界的基本框架。可悲的是，它不僅是一種意識形態，更是一種難以自覺的認知慣性。即便身處海外，許多中國人討論自由、市場、法治時，依舊呈現出「只看表面現象」的思維。他們或許能熟讀《政府論》，卻看不見洛克背後的神學前提；他們呼籲憲政，卻從未理解「人民騎在政府頭上」的道德根源是「人按神的形象被造」。

普通中國人的國際觀，普遍停留在弱肉強食的膚淺水準。他們骨子裡相信「老大必須打老二」，相信強者為王，社會就是一場永

無止境的零和博弈。然而，這種「老大打老二」的邏輯，恰恰暴露了對國際關係與美國政治的雙重誤解。真實世界遠比這種簡單的實力博弈複雜得多。

美國，既不是中國人想像中那個專門「欺負弱小」的帝國主義，也不是始終公平正義的「世界員警」。真實的美國，始終處於國內正義與邪惡力量的動態博弈中。正是憑藉憲政體系、言論自由、獨立司法與全民選票，美國才具備了對政治權力的監督與自我糾錯的可能性。

美國也不屬於任何一個家族、任何一個政黨。這次政治素人川普的崛起，就是活生生的例子。川普沒有任何政治背景，打破建制派、媒體與精英集團的圍堵，兩次當選總統，代表的正是美國社會內部自我反思、撥亂反正的能力。這種政治生態，雖然充滿矛盾與衝突，卻體現了自由社會最寶貴的生命力。

把複雜的文明世界簡單理解為「弱肉強食」，不僅遮蔽了制度與價值觀的力量，更低估了自由社會內部自我修正與反思的空間。

現代人對宗教是無知的，對邪惡的認識是天真的，對人性是樂觀的，因此他們總是馬不停蹄地站錯隊，誤判局勢，最後為自己的弱智付上代價。

唯有翻越這三座思想高牆，中國人才可能真正進入現代文明的核心。否則，不論體制如何變化、經濟如何騰飛，人的靈魂依舊困在「偽現代」的鐵籠中——外表是穿著西裝的實用主義，語言是講著英語的物質主義，口號則是高喊愛國的民族主義，那不過是披著現代外衣的落後社會。文明的真正通道，從來不是 GDP 數字的堆砌，而是來自對人性之惡的清醒警覺，對神聖秩序的發自內心的敬畏。

3-2
三個陷阱摧毀了美國人的常識

筆者在北美生活了三十年,親眼目睹了這個國家文化的劇烈轉變:從以信仰為本的傳統,逐步滑入激進的思潮,最終連最基本的常識也沒有了。

美國,這個曾被譽為「山巔之城」的國家,曾以自由為旗幟,以信仰為根基,在世界文明史上獨樹一幟。它的建國精神植根於新教倫理的核心信念:人是按著上帝的形象被造,因而擁有不可剝奪的自然權利。政府存在的唯一正當性,就是保護這些權利。

然而,令人唏噓的是,正是在這片自由的高地,美國人自覺地一步步走入了三大陷阱。這不是外敵強加,而是在「絕對自由」的名義下,自我墮落的結果。

圖表 7:三個陷阱摧毀了美國人的常識。

陷阱一:進化論摧毀「人人被造的尊嚴」的傳統

在20世紀初,尤其是1925年「斯科普斯審判」之後,進化論逐步進入美國公立教育體系。所謂「斯科普斯審判」,是一起引發全國關注的訴訟案:田納西州一位高中教師約翰・斯科普斯(John Scopes),因在課堂上教授進化論而被起訴違反了州法律。這場被

稱為「猴子審判」（Monkey Trial）的官司，表面是法律之爭，實則是信仰與科學、傳統與現代之間的文化戰。雖然斯科普斯最終被定罪，但媒體和知識界的輿論大多站在支持進化論的一方，由此推動了進化論在教育體系中的擴張。

到了1968年，美國最高法院裁定，禁止在公立學校教授以「創世論」為基礎的課程，從此確立了進化論在中學與大學教育中的主導地位。

換句話說，從那時起，美國的孩子們幾乎都在一個「去神化」的教育框架中被灌輸人類起源。他們被教導：你不是被造的，而是從細胞、魚類、爬行動物一路演化而來的「高等動物」。

既然人是進化來的動物，自然會有人進化得「更高明」。在20世紀初，美國心理學家亨利・戈默（Henry H. Goddard）和教育家路易士・特曼（Lewis Terman）便引用進化論觀點發展出「智力測試」，並聲稱不同種族在智力上的差異，是進化程度不同的體現。特曼在1916年出版的《斯坦福－比奈智力量表》中就寫道：「南歐和東歐移民的智力遠低於北歐人，這種低下可能是遺傳性的。」戈默更是直接推動了對「智力低下者」的強制絕育政策。他們都堅信，白人比黑人「更聰明」，更適合領導社會。

這種偽科學的種族主義，正是在「無神進化論」這塊溫床上滋長出來的惡果。達爾文的堂兄法蘭西斯・高爾頓（Francis Galton）正是「優生學」（Eugenics）一詞的創立者，他將達爾文的「適者生存」原理延伸到人類社會，鼓吹通過人為干預來「改良人種」，防止「低等人類」繁殖。優生學在20世紀初的美國盛行，得到了如卡內基基金會、洛克菲勒基金會等主流機構的支持，並最終成為納粹德國種族清洗政策的理論基礎。

當人類被簡化為「高等動物」，被剝奪了「按上帝形象所造」的尊嚴，文明的底線就悄然崩塌。從強制絕育，到種族隔離，再到

納粹的大屠殺，這些慘劇都不是偶然的，而是無神進化論世界觀邏輯的自然結果。

我的兩個孩子都是在美國的公立學校成長的。我也在教會服事多年，教授高中生主日學，有第一手的觀察與體會。我親眼看到我們的孩子們如何在聖經傳統與學校教育之間掙扎。絕大部分的孩子最後都接受了進化論的世界觀。

這套「去神化」的進化敘事，正在悄然重塑人類對自己的根本理解。一旦人的來源被簡化為動物性的偶然，人的尊嚴也隨之抹去。而這，正是政治智商被系統摧毀的第一步——從源頭否定人的尊嚴，自然也就失去了建構自由社會的根基。

陷阱二：多元主義讓人不再相信「人死後要負責任」

在過去的幾十年裡，美國社會經歷了一場深刻的文化轉型——從一個以基督教信仰為主流道德基礎的國家，逐漸變成一個在主流文化中敵視基督教價值觀的社會。20世紀中葉以前，美國的公共生活、法律制度、教育理念乃至政治言論，普遍受到《聖經》價值觀的深刻影響。「在上帝之下的國家」（One nation under God）不僅是口號，更是國家認同的核心組成。

然而，自1960年代的「嬉皮士運動」以來，這種基督教文化逐漸遭到邊緣化。在「性解放」、「權威解構」、「個人解放」等思潮推動下，傳統家庭、道德秩序與信仰觀念開始被視為「壓迫的工具」。法院以「政教分離」為由將《聖經》逐出課堂，媒體將堅持信仰的人描繪成「落後」、「偏執」、「不寬容」，許多大學甚至將「基督教價值觀」列為「歧視性言論」的潛在來源。

有一次，我和一位美國同事出差，聊天中他得知我是基督徒，便主動談起了教會的事。他告訴我，他的叔叔是一名教會的傳道人，父親也在教會裡長期服侍，家裡有好幾位牧師、傳道，算得上是典型的「基督徒家庭」。

但接下來的話卻讓人唏噓。他說：「他們其實都很虛偽，說一套做一套，自己也不是什麼聖人，所以我早就不信了。」他的語氣裡沒有憤怒，更多的是一種冷漠和失望。

其實，這是很多現代人的通病。他們看見教會裡有人軟弱、領袖不完美，便一刀切地否定了整個信仰，卻忘了一個事實：牧師、傳道也是人，也是罪人。正因為這個世界上沒有完美的人，我們才更需要信仰，更需要救贖。

這正是今天美國的真實寫照。上一代人還敬畏上帝、重視信仰，願意走進教會、堅守道德傳統。而這一代人，受世俗文化和多元主義影響，開始遠離信仰，內心冷淡、態度消極，成了所謂「不信派」。再往下，下一代人不僅離棄了信仰，甚至公開敵視、嘲諷、打壓基督徒，把基督教價值觀視為「落後」、「歧視」、「反人類」。

這就是西方社會正在加速滑向的光景——從冷漠到敵對，從遺忘到毀滅。這場文化轉變的最終結果，是「多元主義」和「虛無主義」登上主流舞臺，社會喪失了判斷善惡、是非、真假的客觀標準。

現在很多人常說這樣的話：「你有你的真理，我有我的真理。」、「每個人都有自己的價值觀。」、「只要我覺得對，那就行了。」——這就是我們今天所生活的「多元主義」文化。在學校、電影、媒體、甚至政府政策中，這種思想已經成了一種主流標準，誰要是堅持真理和道德標準，反倒被說是「狹隘」、「歧視」、「不包容」。但聽起來「包容」的多元主義，其實正在毀掉我們社會的根基。

過去，不論是東方的「善惡到頭終有報」，還是西方的「人死後要見上帝」，人們普遍相信：**一個人活著不能為所欲為，死後要向一個更高的存在交帳。**

這個信念雖然看不見、摸不著，但卻是社會秩序的「隱形支柱」。一個相信將來會有「審判」的人，他在想做壞事的時候，會有顧忌，有敬畏。

但如果你告訴他：「沒有絕對的對錯」，「人生只有一次，想做就做」，那他就會越來越無法無天，社會也就慢慢失控了。

多元主義不只是「觀點不同」，而是「沒有標準」。很多人以為多元主義只是「大家想法不同」，其實遠不止如此。**多元主義的背後，是一種否認「絕對標準」的哲學。**

它告訴你：道德沒有統一的標準，文化沒有高低之分，所有宗教都一樣對，所有生活方式都該被接納，是非對錯完全取決於「你自己覺得」。表面上聽起來像是尊重多樣性，實際上是把所有的標準都摧毀了。比如，在今天的西方社會，你不能說「某些文化不適合自由社會」，因為那被視為「歧視」；你也不能反對某些極端的性別觀念或價值觀，因為那被定為「仇恨言論」。

但現實是：世界上並不是所有文化和價值觀都能和平共處。比如，在伊斯蘭國家，婦女必須全身包裹，甚至連臉都不能露出來，因為她們的文化認為女性公開露臉是不道德的；同樣在這些國家，伊斯蘭信仰與政府是一體的，屬於典型的政教合一（Theocracy）制度，宗教不是私人信仰，而是國家法律，誰違反就會被處罰，甚至坐牢。

而在共產主義國家，比如過去的蘇聯或今天的北朝鮮，他們的文化強調「消滅私有制」，個人不能擁有土地、房子、企業，甚至思想也要「統一」。

這些文化觀念，與美國所強調的個人自由、宗教自由和私有財產權存在根本衝突。正因如此，許多文化不僅無法與美國價值觀和平共處，甚至在政治和經濟上一直將美國視為威脅與敵人。

如果你堅持所有文化都「一樣好」，那你就無法保護任何一種文明價值，因為你等於放棄了判斷標準。最後的結果，是衝突、混亂，而不是和諧共存。

多元主義最致命的地方，是它不斷削弱人對「審判」和「真理」的敬畏。

以前我們知道，「犯罪」是罪，需要「悔改」。現在我們說，「那是他的選擇」，不需要評判。

以前我們知道，「良心不安」是對錯的提醒。現在我們說，「那只是文化差異」。

以前我們知道，「人活著不是只為自己」，要對天地良心負責。現在我們說，「我活著就是為我自己開心，別管我」。

這就像一個國家把紅綠燈全拆掉，告訴司機：「你只要憑自己感覺開車就好。」結果是什麼？混亂、車禍、死亡。

根據皮尤研究中心（Pew Research）的一項調查，18-29歲的美國年輕人中，超過 70% 不再相信有「絕對的對錯」。他們覺得，只要是「真誠的」、「不傷害別人」，就都可以接受。但歷史和現實都告訴我們：人性是墮落的，需要約束與救贖。多元主義把這種「約束」拿走了，剩下的只是一種任性、放縱和盲目的樂觀。

多元主義聽起來溫柔，結果卻很危險。一個沒有真理的社會，也就沒有自由。一個失去敬畏的世界，也就失去了底線。多元主義最終摧毀的是道德底線與自由。

陷阱三：身份政治欺騙了「我是誰」的思考

今天，在美國和很多西方國家，有一種新的思想越來越流行，它被叫做「身份政治」（Identity Politics）。這個名字聽起來挺抽象，其實它就是把人先分成不同的群體——比如你是黑人還是白人，

是男的還是女的,是同性戀還是異性戀——然後根據你屬於哪個「群體」,就給你貼上「好人」或「壞人」的標籤。

過去,我們評價一個人是好是壞,看的是他的品格、行為,比如他是不是誠實、有愛心、肯負責。但在身份政治的世界裡,這些都不重要了。重要的是你是不是「被壓迫的群體」。只要你屬於「弱勢群體」,不管你做了什麼,你都有「道德優勢」;而如果你是「多數群體」——比如白人、異性戀、基督徒——那麼你再怎麼善良,也可能會被指責為「結構性壓迫」的一部分。

聽起來荒唐,但在很多大學裡,這已經成了課堂上公開講的「真理」。比如,美國的一項研究發現,在2017到2021年間,有超過65%的美國大學生表示,在課堂上聽過「白人天生擁有特權」的說法【資料來源:Heterodox Academy調查】。甚至有些大學入學申請裡,學生需要寫一篇關於自己「受到什麼壓迫」的文章,否則很難拿到獎學金或被錄取。

想像一下,一個白人學生成績優異、樂於助人,但因為他「沒有被壓迫」,就被排除在獎學金名單之外;而另一個學生僅僅因為性別或膚色「對了」,就自動被看作「更有道德感」——這難道是真正的公平嗎?

這套思維方式非常吸引人,因為它讓人「自動成為受害者」,不用改變自己、不用悔改,只要說「我是被壓迫的」,就能贏得關注、得到補償。可它帶來的後果是:每個人都開始只關注「我是哪個群體」,而不是「我這個人做了什麼」。社會被分裂成對立的陣營,沒有了共同的標準,沒有了彼此的信任。

更嚴重的是,身份政治讓整整一代年輕人搞不清楚「我是誰」和「為何而活」,只信奉由其種族、性別定義的「我是受害者」的身份,並被灌輸——你活著是為了反抗,為了鬥爭。他們的價值感來自於攻擊別人,而不是內省自己。他們不再追求成為一個正直、

有愛、有責任感的人，而是努力做「群體的戰士」、「正義的代表」。

這種模式，與中國文革時期的「紅衛兵」極其相似。那時的學生們舉著「革命」的旗幟，批鬥老師、父母、長輩，把一切問題都歸咎於「階級敵人」。今天的身份政治，把這套邏輯重新包裝——不是講「階級鬥爭」，而是講「性別壓迫」、「白人特權」、「殖民主義結構」——但目的仍然是一樣的：製造對立、強化仇恨、摧毀傳統、重建權力。

這正是對政治智商的徹底摧毀。政治智商要求人有判斷力、責任感和對複雜問題的理解能力；而身份政治卻教人用「二元對立」的方式看世界，把一切變成「受害者 vs 壓迫者」，把道德變成「誰更受傷誰有理」。

一旦整個社會都陷入這種情緒化、標籤化的思維模式，就會失去自省與理性，只剩下批鬥與撕裂。這不只是文化的墮落，更是文明的自殘。

結語：三個陷阱，掏空了自由社會的根基

這三大陷阱——進化論的「去神性」、多元主義的「真理相對化」、身份政治的「身份劫持」——共同摧毀了美國人最基本的政治判斷。

這三者彼此交織，形成了新的「國家神學」——他們甚至在課堂中教授：「美國的原罪就是基督教帶來的白人至上主義」，把信仰汙名化、把自由的根基誣陷為壓迫的源頭。這種敘事徹底顛倒是非，讓學生從小對自己的文化、信仰與自由傳統產生內疚、厭惡與自我否定。

最終的結果是：對人性抱持天真的幻想，對罪與腐敗毫無警惕。於是，大政府應運而生，福利國家迅速膨脹，監管權力無限擴張。這不是「進步」，而是文明的自我瓦解。

3-3
誤判一：低估人的罪性

現代社會的許多混亂與困局，歸根到底，都是從對人性的錯誤判斷開始的。尤其是對人罪性的低估，對人性的盲目樂觀，已經成為當今中西社會共同的思想盲區。簡單說，這種低估，就是相信人本質上是好的，或者至少是中性的，社會的罪惡與混亂，歸根結底只是環境、制度或文化設計不當所致。只要外在條件優化了，科技進步了，政策完善了，教育跟上了，人性自然會被激發出善良、理性與合作的一面，世界也就會越來越好。

這看似積極樂觀的觀念，之所以廣泛流行，正是因為它簡單、輕鬆、充滿希望，讓人誤以為只靠技術與制度，便可輕鬆應對社會問題，無需直面人性中根深蒂固的貪婪、驕傲與敗壞。

在中國，這種樂觀由進化論、唯物主義與民族主義共同塑造，強化了「人類必然進步」、「民族優越」、「人性可控」的幻覺，徹底掩蓋了人性的墮落與權力的腐蝕。而在美國，進化論、多元主義與身份政治，也在自由與平等的包裝下，系統性地模糊了善惡標準，助長了「弱者天然正確」的荒謬邏輯。

無論東方還是西方，結果是相同的：人性被高估，罪性被掩蓋，社會被過度理想化，集體滑入了政治與道德上的幼稚化，最終滋生了「全民弱智」的普遍症狀。

因此，若不從根本上重新思考人性本質——人之初，究竟是性本善，還是性本惡？是否存在根深蒂固的罪性？我們就無法真正理解社會的混亂，更無法找到走出困局的方向。

人之初，性本善？

中國人從小耳熟能詳的一句話——「人之初，性本善」，出自《三字經》。這句看似樸素的道理，實際上源自孟子的哲學思想。孟子認為，人天生就帶有善良的本性，只要加以引導和培養，便能成為道德高尚的君子。他提出，「惻隱之心」、「羞惡之心」、「辭讓之心」、「是非之心」，是人天生具備的道德萌芽，稍加教育和修養，就能成長為仁、義、禮、智的完美人格。換句話說，在孟子的世界觀裡，如果社會環境足夠理想，所有人都能成為好人。

孟子的理論並不是獨一無二的。在18世紀的法國，盧梭（Jean-Jacques Rousseau）也持有類似的觀點。他描繪了一個田園詩般的世界，認為人類在自然狀態下是善良的，是社會的腐化才導致了人的墮落和惡行。換句話說，如果沒有剝削、壓迫和不公，人們都會彼此友善、和平共處。

盧梭的思想深刻影響了法國大革命。革命者相信，只要推翻腐朽的舊制度，人民的善性就會自然顯現，社會將進入自由、平等、博愛的黃金時代。他們滿懷熱情地砸碎王座，高喊人民的解放。然而，革命的熱情很快轉變為斷頭臺的血腥狂潮，原本高舉「人性本善」旗幟的人，成了最狂熱的劊子手。

這種對人性的天真信仰，至今仍然深刻影響著西方左派政治思潮。他們相信，犯罪不是罪犯自身的問題，而是社會造成的。在他們看來，貧困、不公、教育不足才是犯罪的根源，罪犯不過是環境的受害者。他們推行寬鬆執法，減少刑罰，希望用「寬容」來感化罪犯。

然而，現實再次無情地反擊——美國的一些大城市在實施寬鬆執法後，犯罪率急劇上升，零元購屢見不鮮，社會秩序瀕臨嚴重危機。對人性的盲目樂觀，是通往制度災難的高速路。

荀子與「人性本惡，教化成善」

與孟子的樂觀主義不同，荀子是一位冷峻的現實主義者。他在《性惡篇》中斷言：「人之性惡，其善者偽也。」這句話的意思是：人性本身是惡的，而人們表現出的善良行為，並不是出於本性，而是後天通過學習、模仿、制度約束和教化「偽造」出來的。這裡的「偽」並非「虛偽」之意，而是指人為的，是一種積極的文明建構過程。

在荀子看來，人性天然帶有自私、貪婪、嫉妒、好利等傾向，如果聽任本性發展，社會將陷入混亂。相比孟子寄希望於人內心的「良知」，荀子更強調外在制度與禮法的重要性。他主張通過禮樂教化與法律約束來矯正人的本性，使個體逐漸養成道德習慣，進而維持社會秩序。

儘管荀子提出「性惡論」，他並非悲觀厭世。他認為人可以通過自我修養、教育薰陶和社會規範的塑造，逐步趨向善行。因此，荀子的人性論可以概括為：「人性本惡，教化成善。」他相信，文明的秩序並非自然產生，而是必須靠制度與禮儀長期塑造而來。

荀子的思想在今天依然具有代表性。許多人仍然相信，人性雖有惡的一面，但只要通過教育和修身，就可以自我提升，趨善向上，成為一個有道德之人。

基督教看人性——全然敗壞，無法教化

與荀子認為「人性本惡，但可通過教化成善」的觀點不同，基督教的人性論更為徹底，主張「全然敗壞」（Total Depravity）。這一教義強調，自從亞當墮落以來，人類整個人性已經被罪污染得徹底敗壞。不僅外在行為敗壞，連意志、理性與情感都被罪所扭曲，人無法靠自身力量走向真正的良善。

打個比方,人性本如一杯清澈見底的淨水,原本純潔透明,反映出上帝的形象。但亞當悖逆上帝以後,罪就像一滴黑墨水滴入杯中,瞬間將整杯水染汙。從那一刻起,人類的本性就被污染了,不只是行為,而是意志、理性、情感全都被罪扭曲。你可以不斷攪拌、沉澱、過濾,卻無法靠自己的努力把這滴墨水完全清除,使水恢復原狀。

同樣地,即使人看起來行善,在上帝眼中也常常出於驕傲、功利或自私,其本質仍是不潔的。因此,基督教並不認為人可以靠修身、教育或制度來改善墮落的本性,更不可能靠努力達成上帝所要求的聖潔標準。

聖經的啟示是,人類唯一的出路,不是靠內在的自我提升,而是來自上帝的外在拯救——也就是祂白白賜下的恩典。

悔改、接受耶穌為救主、讀經、禱告,這些看似「提升道德」的過程,其實並不是用來洗淨那滴墨水,而是因為上帝已經在我們裡面動了工——祂用十字架的犧牲為我們換了一杯新生命的活水。這不是舊生命的優化升級,而是一次徹底的重生。

這場轉變並不是靠意志力掙扎出來的勝利,而是人因信接受耶穌的救恩後,由上帝親自在心中發動的奇蹟。因此,「全然敗壞」的教義並不是要讓人絕望,而是讓人放下幻想,承認自己無法自救,轉向那唯一能救的上帝。

不過,聖經早已預言:真正願意接受這份恩典的人,終究只是少數。在上帝眼中,無論是博士還是文盲,都是同樣敗壞的罪人。不要對所謂的「高知和精英人士」抱有幻想,以為他們就道德高尚、行為端正,那是一種近乎幼稚的誤解。事實上,在大學校園中,各類道德淪喪的行為並不少見;而在官場之中,權色交易、爾虞我詐,更是早已司空見慣。

無論窮人或富人、知識份子或工人、農民、企業家或普通百姓——在神的眼中,人人皆為罪人,人性上並無本質區別。下面我們

就來看一個反過來的例子：當工人「剝削」資本家時，會發生什麼？你將看到，人性的問題是普遍的，不分階層，不分身份。

工人如何剝削資本家

在我成長的過程中，所受的教育是「資本家如何剝削工人」：一方是壓迫階級，另一方是受害者。工人階級被理想化為道德更高尚的一方，資本家則成了冷酷無情的剝削者。但從人性的角度來看，這種非黑即白的劃分本身就是一種誤判。

以美國為例，自 IT 行業盛行遠端工作（Remote Work）以來，Google 曾對員工的工作效率展開內部調查，結果發現相當一部分人並沒有全力工作。有人一邊拿著全薪，一邊暗中經營副業；甚至有人每天只線上兩小時，卻照樣申報八小時工時。他們不承擔企業盈虧，卻享受穩定高薪，說白了，這其實也是工人在「剝削」資本家。

為應對此類問題，Google、Meta、Amazon 等科技巨頭陸續收緊遠端辦公政策，要求員工重返辦公室，否則可能被取消遠端許可權，甚至影響晉升機會。顯然，這並非資本家的單向壓迫，而是制度漏洞下人性雙向的敗壞與投機。

剝削並非資本家的專利，在有利條件下，工人同樣可能反向剝削資本家。權力落在誰手中，人性的黑暗面就可能在那裡顯現。我們既不能理想化工人階級，也不應一味妖魔化資本家。

再比如滴滴、Uber 等平臺，據相關調查顯示，一部分司機為了獲取更多收入會利用平臺補貼規則鑽空子。他們採取多種手段：故意接單後靠近乘客再取消訂單，以完成接單數量要求或快速搶奪其他更有利的訂單；在補貼政策的高峰時段，通過反復上線與下線的方式刷「線上時長獎勵」——看似在工作，實則只是掛著系統，避免接單；甚至與同行配合製造虛假訂單，互相刷單以獲得平臺的各類激勵獎金。

其後果是，平臺不得不加強對司機的監控與限制，司機則逐漸淪為被演算法支配的「數位農奴」，苦不堪言。整個生態進入惡性循環：彼此不信任，人人互相戒備，社會逐步失去最基本的誠信結構。

那麼，整個社會的出路在哪裡？我們將在後文進一步闡述自由與信仰在重建社會秩序中的作用。

此處我們要強調的，是必須正視人性的全然敗壞。如果一個社會缺乏對人性中那種根深蒂固之惡的警覺與防備，它終將在一輪又一輪看似美好的理想與制度中，悄然滑向愚昧、混亂，最終走向自我毀滅。

對人類罪性的低估，如何催生全民弱智的症狀

現代人對人性的認識是天真的，對罪惡的理解是膚淺的。普遍對人罪性的低估，導致整個社會在政治、文化與道德層面集體滑入一種幼稚、天真與盲目的狀態。具體表現，正是我們上一章總結的全民弱智的典型症狀：

1. 對國家、政府、政黨和人民的認知錯位

低估人罪性的人，往往高估政府、政黨與「人民」的善意，誤以為掌權者天然為民、政黨天然正義、群眾天然純良。殊不知，無論是政府還是群眾，權力與欲望同樣會被罪性腐蝕。於是，盲目崇拜國家權力、幻想依靠「偉大領袖」拯救社會、同時忽視群眾的愚昧與盲目，便成為現代社會普遍的認知錯位。

2. 對政府福利的依賴

如果人性本善，社會問題只是制度設計不當，那「福利國家」自然就被神化為解決一切不公的萬能藥。然而，人們忘記了，罪性帶來懶惰、貪婪與責任逃避，福利越多，不僅百姓對政府的依賴越深，而且同時催生出龐大的福利管理機構與官僚體系。更諷刺的是，窮人越多，這些政府官員的飯碗就越穩固，他們反而有了維持貧困

的潛在動力。於是，一個「窮人—大政府」相互依賴、彼此寄生的惡性循環便悄然形成，這就是今天民主黨所把持的大城市的寫照。

3・對權威精英的迷信

低估人罪性的人，容易把權威、專家和精英理想化，誤以為知識、學歷、地位可以免疫人性的敗壞。結果，技術官僚與專家被盲目推上神壇，社會缺乏必要的質疑與監督，最終換來的是老百姓上當受騙，成為可憐的韭菜。

4・對結果平等的嚮往

低估罪性，讓人誤以為差距、貧富不平，完全是環境或制度的問題，而非人性中的懶惰、嫉妒、貪婪所致。結果，社會便陷入對「結果平等」的極端追求，犧牲了公平、效率與自由，反而製造出新的不公與荒唐，徹底掩蓋了真正的問題根源。

5・對多元文化的崇拜

一旦否認人性的罪性，人就會天真地相信：所有文化、觀念、習俗都是平等而美好的。於是，「多元」被拔高為絕對價值，不容置疑，甚至連那些本質上邪惡、壓迫性的文化也被冠以「多元」的名義予以美化、寬容，無法批評。

6・無底線的虛偽大愛

低估人性敗壞，就會天真地認為，「只要給足同情、包容、資源」，一切惡人都會變好。結果，社會鼓吹無原則的「大愛」，對罪惡缺乏清晰界限，縱容了犯罪、腐敗與不公。

7・對恐怖主義的縱容

在人性樂觀主義的誤導下，連恐怖分子都被包裝成「受害者」，恐怖主義被解釋為「社會不公」的產物。缺乏對罪性的真實認識，社會最終連最基本的自我防衛與正義捍衛都變得軟弱無力。

總而言之，如果不正視人性的敗壞，缺乏對人性中根深蒂固之惡的警覺，最理想的制度，也會變成最危險的陷阱。

3-4
誤判二：漠視人性尊嚴

上一章我們談到，全民弱智的許多症狀，根源在於對人「罪性」的低估。人性的軟弱、貪婪與墮落被人們故意忽視，結果導致了對權力的盲目信任、對制度的幻想，最終走入了愚昧的陷阱。

但，有一個例外——「天下烏鴉一般黑」的犬儒主義者。他們並不低估人的罪性，相反，他們深信人都是壞的，權力一定腐敗，社會永遠黑暗。因此，在他們眼中，什麼都不值得堅持，什麼都不值得懷念，一切都是騙人的。

然而，犬儒主義真正的盲點，不是他們看見了人性的黑暗，而是他們看不見人性的光輝。他們選擇性地忽視了，哪怕在最黑暗的歷史中，人性仍然有璀璨的尊嚴。比如，嶽飛的忠骨不屈，華盛頓放棄權力的偉大選擇，二戰中無數為自由而獻身的戰士，那些千百年來流傳的詩詞、雄偉的建築、壯麗的音樂……這一切人類文明的瑰寶，正是人在墮落之外，仍被賦予的崇高自由意志與不可剝奪的尊嚴。

而全民弱智的第二個病因，正是對人性尊嚴的漠視。看不見人的尊嚴，就看不見社會進步的希望，也守不住政治文明的底線。

什麼是人性尊嚴？

簡單說，人性尊嚴，指的是每個人因其「作為人」的身份本身，所自然具備的、不可剝奪、不可踐踏的內在價值與權利。這種尊嚴，不取決於你的財富、地位、學歷、出身，甚至不取決於你是否強壯、

健康或聰明。它不是靠政府賦予的,更不是社會同意的結果,而是與人的生命一同被造時,就刻在骨子裡的身份印記。

簡單來說,人之所以值得被尊重,不是因為你很有用,而是因為你是「人」。

而在人類文明歷史中,最早、最清晰、最有系統地提出「人性尊嚴」概念的,正是基督教文明。

人性尊嚴的歷史起源

在人類早期文明中,人的價值大多與身份、能力和地位綁定。古埃及、巴比倫、古羅馬,普遍認為貴族、皇帝、強者、高種姓者才「有尊嚴」,而奴隸、婦女、弱者則被視為「低人一等」甚至「物品」。這種社會觀念背後缺少一種超越性的基礎——缺少對人本身、而非身份標籤的尊重。

基督教徹底打破了這種偏見。聖經在《創世記》中寫道:

「上帝按照自己的形象創造了人。」(創1:27)

這句看似簡單的話,實際上在人類歷史上第一次系統地宣告:無論貧富貴賤,人人都按上帝的形象被造,都具備平等、尊貴、不可踐踏的身份。

這也是為何在基督教影響下,歐洲歷史上逐步產生了「人性尊嚴」概念,反對奴隸制、推動婦女地位、呼籲弱勢群體的權利。

近代政治中的系統表達

中世紀天主教哲學家阿奎那(Thomas Aquinas, 1225-1274)首次系統提出:自然法是基於人的理性與上帝的創造設定,人的尊嚴使得人不同於動物,擁有自由選擇與道德責任,由此衍生出自然權利。

到了17世紀，英國清教徒哲學家約翰·洛克將這一理念帶入了近代政治理論。洛克明確提出這些自然權利包括：生命、自由、財產。這些權利並非政府恩賜，而是基於人的尊嚴與上帝的創造，任何人、任何政府都無權剝奪。

這種思想，後來直接影響了美國的《獨立宣言》和《憲法》。可以說，現代文明中人權、法治、憲政、民主、市場經濟的核心基礎，正是對人性尊嚴的承認與守護。

正因為人擁有尊嚴，自然便擁有與之相連的自然權利。若把人類文明比作一座高塔，那麼自然權利便是那深埋地下、肉眼看不見，卻決定整座高塔能否屹立不倒的根基。

人的尊嚴與人的罪性之間的關係

人的尊嚴，並不排斥人性的墮落；恰恰相反，唯有同時承認人的尊嚴與罪性，現代文明才能穩固建立、健康運轉。

認識人的罪性，讓我們明白一個政治現實：權力必然導致腐敗，任何人、任何政府都不可被無限信任。正因如此，現代憲政制度才致力於通過分權、制衡和法治，防止專制的出現、遏制人性中對權力的貪婪。然而，僅有對人性的警惕並不足以支撐一套政治文明。制度設計之外，我們還必須回答兩個更深層的問題：人應當被怎樣對待？政治的最終目的又是什麼？

答案來自於對人的尊嚴的肯定。人的尊嚴意味著每一個人都擁有不可剝奪的自然權利，這些權利不是政府賦予的，而是源自人作為上帝形象所造的本質。因此，政治的正當性，不在於維護領袖的威信或意識形態的正統，更不在於「保紅色江山」，而在於保障這些上天賦予每個人的基本權利。

也正是在尊重尊嚴的前提下,言論自由才能成為可能。自由表達不僅是尊嚴的體現,更是制衡權力、維護社會健康的必要機制。

只有當人民能自由發聲、公開質疑、揭露弊端,政府的行為才不至於失控,腐敗才有被遏止的希望。換言之,人的尊嚴既是民主的目標,也是實現民主的手段。

正是這種「尊嚴與墮落並存」的人性觀,構成了現代憲政文明的理論基石。政府不是為了統治百姓而存在,而是為了限

圖表8:尊嚴與墮落的雙重認知

制人的罪性、保障人的尊嚴。因此,政府永遠是一種「必要之惡」,必須受到制度的約束與人民的監督。

與此同時,當一個社會鼓勵信仰自由、保護言論自由,人性的高貴一面也才能被激發。在自由中,人可以選擇敬畏上帝、遵守良知,公共道德才有可能持續生成與傳承。

正如一句話所說:**還給人民自由和尊嚴,他們將以道德回報。**一切真正穩定而長久的民主制度,都建立在這種雙重人性認知之上。

為什麼現代人漠視人性尊嚴

要理解今天社會為何普遍漠視人性尊嚴,不能僅停留在表面現象,更要追溯背後的思想根源。從哲學、政治、文化到教育,多個層面共同作用,逐步瓦解了人性尊嚴在公共意識中的地位。

首先，唯物主義和進化論在過去一百多年裡系統地瓦解了人性尊嚴的理論基礎。唯物主義否認靈魂、否認超越、否認上帝，進化論則將人看作是偶然演化的產物、動物鏈條上的一環。在這種觀念下，人不過是「高級動物」，人的價值只剩下生物功能、生產力或社會屬性。

上一章提到的**「天下烏鴉一般黑」的犬儒主義，歸根結底，是因為人們看不到人性中仍然存在的尊嚴與光輝。**當一個人、一個社會失去了對人性尊嚴的基本信念，剩下的，便只有冷漠與絕望。很多人不再相信這個世界上還有真正的公義、良善與高尚，他們把一切都歸結為赤裸裸的權力算計和利益交換。這種態度看似「看透一切」，實則是極端化的「打倒一切，拉黑一切」般的無知。

其次，極權體制與現代科技的結合，讓對人性尊嚴的踐踏變得更加隱秘，也更加高效。說話的權利，本是上天賦予人的自然權利與基本尊嚴。然而，看看今天的現實，無論是資料監控、言論審查，還是「大資料」操控輿論、打壓異見，背後的邏輯都是一樣的：一旦權力與「安全」的藉口被擺上檯面，個人的尊嚴便輕如鴻毛。

信仰的權利，是人作為有思想、有靈魂的存在最基本的自由。但現實中，信仰自由正面臨前所未有的侵蝕。在美國，雖然法律名義上保障信仰自由，卻早已被政治正確與「進步主義」悄然架空。有人可以在校園裡高舉「性別多元」的旗幟，卻不敢在畢業演講中提到「上帝」二字；有人可以肆意褻瀆耶穌，基督徒卻不能在公司茶水間公開討論聖經。

更令人痛心的是，連生命本身，都不再被真正尊重。無論是在美國還是中國，墮胎問題早已觸目驚心。每年，全球有上千萬尚未出生的嬰孩被徹底剝奪了生存的權利，甚至連「人」的身份都被徹底否認。人性的尊嚴，本該從生命的起點就被捍衛。但當整個社會都接受「胎兒不是人」、「女人有權決定殺死腹中的生命」這種謊言時，所謂的文明也就徹底墮落了。

言論權、信仰權、生命權,本是上帝賦予人的自然權利與不可侵犯的尊嚴。然而短短幾十年間,現代人卻因愚昧、冷漠與惰性,心甘情願地交出了這一切,換來的只是極權的枷鎖與欲望的麻醉。

　　而這一切正提醒我們:若不重新捍衛人性尊嚴,重建正確的世界觀,所謂的自由和文明,終究不過是一場脆弱的幻覺。

第二部分

重建世界觀和政治智商的原則

「順天者昌,逆天者亡」

——後世對《尚書・湯誓》思想的概括

第二部分 重建世界觀和政治智商的原則

第四章

世界觀：政治智商的基石

「一個人政治智商的高低，取決於他世界觀的深度。」

——作者

在前兩章中，我們探討了全民弱智的症狀及其根源：現代人對人性的雙重誤判——既低估了人性中的罪性和局限性，又無視人性的尊嚴。若要對症下藥，就必須重建一個扎實而深刻的世界觀。這包括重新認識人性的本質和救贖之路，理解自由的真正含義，以及對不同宗教信仰進行深入的比較分析。

要建立這樣的世界觀，我們需要從根本問題開始思考。讓我們先從進化論這一影響現代思維的重要理論談起。

4-1
支持進化論的四個柱子是如何坍塌的？

我和兒子以前特別喜歡看美國高中教師肯特・霍文德（Kent Hovind）的 YouTube 系列視頻《100個進化論為何愚蠢的理由》（100 Reasons Why Evolution Is Stupid!）。他總是用幽默風趣的語言、嚴謹的邏輯，與大學生和教授們辯論進化論問題，常常讓對方啞口無言。他最經典的一句話是：

> 「你親吻一隻青蛙，它變成了王子——我們稱之為童話。
> 但如果你等上幾百萬年，科學卻說這是真的！」

這句話讓我和兒子笑了很久，但也讓我們開始思考：進化論真的像我們在學校裡學到的那樣可信嗎？鑒於無論在國內還是國外，進化論都根深蒂固地影響著現代人的思想，我們將在這一章用一些篇幅，認真審視其賴以成立的四大支柱。

進化論：現代的「地心說」？

在我們成長的過程中，進化論一直被視為科學共識，幾乎從未受到質疑。這種情況，就像幾百年前的「地心說」一樣，被當作毋庸置疑的科學定理。

在人類歷史的大部分時間裡，科學界的主流權威堅信地球是宇宙的中心，所有天體都圍繞地球運轉。這一觀念不僅受到廣泛支持，更被視為科學與宗教的共同基礎。然而，當哥白尼、布魯諾和開普勒提出「日心說」，證明太陽才是宇宙的中心時，他們不僅遭到了

普遍的嘲笑和反對，更遭受權威的打壓和迫害——布魯諾被活活燒死，伽利略被終生軟禁。

科學的進步，本質上就是對權威和主流認知的挑戰。

今天的進化論，在很多方面與當年的「地心說」相似，它也需要被重新審視。達爾文在《物種起源》中提出的進化論假設，誕生於一個科學工具和技術極度匱乏的時代。當時，顯微鏡剛剛問世，人類對細胞的理解還停留在粗淺的層面；分子生物學尚未發展，科學家無法深入研究生物體的內部機制；DNA 的雙螺旋結構更是要到 100 多年後才被發現，人們根本不瞭解基因如何運作。換句話說，達爾文的理論是在科學尚無法觀察生命最基本構造的情況下提出的。

如今，越來越多的學者開始對進化論提出質疑。例如，紐西蘭化學家喬納森·薩爾法提博士（Jonathan Sarfati）在《地球上最大的騙局？——駁斥道金斯的進化論》中詳細分析了進化論的漏洞，駁斥了支援進化論的英國生物學家理查·道金斯（Richard Dawkins）。另外一個有名的著作是美國生物化學家邁克爾·貝希（Michael J. Behe）博士在《達爾文的黑匣子》中提出了「不可簡化的複雜性」的概念，指出許多生物結構複雜到無法通過漸進演化形成。

進化論的四大支柱，真的站得住腳嗎？

探討進化論，我們可以從多個角度入手，比如遺傳學、化石證據、數學概率、哲學等。為了更清晰地分析這一理論，我將從進化論的四大核心支柱來展開討論。進化論的理論基礎主要由以下四個部分構成：**漸進演化**（Gradualism）、**共同祖先**（Common Descent）、**自然選擇**（Natural Selection）和**物種可變性**（Variation）。這些概念相互交織，共同支撐著達爾文所構建的生命進化框架。

首先，**漸進演化**是達爾文理論的核心觀點之一，主張生命的複雜性是通過無數微小、漸進的變化積累而來的。按照這一觀點，生命的演化是一個漫長的過程，時間的推移和變化的積累最終會導致生命形態的質變。

其次，**共同祖先**試圖將生命的多樣性追溯到一個單一的起點，即所有生物都源於同一個原始祖先，並通過長期的分支演化形成今天千姿百態的生命形態。這也是我們常聽到的「從魚到人」的假說。

自然選擇則進一步解釋了進化的動力機制。它認為，在生存競爭中，個體之間的差異決定了哪些特性更有利於生存和繁衍，進而使這些優勢特徵在下一代中得以保留。

物種可變性強調，每個物種內部的個體都存在一定的遺傳變異，而這種變異為自然選擇提供了原材料，是生物進化的前提。

在19世紀，這些觀點曾極具革命性。它們不僅為生命的起源和複雜性提供了一種解釋，也為當時的科學研究指引了方向。然而，隨著科學技術的進步，特別是分子生物學和遺傳學的興起，進化論的這些支柱逐漸顯現出難以掩蓋的裂痕。

一、不可簡約的複雜性，如何推翻漸進演化？

想像一下，你在後院埋了一塊木板、一根彈簧和一小片鐵片，時間過去了幾十億年，結果會是什麼？答案很簡單——只會是一堆生銹的廢鐵和腐爛的木頭，而絕不會奇蹟般地組合成一個精妙的老鼠夾子。這正是我們即將探討的科學概念——**不可簡約的複雜性**（Irreducible Complexity）。

達爾文的漸進演化理論主張，生命是通過無數微小的變化，逐步進化形成複雜結構的。他認為，進化就像拼積木，一塊塊慢慢疊加，最終形成高樓大廈。這個理論聽起來合理，但現實中的生物系統卻一次次反駁這一觀點。從眼睛的精細構造，到細胞內的分子機

器，科學家發現了無數功能精密的小部件，每一個都像老鼠夾子的組成部分，缺一不可。

看看眼睛的複雜性。眼睛不是隨意拼湊出來的，而是由視網膜、晶狀體、虹膜等多個關鍵部件組成。如果缺少任何一個部分，視覺功能都會受到極大影響。達爾文本人也承認，眼睛的複雜性讓他「不寒而慄」。他試圖解釋說，眼睛可能是通過無數微小步驟逐漸進化而來的。但問題在於，這些「中間形態」的眼睛能有什麼用？一個只能感光、卻無法成像的「半成品眼睛」，真的能給生物帶來生存優勢嗎？如果不能，為什麼進化會「選擇」它們繼續發展？種種蹟象都表明，**眼睛更像是一個完整設計的系統，而不是偶然突變的產物**。

除了生物結構的複雜性，化石記錄也對漸進演化提出了挑戰。按照達爾文的理論，物種是通過一系列中間形態逐漸演化而來的。但當科學家翻閱地層中的化石時，卻發現「缺失的環節」比比皆是。比如，著名的「寒武紀大爆發」時期，大量複雜生物突然出現，但科學家卻找不到它們的「祖先」。

不僅如此，數學也對漸進演化提出了嚴峻的挑戰。假設一個簡單的生物功能需要十個特定的突變才能實現，而每個突變的發生概率是百萬分之一。那麼，完成整個進化過程所需的時間將遠遠超過地球的年齡。換句話說，就算地球從誕生那一天起就開始「進化」，時間也根本不夠用。類似的概念可以用一個經典的比喻來說明——**假設讓500只猴子不停地隨機敲擊打字機，最終能否湊巧敲出一**

圖表9：500只猴子不停地隨機敲擊打字機。

部完整的莎士比亞劇作？可能性為零。

渐進演化的支柱，已經在現代科學的衝擊下不堪一擊。眼睛的精密結構，到化石記錄的沉默，再到數學模型的計算，這一切都指向了一個更合理的結論：生命的複雜性和多樣性，應該是精心設計的結果，而不是隨機進化的產物。

二、共同祖先理論真的站得住腳嗎？

進化論者告訴我們，人類和魚類有著共同的祖先。這一設想大膽而富有想像力，聽起來就像一部科幻小說的開篇：幾億年前，某種古老生物在海洋中遊蕩，它的後代逐漸分化，一部分演化成魚，另一部分爬上陸地，最終發展成人類。這個故事充滿浪漫色彩，但現實卻遠比這複雜得多。隨著科學的進步，尤其是 DNA 的發現，這個「共同祖先」理論變得越來越難以自圓其說。

人類的 DNA 與魚類的 DNA 存在根本性差異。它們之間的關係，並不像一座房子的擴建，而更像是兩種完全不同的工程設計。就像飛機和汽車雖然有相似的零件（如金屬框架、動力系統），但它們的構造原理、運行方式和目的完全不同。人類的 DNA 約有30億個城基對，而魚類的 DNA 雖然在數量上接近，但在序列和功能上卻存在巨大的鴻溝。這不僅是數量上的差異，更是品質上的不同。

如果人類和魚類真的有共同的祖先，那就意味著在某個階段，基因必須「創造」出從未存在過的全新功能。例如，人類的基因組中有一個名為 FOXP2 的基因，它被認為與語言能力密切相關。任何對這個基因的突變都會導致語言障礙，甚至完全喪失語言能力。而魚類並沒有這個基因，也沒有任何類似的基因能夠控制語言能力。那麼，這個基因究竟是如何憑空產生的？是隨機突變的結果，還是本身就已經被設計好？

除了基因上的差異，還有一個更根本的問題——生命本身是如何開始的？進化論者認為，生命起源於一個簡單的蛋白質分子，然

後通過隨機突變和自然選擇逐漸演化成複雜的生命。然而，問題的關鍵在於——**第一個蛋白質分子是如何產生的？**蛋白質是由氨基酸按照精確的順序排列而成的，而這種排列必須極其精確才能形成功能性的蛋白。如果只是隨機排列，它們變成無用廢物的概率遠遠高於形成功能蛋白的可能性。就像把一堆字母隨意排列，期待它們能湊成一首詩，概率幾乎為零。

即便假設第一個蛋白質和有機物能夠隨機產生，從魚到人的進化依然是一個巨大的挑戰。魚類和人類之間的差異，不僅僅是外形的不同，更是基因和生理功能上的天壤之別。魚類的基因無法通過簡單的突變和自然選擇演變成人類的基因。

事實上，**基因突變在現實世界中的大多數表現，往往只會導致疾病和缺陷，而非創造新的器官和功能。**所以，所謂的「共同祖先」理論，根本站不住腳。你的祖先不是魚，魚只是你盤中的一道菜。

三、自然選擇無法創造新的功能和物種

自然選擇一直被視為進化論的核心概念，通常被描述為「弱肉強食，適者生存」的機制。達爾文用這一理論來解釋物種如何適應環境並逐漸演化。然而，隨著科學的發展，特別是 DNA 的發現，自然選擇的局限性逐漸顯現。事實證明，自然選擇只是一個篩選機制，它能夠調整基因的表達頻率，但卻無法創造新的基因或功能。換句話說，自然選擇不是推動生物進化的「引擎」，而更像是一個「編輯器」，它只能刪改現有的基因，而無法編寫全新的生命篇章。

以狗為例，長毛狗與短毛狗的基因本質上相同，只是某些基因被「關閉」或「開啟」了。**自然選擇並沒有創造新的基因**，只是在特定環境下，讓某些已有的基因表達得更普遍。

這一局限性在實驗中也得到了證實。例如，細菌對抗生素的抗藥性，常被用來證明自然選擇的作用。然而，事實上，抗藥性基因早已存在於細菌的基因庫中，抗生素只是在殺死對其無抵抗力的細

菌後，讓原本就具備抗藥性的個體繁衍得更多。自然選擇並沒有創造新的抗藥性基因，它只是改變了基因表達的比例。

達爾文雀的例子同樣揭示了自然選擇的局限性。加拉帕戈斯群島上的雀鳥，其喙的形狀會隨著環境中食物的變化而改變。這一現象常被認為是自然選擇的「成功案例」，但實際上，這些變化只是已有基因的重新組合，而不是新功能的產生。就像一個篩檢程式，能夠篩選出已有的特徵，但無法創造新的特徵。

更重要的是，自然選擇無法解釋生物複雜功能的起源。像眼睛、耳朵、大腦等複雜器官，它們的形成需要多個基因的精確配合，而自然選擇只能在功能完整的基礎上進行優化，無法逐步「組裝」出這些精密結構。就像你不能通過隨機敲打鍵盤寫出一部小說一樣，自然選擇也無法通過隨機突變和篩選創造出複雜的生物功能。

此外，自然選擇還面臨著「雞生蛋還是蛋生雞」的困境。比如，鳥類的羽毛最初是為了保暖，還是為了飛行？如果是保暖，那麼羽毛的複雜結構是如何一步步形成的？如果是飛行，在沒有羽毛的情況下，鳥類又如何開始飛行？這些關鍵問題，自然選擇都無法給出令人信服的答案。

最關鍵的一點是，**自然選擇無法創造新的物種**。真正的物種形成需要全新的基因組合和功能，但自然選擇只能篩選已有基因。例如，有人認為長頸鹿的脖子變長是因為自然選擇讓脖子較長的個體更容易吃到高處的樹葉。然而，這種變化只是基因表達的調整，並沒有創造出新的基因。

如果最早的長頸鹿就沒有長脖子的遺傳信息，那麼無論環境如何施壓，自然選擇都無法讓它們「進化」出新的基因。

自然選擇，顯然不是進化的萬能解釋。它的確可以幫助生物適應環境，但它無法解釋生物複雜功能的起源，更無法解釋新物種的出現。隨著科學研究的深入，我們越來越清楚地看到，自然選擇只是生命運作中的一個被動調節機制，而不是生命演化的創造者。

四、物種可變性的困境

進化論者認為，物種之間的差異是由於變異累積而來。乍一聽，這似乎是一個合理的解釋，畢竟世界上確實存在種類繁多的生物。從長頸鹿的脖子到企鵝的羽毛，每個物種似乎都有自己獨特的進化「故事」。然而，深入研究生物學後，人們發現一個令人驚訝的事實：

物種具有極強的穩定性，幾乎不可改變。DNA 作為物種的守護者，嚴格限定了生物的界限。一條狗無論如何變異，也不會進化成一隻貓；一棵蘋果樹無論生長多久，也不會變成一棵橡樹。

為了驗證物種的可變性，科學家們進行了大量實驗，甚至利用放射線誘導生物發生突變。他們希望通過人為加速變異，從而觀察新物種的形成。然而，結果卻令人失望。無論如何操作，果蠅依然是果蠅，細菌依然是細菌。突變實驗不僅未能創造出新的物種，反而進一步證明了物種的穩定性。

另一項證據來自雜交實驗。不同物種之間的雜交往往會導致不育後代，比如馬和驢雜交產生的騾子無法繁殖，獅子和老虎雜交產生的獅虎獸也是如此。這一現象被稱為「雜交不育」，表明**物種之間存在天然的生殖屏障**，不允許無限制地跨物種繁殖。

這種現象似乎暗示著一種更深層的規律，彷彿在提醒人們：物種的界限是不可逾越的。無論人類如何嘗試打破這些界限，實驗的結果始終失敗。雜交研究不僅沒有創造出新物種，反而進一步印證了物種的穩定性和獨特性。

DNA 的存在，讓物種的穩定性變得更加明顯。它決定了物種的特徵和功能，並確保這些特徵和功能能夠在代際之間穩定傳遞。雖然環境可能會影響生物的某些外在表現，但 DNA 確保了生物的核心屬性不會改變。進化論者所期望的「物種大跳躍」，終究只是一個美麗的幻想。

世界觀的重整：從進化論到造物主

如果進化論賴以成立的四大支柱在現代科學的層層檢驗下都相繼崩塌，那麼進化論本身就不再是「科學的結論」，而只是一個十九世紀的大膽猜想，在當代早已顯得力不從心。人類必須由此面對一個更深刻、更令人震撼的現實：宇宙本身的存在，正在強烈指向一位超越時空的造物主。

二十世紀最偉大的科學突破之一，**是宇宙有一個起點**。根據愛因斯坦的廣義相對論及其後續的天文觀測，科學家發現宇宙正在膨脹，追溯其歷史，我們可以推斷宇宙起源於一個極度緻密和熾熱的奇點，也就是所謂的「大爆炸」。這一發現對唯物主義世界觀是一個沉重打擊，因為它宣告宇宙並非永恆存在，而是「有始有終」——那麼，誰或什麼是這個起點的源頭？

不僅如此，物理學家還發現，為了讓宇宙能夠支持生命的存在，某些物理常數——比如宇宙常數、引力強度、電磁力強度——必須被精確地「調定」到極其狹窄的範圍內。哪怕這些常數偏離億萬分之一，整個宇宙不是迅速塌陷成黑洞，就是在爆炸中四散成死寂。這種驚人的「宇宙精細調節」（fine-tuning）現象，讓許多誠實的科學家不得不承認，這背後似乎存在某種智慧意志。

愛因斯坦曾說過：「**我無法想像一個真正的科學家會不帶有一種深刻的信仰……這種信仰不同于普通人樸素的宗教，它來自於對自然法則的深刻敬畏。**」（出自1930年《紐約時報》採訪）

當我們放眼宇宙的浩瀚與精妙，不禁要問：生命的存在究竟是隨機碰撞的偶然產物，還是有一位更高智慧在背後掌管與引導？從宇宙的起點，到精密的宇宙常數，再到 DNA 的資訊結構，處處顯明秩序、目的與設計。或許，進化論的瓦解，正是我們真正理解宇宙奧秘、回歸造物主的起點。

4-2
順天者昌：你有上帝的形象

「順天者昌，逆天者亡」這句話是後人對《尚書・湯誓》思想的概括，曾經成為幾千年來中華政治文明的重要圭臬。它道出的，不只是天命思想的餘音，更是一種樸素卻深刻的歷史感知：無論帝王將相，抑或草民百姓，若不順天行義，終將自取滅亡。

但問題來了——何為「天」？我們今天口中的「天命」、「天道」，究竟是宇宙中的自然秩序？人心中的道德律？還是某種更高的存在？若「天」只是物理運行的自然法則，那又怎能裁判人間善惡？若「天」沒有意志，那「順天」不過是順從虛空，何來昌盛與審判？

真正的答案，唯有在聖經的啟示中才得以揭示：這位「天」，不是抽象的自然，而是有位格、有意志、有道德律的上帝。

拒絕上帝

我們剛到加拿大時，有一對本地的夫婦每逢週六都會來家裡，帶我和太太一起讀聖經。我當時心想，正好可以練練英文，於是欣然接受了他們的邀請。但在內心深處，卻把他們當作有點「傻乎乎」的虔誠信徒。

有一次，那位元先生指著家裡的電視，微笑著問我：「你覺得電視是個了不起的發明，對吧？那你相信它有一個聰明的設計者嗎？」

我點頭說：「當然相信。」

他接著說：「那你看這整個美麗的自然界，比電視複雜何止千百倍，你難道不相信它也有一位智慧的設計者？」

我幾乎脫口而出：「不信。自然界是進化來的。」

從小我們接受的是唯物主義教育，從沒被鼓勵認真思考造物主的可能性。一切都被解釋為「偶然」和「進化」。而且，我從來沒有親眼見過上帝，不知道祂長什麼樣，也難以在腦海中想像祂的存在——於是，我本能地拒絕了。

但他沒有辯駁，也沒有流露出不悅，繼續耐心地陪我們查經。

欣賞上帝

後來，有朋友邀請我們去教會，我開始接觸聖經。其中有一句話，像一道光照進我心裡：

> **「自從造天地以來，神的永能和神性是明明可知的，雖是眼不能見，但藉著所造之物就可以曉得，叫人無可推諉。」（《羅馬書》1章20節）**

原來，美麗的自然界是祂的傑作，DNA 是祂的語言，花朵是祂精妙絕倫的設計。我過去把這些當作科學知識來死記硬背，卻從未學會欣賞它們的美。從那時起，我和太太開始喜歡上種花——用一種讚美的眼光看待每一片葉子、每一朵花。

德國天文學家開普勒在計算出行星運行的三大定律後，曾激動地說：「上帝等了六千年，終於有一個人明白了祂的設計。」

這種渴望做「上帝知音」的心境，是我以前從未想過的。

難怪聖經中以色列最有智慧的所羅門王曾說：「敬畏耶和華，是知識的開端。」（《箴言》1:7）

朋友，你是否認真思考過「你是誰？」的問題。

你是照著上帝的形象被造的

「神就照著自己的形象造人。」(《創世記》1:27)

你不是偶然出現的存在。你不是一堆分子偶然組合的產物,也不僅僅是某個社會角色的集合體。你,是按照上帝的形象(Imago Dei)被造的。聖經用簡潔卻莊嚴的話語宣告:你身上承載著天上那位創造主的榮耀痕蹟。什麼叫「上帝的形象」?這不是一種模糊的隱喻,而是一種真實存在的屬靈烙印,賦予你獨一無二的尊嚴與使命。

1. 你擁有自由意志 ——反映上帝的自由與主權

動物靠本能活著,機器按程式運作,只有人,真正擁有選擇的能力。你可以選擇去愛,還是去恨;選擇行善,還是作惡;選擇說謊,還是堅持真理。這既不是環境逼出來的,也不是基因決定的,更不是「社會程式」寫死的,而是上帝親手放進你生命裡最寶貴的部分。

當然,自由選擇意味著你也要為選擇承擔後果。你可以選擇善或惡,最終也必須面對審判與獎賞。正因為有了自由意志,你的人生才不是一場被安排好的劇本,而是一個真實、嚴肅、充滿意義的旅程。

圖表 10:你是照著上帝的形象被造的。

2. 你有道德感 ——反映上帝的聖潔與公義

為什麼你看到壞人欺負弱小會氣憤?為什麼看到有人做好事,心裡覺得溫暖?為什麼世界上再窮、再亂的地方,人們都懂「騙人

不對」、「殺人不對」？那不是學校教出來的，也不是社會規定的，而是你一出生，上帝就把這種「對與錯」的感覺放進了你的心裡。

就像電腦裡出廠自帶的系統一樣，每個人心裡都自帶良知。你不一定信上帝，但你的良知，就是上帝存在的證據。你會追求公平，討厭邪惡，嚮往善良，這些都證明，你不是冷冰冰的動物機器，而是有靈魂、有責任的人。

3. 你有創造力 ——反映上帝的創造與智慧

你會寫詩作文、譜曲畫畫、發明工具、設計衣服……這些都不是偶然，更不是動物本能，而是你用自由意志做出的選擇，是上帝放在你裡面那份獨特創造力的自然流露。每當你用心動手，去改善生活、創造美好，哪怕只是一點小創意，都是在參與上帝的工作，回應祂賦予你的使命。因為你是「按上帝的形象被造」的，這份尊貴，不只體現在你的外表和思想，更體現在你有能力、也有自由，去創造、去改造這個世界。

4. 你有理性 ——反映上帝的全知與秩序

你會思考、推理、提出問題、尋找答案，這不是偶然的能力，更不是動物的本能，而是因為你是照著那位理性與智慧的上帝被造的。正因如此，你才能用頭腦去探索物理、研究歷史、分析世界，甚至反思自己的一舉一動。每當你願意思考、學習、尋找真相，實際上就是在回應那位創造你的主，靠近祂，也是在一點一點揭開祂設定的世界規律與秩序。上帝給了你自由意志，也給了你理性，目的不是讓你盲目跟從，而是讓你有能力、也有責任，去認識真理、明辨是非。

5. 你能與上帝溝通 ——反映上帝的交流與團契

你說話，你傾聽，你禱告——這一切不是進化的巧合，而是上帝親手設立的神聖能力，使你可以與祂建立真實的關係。語言不是

動物進化來的工具，而是出於那位「道成肉身」的上帝；祂就是那一位起初就「說話」的神——「神說，要有光，就有了光。」

你也許從未向上帝開口說過一句話，甚至在夜深人靜的時候，也從未在心裡輕聲喚他一聲「天父」。但這，正是上帝最深的渴望——他渴望你回轉，渴望與你恢復那原本親密、真實的關係。

6. 你有愛的能力 ——反映上帝的慈愛與關係

你渴望親密，期待有人懂你、陪伴你；你珍惜家人、朋友，願意為他們付出；你在關係中尋找歸屬與意義。這份愛，遠遠不是動物的本能或短暫的情緒，而是因為你本來就是照著那位慈愛的上帝被造的。你能去愛，是因為你先被祂所愛。正是祂把愛的能力放在你裡面，讓你有自由去選擇付出、選擇忠誠、選擇珍惜彼此。這也是為什麼，人類的愛，能夠超越血緣、超越利益，反映出那位創造者無條件、捨己、永不止息的愛。

7. 你有永生的盼望 ——反映上帝的永恆與救贖

你心裡總有個聲音在提醒：人生不該就這樣結束，死亡也不是一切的終點。你對永恆的渴望，並不是人的幻想或逃避，而是上帝親自放在你心裡的提醒。那是你靈魂深處對天堂的回應，對真正歸宿的期待。你之所以會思考生命的意義、害怕虛無、渴望永恆，正是因為你不是為短短幾十年而被造的，而是為著永恆的生命、永恆的關係、永恆的愛而存在。上帝給你自由意志，也給你選擇永生的機會，真正的歸宿，早已為你預備好。

8. 你能敬拜與感恩 ——反映上帝的榮耀與主權

當你看見美好的風景、聽見真實的話語、經歷生命中的恩典時，你會被觸動、會流淚，甚至會情不自禁地想要敬拜、想要感恩。這不是單純的情緒反應，而是因為你本來就是屬靈的存在，是照著那位榮耀的上帝被造的。你生來就有回應上帝的能力，也有自由去選擇敬拜與否。正因為如此，人的心深處，總渴望找一個值得敬畏、

值得感恩的物件，這份敬拜的能力與渴望，本質上是你對造物主的回應，是你靈魂對上帝榮耀與主權的天然回聲。

9. 你有「貴族」的身份 —— 來自上帝的尊貴血統

你之所以尊貴，根本原因不是你的財富、學歷或社會地位，而是因為你有一個無法超越的出身——你是上帝的兒女。你來自真正的「名門望族」，擁有與生俱來的「貴族身份」。正如《約翰福音》1章12節所說：「凡接待他的，就是信他名的人，他就賜他們權柄作神的兒女。」這意味著，你不再是漂泊無依的孤兒，不是被命運隨意擺佈的人，而是萬王之王的孩子，帶著天父賜下的尊嚴與權柄，活在這個世界上。

個人主義（Individualism）的由來

在世俗社會裡，人常常被各種標籤所定義：黑人、白人、黃種人；窮人、富人；壓迫者、被壓迫者；城裡人、農村人……這些標籤塑造了社會的分層，也引發了無盡的對立。但在上帝的眼中，這一切都不是最重要的。祂不首先看你屬於哪個族群、處於哪個階層、扮演什麼社會角色。對上帝來說，人不是「中國人」或「美國人」，不是「城市戶口」或「農民工」，不是「領導幹部」或「底層群眾」——人首先是祂親手照著自己形象所造的獨特生命。

這意味著什麼？意味著每一個人，不論出身、地位、膚色或學歷，都擁有獨立的尊嚴與不可剝奪的價值。不是政府給的，不是制度發的，而是來自于創造主。正因為我們是「照著神的形象」被造的，我們才有了與生俱來的道德責任、有了對善惡的敏感、有了靈魂深處對永恆的渴望。這些，動物沒有，機器也不會有。

也正是因為這個觀念，西方思想傳統才會發展出「個人主義」（Individualism）——不是「自私自利」的那個意思，而是尊重人的「個體性」、強調人的「自由意志」與「道德擔當」。在這個信仰基礎下，我們不能再用「群體代表」或「階級標籤」去判斷一

個人；我們必須面對一個個具體的人，用敬重的態度去接納、理解與溝通。

這也是為什麼，真正的自由社會，不是建立在「民族」、「國家」或「階級」之上，而是建立在「每一個人都是上帝形象」的基礎上。不是大多數決定一切，而是少數也不能被踐踏；不是誰更有錢或話語權，而是誰都不可輕看。因為，你眼前的這個人，不管外表如何，都是神手中的作品，都是「有榮耀痕蹟的存在」。

比如，在美國的醫院裡，沒有「特殊身份」的病人專區。不管你是前總統、公司高管，還是普通藍領工人，只要進入急診室，就按「病情輕重」來分先後，而不是按「地位」或「關係」。美國前總統雷根被槍擊後送進的也是普通醫院，接受的是標準急救流程。這背後體現的正是「每條生命都有同等價值」的信念。

理解了這一點，我們才有可能真正建立公義的制度，也才不會滑入身份政治的泥潭。我們不再看一個人是屬於哪個群體，而是看他是誰；我們不再靠「階級鬥爭」或「群體對抗」來爭奪正義，而是回歸到每一個人的責任、品格與選擇。

上帝恨惡殺人，因為人是照著祂的形象被造的

其實，人生命的神聖性早已深深刻在我們內心深處。試想你在野外爬山的途中，若偶然看見一隻死去的動物，你可能會皺眉、繞開，但內心並不會受到太大衝擊。然而，如果你遇見的是一個死去的人呢？你會頓時心生敬畏，不寒而慄，第一反應很可能是立刻報警，並且低聲禱告。

為什麼會這樣？因為在你心裡知道，這不僅僅是一具屍體，而是一個曾經有理性、有尊嚴、有永恆價值的人。哪怕你從未讀過神學，也沒有受過倫理教育，你依然會下意識地認為：人的生命與一隻動物的生命，是不可以等量齊觀的。

第四章 世界觀：政治智商的基石

這種直覺，不是社會灌輸的結果，而是自然律在你良知中的見證。人是按著上帝的形象被造的，哪怕這個人在你完全不認識的狀態下死去，他的軀體依然承載著一種「不可侵犯」的神聖性。這正是為什麼我們為人設立墓地、舉行葬禮、紀念逝者——因為人不是宇宙中的偶然塵埃，而是有靈、有尊嚴、有永恆指向的受造物。

既然如此，流人血就是對上帝形象的褻瀆。正如《創世記》9:6 所說：

「凡流人血的，他的血也必被人所流，因為神造人是照自己的形象造的。」

這節經文清楚指出：殺人不僅是侵犯人命，更是冒犯造物主本身。因此，在聖經中，對無辜生命的保護，不僅是一種道德原則，更是對神聖權柄的尊重。這也是為什麼，尊重生命，是一切政治制度與法律體系的根本。殺人不只是社會問題，更是對上帝律法的嚴重違背。

而在今天，墮胎問題正是對這一律法的公然挑戰。胎兒尚未出生，卻已擁有上帝所賜的生命氣息。聖經在《詩篇》139篇清楚地宣告：

「我未成形的體質，你的眼早已看見。」

在上帝眼中，未出生的嬰孩並非僅僅是「一堆細胞組織」，而是真實的生命，是照著祂形象所造的小生命。

一個社會若容許、甚至鼓勵墮胎，便是在法律層面默認了對無辜生命的屠殺。這不僅會帶來道德的崩潰，也會引發上帝的憤怒。

第二部分 重建世界觀和政治智商的原則

順天者昌——西方政治制度的基石

正是出於對上帝神聖形象的尊重，西方的政治制度才得以發展出自由、法治與權利保障的傳統。1215年，英國貴族迫使約翰王簽署《大憲章》，首次明確指出，即便是國王也無權任意剝奪人的生命。這一歷史性時刻，標誌著「人的生命是神聖不可侵犯的」這一信仰第一次進入了政治與法律的層面。

數百年後，這一理念在大西洋彼岸被進一步闡明。1776年，美國《獨立宣言》鄭重宣告：「造物主賦予他們某些不可剝奪的權利，其中包括生命、自由和對幸福的追求。」這些話不僅是一種政治宣言，更是一種神學告白：真正的自由源於敬畏造物主的民情秩序，而非人的集體意志或國家的權力施捨。

西方民主制度之所以曾經強大，不是因為它技術先進、制度巧妙，而是因為它承認一個更高的權柄——上帝。當一個社會承認造物主的存在，尊重每個人身上所承載的神聖形象，就會自然生髮出正義、秩序與自由的民情基礎。相反，如果否認這一根基，只看權力與利益的遊戲規則，那麼無論表面多麼繁榮，制度多麼精巧，最終也難逃衰敗與崩塌的命運。

回顧上個世紀，全球有一百多個國家嘗試引入民主制度，但真正成功穩固的卻寥寥無幾。為何如此？因為多數國家只是複製了表面的制度框架，卻沒有那套源自上帝之道的道德根基與人性認識。他們高舉民主之名，卻落入「多數暴政」的陷阱。沒有信仰的民主，是無根之木，無源之水。

而美國自身，作為現代民主的燈塔，如今也步入深重的制度危機。國債高築，墮胎氾濫，道德下滑……這些現象的背後，不是制度出了問題，而是人心出了問題，是社會對上帝的漠視、對人生命神聖性的輕看。**當「天賦人權」中失去了「天」，所謂的自由與權利也必然淪為混亂與對立的工具。**

4-3
逆天者亡：你被判了死刑

那是一個秋天的傍晚，我們坐在一所中學的大禮堂裡，座無虛席。馮秉承牧師剛講完第一場道，便發出了呼召。他站在講臺上，聲音堅定又溫柔地說：「人人必有一死，你知道你死後會去哪裡嗎？若你願意接受耶穌基督，就可以進入永生，與祂同在天堂。」

接著他說：「若你願意做出這個決定，可以在心裡默默禱告，然後舉手回應。」

那一刻，我太太毫不猶豫地舉起了手。她的動作堅定而自然，我卻在心中掙扎——這是真的嗎？死後她要去哪裡啊？我想好了嗎？但忽然一個念頭閃過：如果她要去一個地方，我當然也要跟她一起去。就這樣，我臉頰泛紅，帶著緊張和忐忑的心情，也舉起了手。

那一刻的決定，至今我仍記得清清楚楚。

它不是出於一套深奧的神學理解，也不是出於對未來的全部把握，而是出於一種直覺的信任和一顆願意追隨的心。我從未認真思考「死亡」是什麼，也沒有受過這方面的教育。但那天，我第一次正視它，並因此走上了一條認識真理的道路。

罪的工價乃是死

在後來的查經學習中，我漸漸明白了死亡的真正原因：那不是一個簡單的自然現象，而是始祖亞當悖逆上帝命令之後，上帝所施下的公義審判。原來，我從一出生起，就已經處在一場「逆天者亡」的死刑執行中。

正如《羅馬書》6章23節裡所說：「罪的工價乃是死」。這裡的「工價」一詞，用的是當時給士兵發工資的概念，意思是說，死亡不是偶然的意外，而是人犯罪之後應得的「薪酬」——是罪帶來的必然後果。這種死，不僅僅是肉體的終結，更是與上帝關係的斷裂。而我們每一個人，都因著亞當的罪性而與生俱來地處在這種死亡的判決之下。

圖表 11：人的罪性

這正是我的現實。因為原罪的污染，我的思想、言語與行為都遠離了上帝的聖潔。我的內心充滿了驕傲、自以為義與悖逆的本性。不是上帝定罪我，而是我若誠實審視自己，就必須承認我在罪中生，也在罪中活。

這一點，我的太太最清楚。如果有人自以為是聖人，最好的驗證方式，就是去問他太太是否同意。

正如聖經所說：

「因為世人都犯了罪，虧缺了神的榮耀。」（《羅馬書》3:23）

這句經文簡潔有力，道出了基督信仰的核心真理：所有人類都犯了罪，沒有人能夠憑藉自己達到上帝那絕對聖潔、公義的標準。人類從內心到外在，從思想到行為，早已深受罪的污染。我們每個人都被驕傲、嫉妒、憤怒、懶惰、貪婪、淫亂等各種罪性緊緊捆綁，無法靠自己的力量掙脫。如果說這些罪性是外在的「症狀」；那麼，更深層的「病因」究竟是什麼？接下來，我們一起深入思考。

自以為義——人的原罪

很多人對基督教最大的反感,就是它宣稱所有人都是罪人。他們反駁說:大多數普通人並不是惡人,也沒有犯下過入獄的大罪,頂多是有些小缺點,仍可以算作「好人」。怎麼能一概而論,說我們都是罪人呢?

在這樣的反駁背後,其實隱藏著一句潛臺詞:「我是個普通人,我是個好人。」即使我偶爾嫉妒一下、撒個謊、在網上偷偷看些不該看的視頻,甚至偶爾欺騙自己的配偶,我還是會告訴自己:「我比那些真正作惡的人好得多,我總體上是個好人。」

但《聖經》卻毫不留情地直指人心。它說,**人的「原罪」就是自以為義,並因此而厭惡上帝的論斷和審判**。這種自以為義,使人容忍許多不誠實和敗壞悄然存在於心中,卻毫無悔意。不是你沒有作惡,而是你還沒有機會。你之所以沒有犯下更大的罪,可能只是因為你手中的財富和權力還不夠。罪性就像一塊濕透的海綿,在權力、地位、誘惑的壓力下,極容易被擠壓出來,暴露無遺。然而,即使只是在心裡犯罪、卻不願承認,也同樣是在犯罪。

正如一句話所說:「**在上帝的審判台前,眾人都要閉口無言。**」你一生中所有貪戀的念頭、每一句謊言、每一個欺騙的行為,都會毫無遮掩地呈現在神的面前。到了那一刻,我們誰都無法再為自己辯解,只能低聲說:「上帝啊,我是個罪人,求你赦免我。」

20世紀英國著名文學家吉伯特・賈斯特頓(Gilbert K. Chesterton)曾說過一句令人警醒的話:

「原罪是唯一一項通過兩千年人類歷史得到經驗驗證的教義。」

從古代帝國的暴政,到現代的戰爭、屠殺、貪婪、欺騙與系統性腐敗,人類歷史一再證明:人無法自我拯救,更無法靠制度、科

技或文化來改良心靈。我們反復陷入同樣的罪惡迴圈，正是因為我們拒絕承認自己在上帝面前全然敗壞，需要祂的救贖。

原罪和現代政治哲學

現代真正健全的政治哲學，並不是建立在人性「本善」的幻想上，而是紮根於一個被聖經早已啟示的事實——人有原罪。人不是天生理性、道德和可信的；相反，人有權力就會濫用，有自由就會放縱，有話語權就可能用來欺騙。這不是悲觀主義，而是對歷史最誠實的觀察。

正因為人有原罪，現代西方法治政治的設計，才強調權力要被制衡、制度要有約束、人必須在法律之下行事。正如法國思想家孟德斯鳩在《論法的精神》（1748年）提出：**「一切有權力的人都有濫用權力的傾向，這是普遍規律……」**這句話的背後，正是對人性有限、敗壞的清醒認識：因為人不是天使，所以必須受限。

舉例來說，美國的三權分立，就是對人性腐敗的一種現實回應。立法、司法與行政之間相互制衡，不是因為不信任某一群人，而是因為不信任所有人。無論是總統、議員還是法官，都不能擁有無限的權力。因為一旦制度假設「人是可以自我管理的道德主體」，那這套制度本身就會變成通向獨裁與腐敗的通道。

可惜，現代越來越多的政治思潮——尤其是左翼進步主義——卻刻意回避甚至否認原罪。他們把一切問題歸咎於外部結構，卻從不願面對人心的敗壞；他們推動大政府、無限平權，卻忽略權力集中所帶來的危險；他們呼喚「信任政府和專家」，卻忘了人性和權力正是最不可靠的根基。

然而，信奉原罪的基督教文明並不是一種宿命論信仰。相反，它同時肯定一個重要真理：人性是可以被塑造和更新的。藉著自由意志，人可以恢復與造物主之間破裂的關係，走上一條重建生命與品格的道路。

4-4
給人民自由,他們將以美德回報

由於人的普世罪性,在人類歷史的大多數時期,自由並非理所當然。對多數民族和國家而言,專制、等級、壓迫才是常態。自由,是人類文明曆中的一項奇蹟,但也是最易失去的脆弱果實。進入現代社會以來,越來越多國家承諾賦予人民自由權利,然而,自由本身並不能自動帶來秩序、公義與繁榮。正如哲學家奧斯・吉尼斯(Os Guinness)在其著作《一個自由民族的自殺》(A Free People's Suicide)中所指出的:

「自由依賴于美德,美德依賴於信仰,而信仰則需要自由來維持自身。」

這正是他提出的「自由的黃金三角」(Golden Triangle of Freedom)。在這個三角結構中,自由、美德與信仰互相支撐、迴圈維繫,任何一角的塌陷,都會導致整體的崩潰。

一、自由孕育信仰

人性雖然因原罪而墮落,但並非不可改變。人墮落的原因是因為與上帝關係的破裂。而上帝的救贖就是為人代罪而死,並邀請人接受這個救恩。

這樣的救贖計畫,聽起來並不「高效」,甚至在許多人看來,簡直笨拙、難以理解。想想看,祂沒有用一劑「神奇藥水」把人瞬間變成天使,也沒有用超自然手段直接清除人類的敗壞。相反,祂選擇了一個最不被世人接受、最容易被譏笑的方式——讓祂的獨生

子，耶穌基督，取了人的樣式，道成肉身，降生在卑微的馬槽，最後死在羞辱的十字架上。

為什麼必須這樣？

因為罪必須付出代價。上帝是慈愛的，但同樣是公義的。若祂不審判罪惡，祂的公義就蕩然無存；若祂只審判、不救贖，祂的慈愛又何以顯明？

所以，耶穌來，代表著上帝的愛，也承擔著上帝的公義。祂無罪，卻甘願替我們這些有罪的人，承受本該落在我們身上的審判與刑罰。十字架不僅是耶穌的痛苦，更是上帝莊嚴的宣告：罪的代價真實存在，愛與公義缺一不可。

三天後，耶穌復活了。這不是某種宗教神話的「圓滿結局」，而是歷史中最真實、最震撼的事實。創造DNA、創造萬物的上帝，自然也掌管生死，戰勝死亡，對祂來說，並非難事。

更令人敬畏的是，完成這一切的，是上帝；而接受與否的選擇，祂卻留給了你。

這正是基督信仰與其他信仰最大的不同。你若生在穆斯林家庭，自然是穆斯林；生在佛教家庭，自然是佛教徒；生在猶太家庭，自然是猶太教徒；生在共產主義國家，自然是共產主義接班人。大部分時候，信仰不是選擇，而是說教和強迫接受。

可在真正的基督信仰中，信仰是一種選擇。上帝不強迫你信祂，祂尊重你的自由意志。救恩不是強塞給你的教條，也不是血統或文化的傳承，而是你內心的自由選擇。自由意志也給了你拒絕的權利，今天你可以到美國的教會門口焚燒聖經，而不會被起訴，因為這是憲法保障的信仰自由給你的權利。

信心、悔改、接受耶穌、領受洗禮——這一切，都是建立在自由意志之上。沒有自由意志，就沒有真正的愛；沒有自由意志，所謂的悔改與歸信，只是空洞的表演。上帝不需要奴隸般的服從，祂要的，是發自內心、自由選擇的愛與信靠。當你自願回應，承認自

己的罪,接受耶穌的救恩,聖靈就進入你的生命,真正的更新與改變,才由此開始。

這就是基督信仰:救恩來自上帝,選擇權交在你自己手裡。

二、信仰如何培養美德

人性天生渴望美善。即便我們是「天下烏鴉一般黑」的犬儒主義者,我們依然會被某些超越物質的品格所吸引——誠實、節制、公義、憐憫、責任、謙卑、勇氣、忠誠。這些美德彷彿刻在我們良知深處的記憶,指引我們向上、向善。然而,正如使徒保羅所痛陳的那樣:「我真是苦啊!立志為善由得我,只是行出來由不得我。」（羅馬書7:18）

換句話說,我們知道善,卻常常無力行善。人性並非無知,而是軟弱;並非不渴望光明,而是受困於黑暗的枷鎖。

然而,上帝為我們預備了一條出路。當我們接受基督的那一刻,祂便親自進入我們的生命,不僅赦免我們的罪,更藉著聖靈的內住,開始更新我們的心思意念,從裡面開始塑造我們的品格。

> 「人性猶如一隻自出生便被囚於雞籠中長大的雄鷹,無論如何被灌輸服從的理念,它始終夢想著有朝一日在蔚藍的天空中自由翱翔。」——作者

信仰是那位創造它的主親自來,打破這束縛的籠子,喚醒它被遺忘的天性,帶它重返原本屬於它的天地。

上帝要給的不只是道德行為的改善,而是釋放;不是壓抑人性,而是恢復本性。因為我們本來就是為著自由而生,為著榮耀、尊嚴與美德而造的。

我曾讀到這樣一個真實的故事:在中國,一群基督徒的企業家、財務總監與會計人員,曾在數年前一同參加一個查經營會。在營會

中，他們彼此鼓勵、彼此立志，要在工作中活出基督徒的真實見證。他們當眾立誓：不做假賬，不編造虛假的財務報表，哪怕面對現實的壓力與風險，也要堅持誠實、正直，不再做罪的奴僕。

他們渴望的不只是職業的清白，更是靈魂的自由。他們願意用自己的選擇來榮耀上帝——不是靠口號，而是在每一個數位、每一份報表中見證那位元真實的神。

信仰之所以能培養美德，是因為它不是靠外在的律法勒索，而是內在的生命更新。當我們真認識了神，認識了祂的愛與真理，美德就不再是一套強加的道德，而是我們自由地、喜悅地回應祂的方式。

三、美德如何支撐自由

許多現代人誤以為：只要制定一套完善的法律框架，賦予公民足夠的權利，自由社會自然就會繁榮有序。然而事實恰恰相反：法律可以設限，卻無法塑造人心；制度可以防弊，卻無法生成美德。如果一個社會的人民缺乏道德約束，再精密的制度也終將形同虛設。

群眾是愚昧的，精英是虛偽的，權力是腐敗的，制度是脆弱的。這是對人性的誠實判斷，也是對制度本質的清醒認識。

正如美國第二任總統約翰・亞當斯所言：

> **「我們的憲法只適用于有道德和有信仰的人民，對其他任何人都不適用。」**

這句話揭示了一個深刻真理：自由制度的可持續性，取決於人民的道德基礎。自由如果脫離了美德的支撐，很快就會蛻變為自我中心的放縱，最終導致社會的失序與分裂。

想像一個人人都要求權利，卻無人願意承擔責任的社會；人人都強調自由，卻不肯遵守規則、不尊重他人——這樣的社會，其

「自由」只會演變為混亂，其「平等」只會走向嫉妒，其「民主」只會淪為多數暴政。

真正能支撐自由運行的，不是更多的監獄和員警，而是人民心中對善的認同、對真理的敬畏、對責任的承擔。美德是自由的內在守護者，是社會制度之外那道最深的防線。

奴役人民，他們將以愚昧回應

如果一個社會不賦予人民自由，反而依賴控制、宣傳、監視與洗腦作為治理方式，其結果不是穩定，而是集體的愚昧與麻木。歷史上的每一個極權國家已反覆驗證了這一點。

在極權體制下，人民被系統性地剝奪表達的自由、信仰的空間與思想的尊嚴，最終造成如下後果：

對謊言習以為常：在長年累月的政治宣傳中，人民不再關心真相，只學會順從與識趣。說真話成為風險，沉默與虛偽則被當作生存智慧。

責任感被瓦解：公共事務與政治參與被視為「危險區域」，人民普遍採取消極自保的態度，「多一事不如少一事」成為生活信條。

道德空洞化：沒有信仰根基，也缺乏自由討論，道德不再根植于良知與真理，而淪為對權力的服從與對利益的投機。

教育淪為工具：學校不再培養有獨立思考與道德判斷的人，而是為政權輸送順從、聽話、技術熟練的螺絲釘。

最終，這種體制培育的不是「負責任的公民」，而是「唯命是從的順民」，甚至是「被動盲從的施害者」。一旦這樣的政體崩潰，人民既缺乏自由意志的操練，也沒有公民社會的習慣，往往無法承擔自由的責任，也無法建設健康的民主制度。這就是我們常說的「文化破產」。

自由—信仰—美德如何共同支撐憲政民主

在真正的憲政民主制度中，政府權力受到限制，人民擁有基本自由，但這套制度需要一套文化與道德的「民情」來支撐。正如托克維爾在《論美國的民主》中所說：

「民主制度的成敗，不在於它的法律，而在於它的民情。」

這種民情，正是由美德所滋養的社會共識。人們在自由中自覺守法，不靠強制而彼此尊重；在不同宗教信仰中堅持善惡標準，在意見不合中保持基本的信任。這種社會狀態，絕非一朝一夕可得，而是建立在信仰自由、政教分立與公民實踐的長期累積上。

具體而言，以下幾種美德構成了憲政民主的「民情土壤」：

守法與敬法：不僅遵守法律，更尊重法律精神；

尊重與寬容：容忍異見，不訴諸暴力或取消文化；

責任感：參與選舉、監督政府、服務社區；

公民美德：如誠實納稅、理性投票、志願參與；

節制與自律：在言論自由中不造謠，堅持財產權但是不貪婪。

「給人民自由，他們將以美德回報。」這句話不僅是一句箴言，更是一種對人性的盼望與信仰。它不是烏托邦式的理想，而是歷史與現實中一次次被驗證的經驗。

自由使人能選擇敬畏上帝；敬畏上帝，使人產生美德；美德則成為制度與文明的根基。

正因如此，真正穩定的自由社會，必須從信仰、道德和自由三者的良性互動中成長起來；而不是靠暴力壓制與思想統一維持表面秩序。剝奪人民自由，所換來的從來不是安定，而是遲早爆發的混亂與集體的失能。奴役人民，他們將以愚昧回報——這是對人性與歷史規律的深刻警示。

4-5
天賦人權：為什麼只從新教產生

我們上一章講的自由實際上是我們常說的天賦人權（Natural Rights）的一部分，除了自由權，天賦人權還包括生命權，財產權等等。天賦人權最核心的理念是：人的權利來自上帝，而不是政府或統治者。天賦人權是現代文明的一個里程碑。

不妨做一個社會實驗。假設我們今天把一百位相信多元與平等的知識精英們送上一座孤島，任由他們自我管理、自由發展。兩百年後，這座孤島會孕育出怎樣的文明？可以肯定地說，那裡絕不可能誕生出以天賦人權與法治為基石的政治文明。

歷史上，真正發展出天賦人權體系的，只有新教世界。天主教世界、伊斯蘭世界、印度教、佛教甚至猶太教，都未能孕育出這一思想體系。為什麼？這裡我們通過宗教比較的方式來討論一下。

在絕大多數文明中，人的權利不是被視為「與生俱來」，而是由統治者、社會等級或律法所決定的。換句話說，大多數宗教的傳統是權力自上而下，而不是權利自下而上。

伊斯蘭教（Islam）：順服高於自由

伊斯蘭教的核心思想是「順服真主」（Submission to Allah）。在這個信仰體系裡，個人並不擁有完全的自由，而是被要求遵循《古蘭經》和伊斯蘭教法（Sharia）的指導。

伊斯蘭世界普遍認為，宗教和政府是不可分割的，法律源於神，而非人民的意願。換句話說，政府的權力是宗教賦予的，而不是公民賦予的。在伊斯蘭社會中，人們的生活方式受到嚴格規定，比如

飲食、著裝、言論、婚姻等，個人自由受到宗教律法的約束，無法像西方社會那樣自由決定自己的生活方式。

因此，在伊斯蘭教的社會結構下，「人權」更多是以「服從神的律法」來定義，而不是以「個人自由」來衡量。這種神權體系雖然強調社會公正和慈善，但缺乏真正的「天賦人權」概念，因為人不是「自由的個體」，而是「真主的僕人」。天賦的是統治者和宗教領袖的權利。

印度教（Hinduism）：種姓制度下的宿命論

印度教的社會結構深受種姓制度（Caste System）的影響。傳統上，印度社會分為四大種姓：婆羅門（Brahmins）、剎帝利（Kshatriyas）、吠舍（Vaishyas）、首陀羅（Shudras），而賤民（Dalits）甚至連種姓系統都無法進入。

這種等級制度被認為是「天生註定」，人的地位是因果輪迴的結果，而不是可以自由選擇的。在這種體系下，個人的權利是由社會階層決定的，而不是人人平等。換句話說，一個賤民不能通過個人奮鬥獲得與婆羅門相同的權利，因為他的社會身份是「神聖規定」的。

由於這種宗教文化長期強調順從命運，人們很少追求「自由」或「權利」概念，而是更傾向於接受自己的社會角色。結果，印度社會在歷史上很難發展出現代意義上的「天賦人權」觀念，因為自由和權利不是其核心教義的一部分。

佛教（Buddhism）：不要執迷於權利

佛教關注的是個體的修行與解脫，而不是政治制度的設計。在佛教文化主導的國家，如泰國、緬甸、尼泊爾和西藏，社會運動和政治改革的動力往往較弱，因為人們更傾向於忍受社會不公，而非試圖推翻它。

佛教教義強調無常和無我，認為執著於世俗事務，包括「人的自然權利」，只會帶來痛苦。因此，佛教鼓勵超越執念，追求內在解脫，而不是改變社會結構。它不強調「神賦予人的權利」，因為佛教本身沒有「天」或上帝的概念，更關注個人的因果和輪迴。這使得佛教世界難以發展出類似西方的「天賦人權」理念。

正因為缺乏對「天賦人權」的認知與信仰，佛教國家的政治普遍趨於腐敗與專制。人們不認為權利來自於神聖不可侵犯的源頭，而僅僅視之為當權者的賞賜或施捨。缺乏對政府的天然警惕和對權力的制衡意識，導致民眾普遍順從，社會缺乏真正有效的公民監督。於是，哪怕有憲法和選舉，政治也往往流於形式，權貴集團操控，腐敗、裙帶、專斷屢見不鮮。

猶太教（Judaism）：集體契約而非個人自由

猶太教強調人與上帝之間的契約關係（Covenant），但這個契約並不是針對每個個體，而是針對整個以色列民族（Israelites）。在猶太教的傳統裡，法律（Torah）和宗教戒律（Halakha）是核心，而不是個人的自由權利。

雖然猶太文化強調公正、道德和社會責任，但它並沒有像新教那樣發展出「個體直接面對上帝」的信仰模式。相反，它更傾向於集體主義，強調民族團結、宗教律法和社會秩序的穩定。猶太人被視為上帝揀選的子民，因此，他們的社會規則和權利主要服務於整個群體的福祉，而不是個人的絕對自由。

此外，猶太教的法律體系是「律法驅動的」，而不是「自由驅動的」。個人的行為受到宗教律法的嚴格規範，涉及飲食、節日、婚姻、道德義務等方方面面。在歷史上，猶太社會強調的是通過嚴格的法律體系維持宗教與社會的和諧，而不是像西方天賦人權那樣，以自由為核心構建政治體系。

即便猶太人在漫長的歷史中因流亡和迫害而發展出強烈的民族自覺，但這種自覺更多是對宗教文化的維護，而非對個人自由的宣揚。相比之下，新教世界的核心觀念是個人直接向上帝負責，這種信仰邏輯自然延伸出了個人權利至上的理念。而猶太教的集體契約觀，則更傾向於個人服從群體，以保證整個民族的延續和穩定。

這一差異決定了，雖然猶太文明孕育了大量思想家、法律體系和道德觀念，但它從未催生出現代意義上的「天賦人權」概念。猶太教關心的不是個體自由，而是民族生存、宗教律法和共同體的延續。

天主教（Catholicism）：天賦教皇的權利

如果天主教也是基督教的一部分，為什麼「天賦人權」沒有首先在天主教國家出現？答案在於天主教的權力結構和神學觀念。在歷史上，天主教的核心結構是等級制，教皇（Pope）被視為上帝在人間的代表。所有的宗教事務，甚至影響社會治理的決策，都需要通過教會的層層傳遞。因此，個人的權利並非直接來自上帝，而是由教會作為「仲介」傳達。

這種體系強調秩序和服從，權力由上而下，普通人的「自由」更多是指在教會規範內的服從，而不是獨立的個人權利。長時間以來，歐洲的君主制和教權結合，國王被認為是「受上帝祝福的統治者」（Divine Right of Kings），臣民的服從被賦予宗教色彩。因此，在天主教主導的社會裡，政府的權力和人民的權利不是平等的交換，而是一種神聖授權的關係，缺乏真正的天賦人權的概念。

為什麼天賦人權沒有在南美產生？

這也是為什麼天賦人權沒有在南美產生，而是在北美產生。去南美殖民的國家主要是西班牙和葡萄牙，而他們的社會體系深受天主教等級制度的影響。在這些國家，教會與王權緊密結合，形成了

一種以皇權、教會和貴族為核心的社會結構。政府的權力是自上而下的,個人的自由和權利必須服從統治階層的安排。

相比之下,北美的殖民者主要來自英國,而英國當時的新教改革已深深影響了其社會政治制度。尤其是清教徒,他們相信人與上帝直接聯繫,而不必通過教會或國王。這一思想最終發展為「政府的權力來自人民,而非君主賜予」。這就奠定了美國未來民主制度的基礎。

更關鍵的是,南美的殖民者帶來了歐洲的封建制度,而北美的殖民者帶來了契約自由精神。在南美,西班牙和葡萄牙的殖民政府建立了嚴格的種族等級制度,原住民和非洲奴隸處於社會底層,而統治階層則由西班牙和葡萄牙的貴族主導。這種制度導致了一個由少數精英控制的大政府,人民沒有真正的自主權,政府也從未被視為人民的僕人,而是他們的主人。

相反,北美的殖民地沒有強大的中央權力,而是以自治和地方治理為主。最初的清教徒社區採用了公約政府(Covenant Government)的形式,即一群人共同立下契約,自願組成一個治理共同體。這種社會組織方式讓人民「騎在政府的脖子上」,而不是相反。

結果就是,南美的殖民地雖然更早建立,但它們始終沒有發展出人民主導政府的傳統,而北美的殖民地則逐漸形成了一種以自由、權利和自治為核心的文化,最終催生了天賦人權和美國憲法。

歷史證明,一個國家是否能夠真正尊重和保護個人的自由,並非取決於它建立了多久,而是取決於它的文化和制度基礎。在這方面,新教改革所帶來的思想變革,成為了決定南北美洲政治命運的關鍵分水嶺。

天主教的演變

19世紀，隨著民族國家的興起，歐洲各國逐漸擺脫了教會對政治的直接控制，政教分立（Separation of Church and State）成為西方政治發展的主流趨勢。天主教雖然仍然保持著等級制度，但它對政治權力的控制已經大幅削弱，教皇不再能直接左右各國國王或政府的統治。

20世紀以來，特別是在梵蒂岡第二次大公會議（Vatican II, 1962-1965）後，天主教開始調整其社會觀念，逐漸接受民主、自由和人權的理念。梵二會議確認了宗教自由的重要性，強調個人良心的權利，並認可不同信仰群體的共存。此後，天主教會逐步擺脫了對世俗政權的直接干預，轉而專注於社會公義、慈善事業和道德責任。

今天，天主教雖然仍然維護教會的權威，但它對人權、民主和自由的態度已較過去開放。天主教國家，如法國、義大利、西班牙和波蘭，雖然仍有深厚的宗教傳統，但其法律和政府基本上都建立在現代民主制度之上，而不是由教會直接控制。

為什麼天賦人權只出現在新教世界？

新教（Protestantism）不同於天主教，其核心思想是「因信稱義」（Justification by Faith Alone），意思是一個人得救並成為義人，不是靠行善、宗教儀式或教會的赦免，而是僅憑對耶穌基督上十字架救恩的信心。這種信心能夠恢復人與上帝的關係，即人與上帝的關係是直接的，不需要通過教會或神職人員。這一觀念帶來了深遠的政治和社會影響，使得自由和個人權利的概念在新教世界生根發芽。

首先，新教改革強調權力的去中心化。每個人都可以直接閱讀聖經，與上帝對話，而不需要教皇或國王的批准。這種思想徹底削

弱了政府權力的神聖性。在天主教世界，統治權往往被賦予神聖性，而在新教國家，人們開始認識到政府應該為人民服務，而不是作為絕對的統治者。

其次，新教世界，尤其是加爾文主義傳統，強調個人對上帝的直接責任，這使得個人的自由和權利被視為高於政府的權威。這種觀念直接催生了對專制政權的抵制，例如英國內戰（1642-1651）、光榮革命（1688）和美國獨立戰爭（1776），最終推動了憲政民主的形成。在新教的影響下，人民逐漸認為政府的權力應該受到法律的約束，而個人的自由是天生的，不應受到政府的隨意剝奪。

此外，新教國家成為了自由制度的實驗室。1689年，英國的《權利法案》確立了議會高於國王的原則，奠定了憲政基礎。1776年，美國《獨立宣言》正式提出「天賦人權」，強調政府權力來自人民的同意，而不是由君主賜予。在荷蘭和瑞士等新教國家，民主制度在17世紀率先建立，並逐步確立言論自由和宗教自由的理念。這些國家的共同點在於，它們都屬於新教世界。

相比之下，西班牙、葡萄牙和法國這些天主教國家在18世紀仍然維持著君主專制體制，缺乏自由和民主思想的土壤。天主教的權威結構依舊強調教皇和國王的統治地位，使得這些國家未能像新教國家那樣，孕育出真正意義上的天賦人權理念。因此，天賦人權的興起並非偶然，而是新教信仰的直接產物，是人與上帝直接聯繫的結果，是政府權力受限、個人自由至上的必然延伸。

正如美國開國元勳湯瑪斯·傑弗遜所說：「我們所擁有的權利不是來自政府，而是來自上帝。」這正是新教世界給予世界最重要的思想遺產。

美國會變成「基督教神權國家」嗎？

很多人讀到這裡，尤其是看到本書引用了大量聖經、談論基督教價值觀，便開始擔心美國會不會走向「神權國家」，像伊朗那樣由宗教控制政治。實際上，這種擔憂源自對美國制度和基督教本質的雙重誤解。

首先，美國有明確的憲法保障，尤其是《第一修正案》，它強調的是「政教分立」，而不是「政教分離」。分立的目的，並不是把信仰趕出公共生活，而是防止政府強制推行任何宗教，同時也禁止政府打壓任何人的信仰自由。歷史上，大多數美國總統都有基督徒背景，但這從未讓美國變成神權國家。恰恰相反，正是基督教文明對良心自由、個人責任和社會秩序的強調，造就了美國獨特的自由傳統與多元共存。

其次，真正的基督教從不主張強迫信仰，相反，它高度尊重人的良心和自由選擇。正是這樣的信仰觀，孕育了現代社會的法治、自由和真正意義上的政教分立。強制灌輸信仰，本質上是對上帝和信仰本身的褻瀆。

當然，西方的歷史也是教會的歷史。教會背離聖經的反面教訓也很多。西班牙宗教裁判所便是其中之一。根據歷史學者 Henry Kamen 的研究，西班牙宗教裁判所在其近四百年的歷史中，約有四千人被處以死刑，這固然是歷史的污點。然而，若將其與 20 世紀現代極權主義的暴行相比，則是小巫見大巫。比如，中國的「反右」運動中，至少 55 萬人被迫害致死；前蘇聯在史達林時期的大清洗三年間，大約有 100 萬人被處決；而據法國歷史學家斯蒂芬統計，全球共產主義政權在 20 世紀製造了至少 1 億人的非正常死亡。這才是人類歷史上真正規模空前、系統性、冷血殘酷的「去宗教化」實驗。

事實上，真正危險的，恰恰是這種極端世俗主義和系統性去宗教化。在西方，今天社會刻意將信仰驅逐出校園、媒體與公共生活，

結果並不是人們變得更加理性和寬容,而是留下了巨大的價值真空與精神荒漠。這種空白終究會被更極端的意識形態所填補。看看今天的美國,信仰的衰落,正在被新馬克思主義、激進平權主義、性別重新定義等極端思潮所侵蝕。而在歐洲,類似的信仰缺失,已經為伊斯蘭極端主義的大規模滲透與擴張打開了大門。

總之,只要堅持信仰自由,美國不可能走向伊朗式的「神權國家」。真正的威脅,來自那些打著「反宗教」、「去神化」旗號,實則瓦解社會秩序、摧毀公民自由、最終走向極權的新世俗主義。

第五章

美國政治文明的四項基本原則

「（美國）建國先賢們認識到，健全政府與公正人際關係唯一可靠的基礎，是自然法則。」

—— W・克里昂・斯考森（W. Cleon Skousen）

這句話出自美國保守派思想家、著名憲法學者克里昂・斯考森教授的著作《美國的五千年飛躍》（The 5000 Year Leap）。斯考森在這句話中，精准概括了美國建國者的核心信念——「自然法則」（Natural Law）是政治與社會良性運作的根本基石。

所謂「自然法」，並非源於人類的主觀意志，也不是政府的恩賜，而是一種超越人類之上、根植于上帝創造秩序的普遍道德律。正如萬有引力定律並無「中國特色」或「美國特色」一樣，真正的道德律也是普世的，是一切政治文明得以建立的前提。

美國開國先賢們在締造合眾國之初，確立了四項根本政治原則：天賦自然權利、憲政共和、有限政府與市場經濟。而這四大原則，並非憑空而來，而是深深繁根於新教文明、古典自由主義與保守主義思想傳統之中，體現了對上帝、自由與秩序的敬畏。

5-1
自然權利是目的:人權能當飯吃嗎

這一章或許是本書中最重要的一章,因為自然權利——生命、自由、財產權等——是現代政治文明的核心。在政府出現之前,人類已經存在,我們是自然人,被上帝賦予了一系列不可剝奪的自然權利。政府是在人的自然權利產生之後才出現的,其存在的本質並非授予權利,而是保護權利。這就是天賦人權的實質。

一個人的政治智商深度,與他對自然權利的認知程度成正比。

許多人常問:「人權能當飯吃嗎?言論自由有什麼用?吃飽飯才是硬道理。」讓我們先來看一個寓言故事。

敲鑼村的興衰

在遙遠的東方,有一個名叫敲鑼村的小村莊。村子不大,卻世代富足、安定。村子中央有一棵參天大樹,樹下懸掛著一口古老的銅鑼。這口鑼承載著祖先留下的傳統:誰家有難,誰有冤屈,或者村裡有重大事務需要商議,只要敲響這口鑼,村民便會聚集,共同商討對策。 正是這口鑼,讓敲鑼村得以維持公正與秩序。雖然村裡有貧有富,但總體民風善良,勤勞,世代興旺。

村裡有一家人出了個大學生,聰明過人。他後來出國留學,還給自己取了個洋名,叫馬克。多年後,馬克衣著光鮮地回到村裡,站在大樹下向村民們演講:「你們太落後了!法國早就革命了,你們怎麼還在這裡埋頭種地?難道你們沒看到貧富差距嗎?為什麼有些人吃得比別人好?我們應該消滅貧窮,讓村裡所有人真正平等!」

村民們被他的話和熱情吸引了。馬克提議：「大家不應該各自為政，自己種自己的糧食。我們應該建立一個'公共食堂'！大家的糧食統一上交，由村裡統一管理，所有人都可以免費吃飯，不論出身，不論家裡人口多少，想吃多少就吃多少！」村民們聽了，覺得這個很划算，紛紛點頭答應了。

公共食堂剛開始熱熱鬧鬧。吃飯不要錢，鍋裡有大魚大肉，人人興高采烈。然而，時間一久，問題就出現了——既然幹多幹少吃的都一樣，那我何必辛苦勞作？漸漸地，越來越多人變得懶散，田地裡的莊稼沒人去收割，糧倉空了，食堂的鍋也揭不開蓋了。

饑荒開始蔓延，村民們終於醒悟：這樣下去，我們都會被餓死！許多長輩想起了村中央的那口銅鑼，準備敲響它，召集大家商議如何重新找回自己的土地，各自耕作。但當他們跑到大樹下時，卻發現——銅鑼已經不見了。

馬克站在村子中央，冷冷地說：「我已經把鑼撤掉了，過去那種不平等的聲音，不應該再存在。」村民們憤怒了，他們想要反抗，可是馬克的追隨者已經控制了村子。反對的人被抓進「公審大會」，被指控為「反革命分子」、「破壞集體主義的敵人」。村子中央的大樹下，不再是公平討論的場所，而變成了專門審判'叛徒'的刑場。

最終，敲鑼村不復存在。沒有了鑼聲，也沒有了糧食，饑荒吞噬了一切。這時村民們才終於明白，那口鑼不僅僅是一個可響的鈸，它是祖先傳下來的命脈。它代表著言論自由和民意，是防止大家「沒有飯吃」的最堅固防線。

鑼的啟示

在這個故事裡，鑼代表言論自由和天賦的自然權利。沒有言論自由，就沒有人能夠質疑錯誤的政策，沒有人能夠提醒大家走上了

錯誤的道路，最終整個社會都會走向毀滅。如果沒有反對的聲音，魔鬼就會統治這個世界，最終所有人都沒有飯吃。

現實中的中國大饑荒（1959-1961）就是這樣發生的。人民公社制度取消了私有土地，建立公共食堂，讓農民失去生產動力，導致全國糧食短缺，最終4,000多萬人活活餓死。

英國作家羅伯特・哈裡斯（Robert Harris）的小說《慕尼克》（Munich）通過虛構的歷史情節，深刻展現了極權與思想鉗制的可怕邏輯。網上流傳著這句話來概括其中傳遞出的警示：

「如果尖銳的批評完全消失，溫和的批評將會變得刺耳。如果溫和的批評也不被允許，沉默將被認為居心叵測。如果沉默也不再允許，讚揚不夠賣力將是一種罪行。如果只允許一種聲音存在，那麼，唯一存在的那個聲音就是謊言。」

人權能當飯吃嗎？當你失去言論自由、財產權這些自然權利時，你可能很快連飯都吃不上。

你被馬斯洛的需求層次理論忽悠了嗎？

你可能聽過馬斯洛需求層次理論（Maslow's Hierarchy of Needs），它將人的需求從低到高分為五個層次：

生理需求（食物、水、空氣）；

安全需求（穩定、免於威脅）；

社交需求（歸屬感、愛）；

尊重需求（自尊、成就感）；

自我實現需求（個人成長、自由）。

乍一看，這個理論似乎很有道理。然而，它最大的問題在於，它把自由、言論權、財產權等自然權利放在了最頂端，彷彿這些東西是「高級需求」，只有在溫飽滿足後才需要考慮。

從人本主義出發，馬斯洛的理論並非基於嚴謹的實驗資料，而是更多出於哲學推演。心理學家羅伊・鮑邁斯特（Roy Baumeister）曾指出，人的需求並非按照嚴格的階梯遞進。例如，在二戰期間，集中營的囚犯雖然長期忍受饑餓，但仍有人冒著生命危險保護自己的信仰和尊嚴。饑餓的藝術家依然創作，無數的異議人士冒著坐牢的危險仍然為信仰而鬥爭。這些事實都表明，人類的動機遠比馬斯洛的理論更為複雜。有一些超越物質的存在——公義、善良、勇敢、無私——無論物質基礎如何，總能在某些好人身上閃耀出人性的光芒。

另外，歷史已經無數次證明，當自然權利被剝奪，社會不僅不會更加穩定，反而會導致最基本的生存需求都無法保障。蘇聯的大饑荒（1932-1933）就是一個典型案例。政府全面掌控經濟，剝奪農民的財產權，實施強制糧食徵收，最終導致數百萬人活活餓死。

馬斯洛的理論誤導了許多人，使他們誤以為自由和權利只是富裕社會的奢侈品，實際上，它們才是社會穩定和繁榮的根本。就好像空氣，**也許空氣不能讓你吃飽，但呼吸遠比吃飽更重要。**

自然權利的來源

自然權利的概念可以追溯到古希臘和古羅馬時期，但在17世紀的啟蒙運動中，約翰・洛克（John Locke）、讓-雅克・盧梭（Jean-Jacques Rousseau）和湯瑪斯・霍布斯（Thomas Hobbes）等思想家對自然權利進行了系統的闡述。尤其是洛克，他不僅是自然權利理論的奠基者，更是現代政治哲學的重要推動者。他在其劃時代的著作《政府論》（Two Treatises of Government）中提出，所有人類被造平等，擁有「生命、自由與財產」的權利。這些權利不是君王的恩賜，也不是社會契約的產物，而是天賦的，是每個人作為人所自然擁有的。

由於洛克在政治哲學中系統闡述了「天賦人權」的理念，他被尊稱為「自由主義之父」，並開啟了古典自由主義的先河。洛克的思想深刻影響了美國《獨立宣言》的起草，尤其體現在對生命權、自由權和財產權的強調，同時也為法國《人權宣言》等開創性文獻奠定了理論基礎。

洛克生於1632年的英格蘭薩默塞特郡，家境富裕，是一個堅定的清教徒家庭的後代。清教徒的信仰對他的思想有著深遠的影響。清教徒強調每個人與上帝之間的直接關係，這種宗教觀念與自然權利理論中對個人價值和尊嚴的重視高度契合。在洛克的思想中，「每個人被造平等」並不僅僅是一種世俗哲學的主張，而是一種神學信念：每個人都是按上帝的形象被創造的，因此天生享有尊嚴和權利。

洛克的作品中經常引用《聖經》來論證人的自然權利。他甚至認為，政府若違背自然權利，實際上是在對抗上帝的旨意。因此，他提出的「反抗權」不僅具有政治意義，也帶有宗教色彩。人們推翻一個壓迫性的政府，不僅是維護自己的權利，更是履行對上帝的義務。這個思想也被美國建國者寫在《獨立宣言》裡面。

所以，自然權利並不是政府的施捨，而是由造物主賦予的。

打個比方：今天的人工智慧與機器人技術已經非常先進，尤其是那些具有人形外觀與互動能力的機器人。那麼，它們是否擁有「自然權利」呢？如果有，那這些權利一定是由人類賦予。事實上，目前機器人並沒有任何自然權利，但相關的立法討論已在多個國家展開。例如：是否可以隨意虐待人形機器人？是否可以強迫它「吃屎」、毆打、截肢、甚至「砍頭」？這些問題雖然聽起來荒誕，卻正在成為倫理學與法律領域的真實議題。

然而，不論最終立法結果如何，機器人的「基本權利」終歸是由它的創造者——人類來設定的。同樣地，人類的自然權利，也不是社會契約憑空發明出來的，而是源自那位創造人類的主宰者。

自然權利包括哪些權利？

自然權利是每個人生而具備的基礎權利，它們既不是政府的施捨，也非特定時代或文化的產物，而是根植於人類共同的理性與良知中。這些權利無論在何種境遇下——監獄中的囚犯還是戰火中的平民——都不可剝奪。它們既有神學的根基，也得到了哲學的深刻闡釋。

從神學的角度看，自然權利源於上帝對每個人的創造之愛。基督教的「按上帝的形象造人」（Imago Dei）觀念賦予人類不可侵犯的尊嚴。這一理念為現代人權思想奠定了道德基礎，表明無論種族、性別或社會地位，每個人都享有平等的權利。從哲學視角來看，思想家如約翰·洛克和湯瑪斯·潘恩（Thomas Paine）揭示了自然權利的普世性。他們主張，生命、自由和追求幸福的權利是人與生俱來的，而政府的職責僅在於保護這些權利，而非賦予它們。這裡總結一下這些思想家們經常提到的7項自然權利。

1. 生命權

生命權是自然權利的核心，每個人都享有生存的權利，這是所有其他權利的基石。聖經上說：「不可殺人。」又說：「你在母腹裡，我就知道你。」這也是美國「擁護生命」反墮胎運動（Pro-Life）的理論基礎。

2. 宗教信仰自由

宗教信仰自由實際上是思想自由和實踐自己信仰的自由。很多人都不瞭解美國政教分立的初衷，以為是害怕宗教影響政府，其實正好相反。清教徒們是從英國和歐洲逃難過來的，他們害怕的是政府對宗教的干預。人的思想不屬於政府管轄的範圍。

3. 言論自由

言論自由是思想的外在表達，社會繁榮與言論自由息息相關。言論自由是對人性尊嚴的基本承認，是民意的表達和對政府必要的

監督。言論自由還會衍生出抗議自由、出版自由和集會自由。一個社會如果演變成因言獲罪的社會，包括美國、英國和芬蘭這樣的國家，那政府一定是向軟極權方向發展，這是危險的信號。

4. 財產權

私有財產權體現了勞動和創造的成果，是資本主義和市場經濟的核心。約翰・洛克在《政府論》中指出：「通過勞動獲得的資源屬於個人。」財產權的保護不僅激發經濟活力，也推動社會公平。在本書的第三部分，我們將系統介紹國際財產權保護指數與國家經濟興衰之間的密切關係。

5. 隱私權

隱私權是現代法律體系中的一項權利，因其保護個人自由與尊嚴的功能，體現了自然權利的本質。隱私權保護的是個人的私人生活免受非法干涉，即便在數字時代，每個人都應享有不被隨意監視的權利。

一旦隱私權被踐踏，個體自由就會迅速崩潰。東德時期的「斯塔西」（Stasi）秘密員警體系就是一個極端例子。這套龐大的國家監控機器動用了超過9萬名正式情報人員、超過17萬名線人，監控全國人口的三分之一。普通人的一封信、一句閒談，甚至家中親人之間的對話，都可能被記錄、分析，成為定罪的證據。一個沒有隱私的社會，是一個所有人都赤裸裸、無處藏身、隨時被清算的社會。而今天的網路監控技術，其覆蓋面和精准度更是有過之而無不及。

6. 免受奴役和酷刑權

免受奴役和酷刑，是人類文明的底線。18世紀的廢奴運動改變了世界歷史的走向，宣告了奴役制度在人類社會中的不合法性。而在二戰結束後，聯合國通過的《世界人權宣言》第四條和第五條，更是以國際法的形式明確禁止奴役與酷刑，彰顯了這一權利的普遍性與不可侵犯性。真正尊重人權的國家，即使在監獄中，罪犯依然

被視為擁有基本的自然權利，依然享有免受奴役和酷刑的保護。這正是人性尊嚴的最低底線。

7. 自衛權

自衛權是個人在受到人身威脅時保護自己和他人的權利。這一權利在法律框架內被規範，用於正當防衛。例如，美國《憲法第二修正案》賦予公民持槍權，為自衛提供法律支援。

這些自然權利是現代社會的基石。自然權利是上帝的恩賜，是人類共同的財富，是現代政治文明的目的。沒有自然權利，人便不能真正成為人，因為權利賦予了我們尊嚴、自由和追求幸福的能力。它們是現代文明的目標，確保每個人都能在平等與正義的基礎上生活。

美國的政治體系如何建立在自然權利之上？

1776年發表的《獨立宣言》不僅是一項政治宣言，更是一份建立在新教倫理和神聖啟示之上的道德宣言。它宣告的不僅是一個國家的誕生，更是對上帝賦予人類不可剝奪權利的宣揚。這份檔開篇便明確宣告：「**我們認為這些真理是不言而喻的：人人受造平等，造物主賦予他們若干不可剝奪的權利，其中包括生命權、自由權和追求幸福的權利。**」

這些文字不僅僅是政治檔中的陳述，它們點燃了一個全新的世界觀，將人民的地位與君主、貴族和皇帝平起平坐。這句話將個人的權利直接與「造物主」的賦予聯繫起來，使自然權利不僅具備理性哲學的正當性，還蘊含著神聖的道德意義。

《獨立宣言》不僅捍衛了自然權利，更將其視為政府存在的唯一正當理由。檔明確指出，政府的合法性並不來源於權力的世襲，也不取決於君主的旨意，而是建立在人民的同意之上。政府的主要職責是「保護這些權利」，即確保上帝所賦予的生命、自由和財產權利不受侵犯。如果政府違背了這一使命，人民不僅有權反抗，甚

至有責任將其推翻。這種革命性的觀點突破了當時傳統的君權神授觀念,為後來的民主制度奠定了倫理和法律的基礎。

而自然權利的保護並不僅僅停留在《獨立宣言》的文字中,它在1787年通過的美國憲法中得到了更為具體的落實。美國憲法並沒有直接使用「自然權利」這一術語,但它的核心條款和修正案深深植根於這一思想中。尤其是1791年通過的《權利法案》(Bill of Rights),將自然權利的保護上升到了具體的法律層面,其中第一修正案尤為關鍵。

第一修正案規定,「國會不得制定任何法律確立宗教或禁止其自由活動;不得剝奪言論自由、出版自由,或剝奪人民和平集會和向政府請願的權利。」 這段文字從多個層面鞏固了自然權利的理念。它明確保障了五個自由:**宗教自由、言論自由、出版自由、集會自由和抗議自由**,為公民提供了廣泛的保護,使他們免受政府干預。

第一修正案的保護不僅限於美國公民,也保護所有在美國合法居住的居民,包括中國留學生。比如,留學生可以自由出版和集會,不需要經過美國政府的同意。想像一位在美留學的中國學生,他或許對校園政策不滿,可以合法地在校報上發表批評文章,或者組織一場和平集會表達訴求,而無需擔心被當局審查或禁止。

值得注意的是,2023年10月7日,以色列遭遇恐怖襲擊後,支持哈馬斯的抗議活動在美國多所大學出現。只要抗議是和平的,哪怕內容激烈,也屬於《第一修正案》保護範圍。然而,個別抗議者採取了阻止以色列學生上課、圍攻、恐嚇等行為,這種行為已經超出憲法所保護的言論和集會自由範疇,構成對他人自由與安全的侵害,自然也受到法律約束。

總結而言,《獨立宣言》為美國奠定了自然權利的哲學與道德基礎,而《憲法》及其修正案,則將這些抽象的權利具體化為法律上的現實保障。正是這種「自然權利+憲政法律」的結合,使美國

成為全球第一個以自然權利為核心原則設計國家制度的現代國家，其影響深遠地塑造了此後200多年的世界政治與歷史格局。

哪些權利不是自然權利？

在現代社會，人們經常把政策性權利（Political Rights）誤認為是自然權利（Natural Rights），甚至有人主張政府有義務提供一切，使所有人「平等」。然而，自然權利是上帝賦予的，政府無權剝奪，而許多所謂的「權利」實際上只是政府創造的政策或社會契約的結果，不能與天賦人權相提並論。以下幾種常被誤解為「自然權利」的概念，實質上並非真正的自然權利。

1. 基本福利

福利包括免費醫療、住房補貼、食品補貼等，很多人認為政府應該「保障」這些福利，並把它們當作一種「基本人權」。但事實上，這些都是政府再分配政策，並非自然權利。自然權利強調的是自由和財產權，而不是政府「給予」某種好處。任何「福利」的存在，都意味著政府必須拿別人的錢來支付，而這侵犯了納稅人的財產權。如果政府有權隨意決定哪些人應該得到補助，哪些人應該被剝奪財富，那就意味著政府凌駕于公民的天賦權利之上，變成了人權的「施捨者」。

2. 墮胎

有人認為「墮胎權」是「女性的身體自主權」，但這忽略了胎兒的生命權。自然權利最基本的部分就是生命權，既然胎兒是獨立的生命，就擁有自然權利。因此，墮胎並不是「女性的自由選擇」，而是涉及到另一條生命的存亡。任何文明社會都不會允許母親在孩子出生後隨意殺死嬰兒，那麼胎兒作為人類生命的早期形態，同樣應該受到保護。所謂「墮胎權」並不是天賦人權，而是政府政策允許的例外情況。

3. 選舉權

很多人認為「民主選舉」是人類最基本的權利,但選舉權是政府設立的政治制度的一部分,是在政府產生以後才產生的,而非自然權利。在歷史上,人類社會在沒有普選的情況下仍然存在,並非所有社會都依賴投票來治理國家。天賦人權保護的是自由、生命和財產,而不是選舉本身。選舉制度是否存在,取決於國家的法律架構,而不是上帝賦予每個人的自然權利。因此,選舉權只是一個政治安排,而不是與生命權、自由權相同等級的基本權利。

總結

總之,真正的自然權利,如生命權、自由權、財產權,在政府存在之前就已經存在,它們來自於上帝,而不是立法機構。這些權利不可被政府剝奪,也不依賴政府施捨。

而基本工資、基本福利、墮胎權、選舉權等,都是政府制定的政策性權利,它們的存在取決於政治環境,而非天賦人權。這些權利的授予往往伴隨著對他人權利的侵犯,因此不能被視為「不可剝奪的權利」。

如果政府成為「權利的施捨者」,那麼政府就變成了權力的唯一來源,人們的自由將受到政府的掌控。歷史證明,當社會用政府施捨的「權利」代替真正的自然權利,最終的結果就是人民失去真正的自由,國家陷入專制和衰敗。這就是為什麼理解自然權利和政策權利的區別至關重要。

自然權利不是「奢侈品」,也不是「等經濟發展好了再考慮」的問題,而是社會能夠正常運作的根本。重要的話再說一遍:**自然權利就像空氣,它不能當飯吃,但是如果人沒有了呼吸,吃飯也不重要了。**

5-2
憲政共和是框架：保護少數人的權利

在許多關於美國政治制度的討論中，人們常常稱之為「世界上最偉大的民主國家」。然而，這種表述並不完全準確。美國的建國者並未設想創建一個純粹的民主（Democracy），而是選擇了憲政共和（Constitutional Republic）這一獨特的政治框架。為了理解這一點，我們需要深入探討美國憲政共和的內涵，並分析為什麼它與民主有著本質的區別。

憲政和民主的區別——從一個故事講起

這是一個基於真實事件改編的故事。在一個微信群裡，有三百人。正值疫情期間，大家熱烈地討論是否接種疫苗。大多數人認為，為了公共健康的安全，每個人都應該接種。然而，其中有一個人提出了不同的意見。他語氣堅定地指出疫苗資料存在不準確之處，還提到這是試驗性疫苗，並舉出幾個朋友接種後不幸去世的例子。

群裡有幾位醫學專業人士和醫生，他們對這位提出質疑的成員進行了嚴厲反駁，指責他散佈虛假資訊，還用了「誤導」和「造謠」這樣的字眼。雙方爭論愈演愈烈。這時，群主提出一個建議：「如果大家認為應該將這位同學移出群，請發言表決。」結果，大多數人同意將他踢出群。於是，群主遵循多數人的意願，將這位同學移出了群。

這就是民主。多數人決定少數人的命運。

然而，故事並沒有結束。後來，疫苗的副作用逐漸顯現出來，科學研究也證實了其對心臟健康和癌症發病的潛在風險。同學群裡

有兩位成員也因此不幸去世,一個是因心臟病,另一個是因為突發的癌症,而他們都接種了疫苗。這時,有一位同學在群裡提到:「也許我們趕走的那位同學說的是對的。如果他沒有違反群規,僅僅是表達不同意見,我們是不是不應該那麼草率地把他趕走?」

這就是憲政。少數人的言論受到法律的保護。

這個反思正是憲政與民主的分野所在。憲政強調保護少數人的權利與自由,即使他們的觀點不被多數人接受,只要不違反憲法和法律,就應該被允許存在。這種保護機制不僅僅是為了維護個體的尊嚴,更是為了給社會留存對話與反思的空間。

憲法之下的國家

1620年,五月花號橫渡大西洋,載著一群不堪忍受宗教迫害的清教徒,駛向未知的新大陸。這些早期移民懷揣著一個共同的夢想——在新世界建立一個尊重信仰自由、保障個人權利的社會。正是這種信念,成為美國政治制度萌芽的起點,並最終在一個多世紀後的獨立戰爭中走向成熟。然而,建國者並不希望直接採納古希臘式的直接民主模式。原因何在?

亞里斯多德早在兩千多年前就在《政治學》中指出,純粹的民主可能導致多數人對少數人的壓迫,這一擔憂後來被托克維爾稱為「多數暴政」(Tyranny of the Majority)。換句話說,在一個人人都能直接表決的社會,少數群體的利益可能被忽視甚至被犧牲。為了避免這一危險,美國的建國者,如喬治·華盛頓、詹姆斯·麥迪森和亞歷山大·漢密爾頓,設計了一部憲法。這部憲法成為國家的最高法律,約束了政府的權力,並保證了個人的基本權利。

在《聯邦党人文集》第10篇中,麥迪森深刻地闡述了為何需要一個憲政框架。他指出,民主制度的本質缺陷在於其無法控制派系的危害。而憲政共和則通過分權制衡(Separation of Powers)和代表制(Representative Government)解決了這個問題。立法、

行政和司法三權分立，各自獨立卻相互制約，確保了任何一方都無法輕易濫用權力。

為何不是純粹的民主？

民主的基本定義是「人民通過直接投票參與決策」。然而在美國，大多數重要決策並非由公民直接決定，而是通過他們選出的代表間接完成。例如，總統選舉並不是靠全國普選票數決定勝負，而是通過「選舉人團制度」（Electoral College）來決定。

所謂選舉人團，是指每個州根據其國會席位數量分配一定數量的選舉人票。美國全國共538張選舉人票，一個候選人只要贏得270票就可當選。這種制度的設計初衷，是為了防止人口稠密的大州（如加州、紐約）壟斷全國政治議程，從而保障小州也有實質性的發言權，實現州與州之間的政治平衡。

一個顯著的例子是2000年美國總統大選。當年，民主黨候選人阿爾·戈爾（Al Gore）在全國範圍內獲得了超過50萬張選票的普選票（Popular Vote）優勢，但在選舉人團投票中輸給了喬治·W·布希（George W. Bush）。布希最終以271票對266票的選舉人票勝出，成為總統。這種情況表明，美國的制度不是單純依靠多數人投票，而是通過一種更複雜的機制來保障不同地區的平衡。

此外，美國國會由參議院和眾議院組成，反映了權力的分配邏輯。眾議院基於人口比例分配席位，而參議院則確保每個州無論大小均有兩席。這一設計體現了聯邦制（Federalism）的原則，防止大州在立法過程中完全壓制小州的利益。

這一安排進一步凸顯了美國憲政共和的精妙之處：它在保障多數人聲音的同時，也保護了少數派的權益，使得國家治理更加穩定和多元，而不是簡單的多數暴政（Tyranny of the Majority）。

少數與多數之間的平衡

憲政共和的核心目標，是在少數與多數之間尋找平衡，確保政府不會因簡單的多數暴政（Tyranny of the Majority）而侵犯個體或少數群體的基本權利。美國的制度設計，使得即便是絕大多數人支持的政策，也不能侵犯憲法所保障的基本權利。

一個典型的案例是1943年最高法院的「西維吉尼亞州教育局訴巴內特案（West Virginia State Board of Education v. Barnette）」。這起案件涉及一個問題：政府能否強制學生在學校裡向國旗敬禮，即便他們的信仰不允許這麼做？

當時，美國正處於二戰期間，愛國情緒高漲。西維吉尼亞州政府通過了一項法律，要求所有公立學校的學生必須向國旗敬禮，否則將面臨懲罰，甚至可能被學校開除。這一規定得到了大多數民眾的支持，認為它有助於培養國家認同感。然而，一群耶和華見證人（Jehovah's Witnesses）的信徒反對這項法律。他們認為，向國旗敬禮等同於「偶像崇拜」，與他們的信仰相違背，因此拒絕遵守這項規定。這些學生因此遭到處罰，甚至被學校開除。

案件上訴至美國最高法院，最終法院裁定：政府無權強迫個人表達與其信仰相衝突的言論和行為。大法官羅伯特·傑克遜（Robert H. Jackson）在判決書中寫道：

「如果有一個固定的憲法原則，那就是政府官員不能決定哪些觀點是'正確的'，也不能強迫公民用言語或行為表達對政府的忠誠。」

這個裁決推翻了兩年前（1940年）最高法院在 Minersville School District v. Gobitis 案中的相反判決，重新確立了個人自由高於政府強制要求的原則。

這個案例清楚地說明，美國的憲政共和制度並非單純的多數決民主。即使大多數選民或立法機構支持某項法律，如果該法律侵犯

了憲法賦予個人的基本權利，法院仍有權推翻它。這正是憲政共和與純粹民主的根本區別：在美國，多數人的意願不能凌駕於憲法所保障的自然權利之上。

現代的挑戰與反思

美國政治最近十年的混亂，很大程度上源于人們對憲政的認識和教育極為薄弱。在公共輿論和教育體系中，「民主」似乎成為一個耀眼的標籤，然而，許多人對於民主與憲政之間的區別缺乏深刻理解。例如，在耶魯大學的一次校園調查中，當被問及憲法是否重要以及是否可以廢棄時，60%的學生竟然表示憲法可以被扔掉。他們的回答震驚了不少觀察者，也暴露了一個更深層次的問題：美國大部分人，甚至精英階層，都沒有真正弄清民主與憲政的本質區別。

這種認知上的薄弱，導致了巨大的社會動盪和政治理念的膚淺化。許多人將多數決定視為民主的全部意義，卻忽略了多數決定可能帶來的風險。當一個社會缺乏對少數人權利的保障和憲法原則的尊重時，多數暴政便會悄然興起。

比如2016年總統大選後的「抵制選舉人團」運動。當時，川普在普選票（Popular Vote）上落後於希拉蕊·克林頓近290萬票，但由於選舉人團制度（Electoral College）的設計，他仍然贏得了總統大選。這讓很多人憤怒，抗議者要求直接廢除選舉人團，以「真正體現民主精神」。然而，他們忽略了選舉人團制度的真正作用：防止人口稠密的幾個大城市完全主導全國政治，確保小州和農村選民的聲音也能被聽見。這正是憲政共和的核心理念——保護少數人的權利，避免「多數暴政」。

結語：憲政共和的未來

憲政共和的成功前提是，社會成員必須相信個人權利不是政府給予的，而是上帝賦予的天賦權利。憲法本身無法自動維持憲政共

和，它必須依靠公民的道德基礎和責任感。托克維爾在《民主在美國》中強調，美國的憲政制度之所以能夠存續，是因為美國人民具有深厚的宗教信仰和自律精神。一個真正自由的社會，不能僅靠法律來維繫，而需要公民自覺地尊重彼此的權利，遵循更高的道德標準。**沒有信仰基礎和自然權利觀念的社會，最終會走向兩個極端：要麼是多數暴政，要麼是國家集權。**

今天，美國面臨的許多政治危機，根源在於憲政共和的民情基礎正在削弱。當越來越多的人將政府視為「權利的賦予者」而非「權利的保護者」，當社會放棄了自然權利的概念，而轉向以政府控制為主導的「社會正義」敘事時，憲政共和就會被侵蝕，最終讓位于精英官僚統治或群眾煽動的多數暴政。

面對未來的挑戰，美國憲政共和的核心理念，仍將是現代政治文明不可或缺的基石。然而，若要讓這一制度真正持續運轉，社會必須重新找回對自然權利的敬畏，重建根植於自由與信仰基礎上的道德秩序與公民責任感。憲政共和從來不是一台可以自動運行的機器，它本質上是一種需要人民共同維護、代代傳承的文化傳統。

一旦人們失去了對自然權利的信念，憲政共和的制度框架也將失去其根基與存在的意義。而要維繫這種民情秩序，防止人民被極端意識形態或政府宣傳所洗腦，關鍵就在於限制政府權力的擴張，這正是有限政府的本質所在。關於有限政府的理念與制度設計，我們在下一章詳細展開討論。

5-3
有限政府是手段：防火防盜防大政府

> 「一個強大到可以給你一切的政府，也強大到可以奪走你的一切。」
>
> —— 美國前總統吉羅德・福特（Gerald R. Ford）

在美國，有一個詞共和黨人總是掛在嘴邊，但民主黨人卻很少提及——尤其是在今天的政治語境中。這個詞就是「有限政府」（Limited Government）。如果您想瞭解當今美國共和黨和民主黨之間的核心區別，從「有限政府」這一概念入手，會是一個非常有價值的切入點。

共和黨通常強調限制政府權力、減少干預，推崇自由市場和個體責任；而民主黨則更傾向於通過政府的力量來解決社會問題，推動公平和平等。這兩種截然不同的理念，正是兩黨在許多政策上分歧的根源。這一章我們就來深入探討什麼是有限政府，以及它在美國政治中的意義。

政府是必要之惡

「政府是必要之惡」這一觀點源遠流長，可以追溯到美國開國思想家湯瑪斯・潘恩（Thomas Paine）在《常識》（Common Sense）一書中的論述。他認為，政府的存在是為了防止社會陷入混亂，但由於政府本身也由人類組成，而人性具有腐敗的傾向，因此政府的權力必須受到嚴格約束，否則它就會變成壓迫人民的工具。

英國思想家阿克頓勳爵繼承了這一思想，並強調，政府不僅是「必要之惡」，而且必須被嚴格限制，否則最終會腐化並危害自由。

政府之所以是「必要的」，是因為一個沒有政府的社會會陷入無政府狀態，缺乏基本的秩序和安全。人類社會不是由完美的天使組成的，而是由具有罪性的個人構成。沒有政府，社會將會充滿暴力、欺詐和混亂。因此，政府的存在是為了維持秩序、執行法律、保護人民的生命和財產，這些功能使它成為「必要的」機構。

然而，政府也是「邪惡的」，因為它掌握著權力，而權力本身具有腐蝕性。阿克頓勳爵的名言「權力導致腐敗，絕對的權力導致絕對的腐敗」正是基於這個邏輯。歷史上無數例子表明，政府的權力一旦過度擴張，往往會成為壓迫人民的工具，而不是服務人民的機構。即便是在民主制度下，如果沒有合理的制衡，政府同樣會走向腐化，侵犯公民權利，甚至利用「公共安全」、「平等」、「為人民服務」等口號來擴大自己的權力。

因此，政府既是必要的，但也是危險的，它必須被嚴格限制，以防止它的權力膨脹，最終威脅到人民的自由。這就是「被約束的必要之惡」的核心思想。

被約束的政府，意味著它的權力必須受到法律、憲法、獨立司法、新聞自由、公民監督等多方面的制衡，使其無法隨意行使權力，無法侵犯公民的權利。

這種理念深刻影響了英美憲政制度，尤其是美國憲法。三權分立（立法、行政、司法相互制衡）的設計，正是出於

圖表12：立法、行政、司法三權分立。

這一思想。美國開國元勳、第二任總統約翰・亞當斯在《思考政府》

（Thoughts on Government, 1776年）中提出：「人非天使，權力之愛是人性的試探；唯有通過分權與制衡，方能保全自由。」他的意思是，因為政府由不完美的人組成，權力必須受到限制。

歷史和實踐表明，如果政府規模過大，其負面影響會如「癌症」一般，以三個階段逐步侵蝕社會的健康與自由。

大政府的第一期癌症：低效與浪費

與私營企業不一樣，政府不用擔心盈虧，花的都不是自己的錢。所以政府一旦有過多的權柄和功能，其效率往往顯著降低，同時也造成資源的巨大浪費。諾貝爾經濟學獎得主密爾頓·弗裡德曼曾指出，政府越大，其官僚體系越複雜，決策和執行的速度就越慢。

比如，1980年，紐約中央公園的沃爾曼溜冰場因年久失修而關閉，市政府計畫用兩年時間和300萬美元完成修繕。然而，六年半過去，耗資1300萬美元，溜冰場仍未完工，成為市政工程效率低下的典型案例。1986年，當時還是地產商的川普主動請纓，承諾自費接手專案，並在四個月內完工。最終，他僅用不到三個月的時間，以低於預算的225萬美元完成了修繕，使溜冰場重新對公眾開放。

近期，川普政府成立的政府效率部（Department of Government Efficiency，簡稱DOGE）負責人，旨在削減聯邦政府的浪費性開支。一個典型的低效例子是，DOGE發現，美國聯邦員工的退休申請仍在賓夕法尼亞州一座石灰岩礦中手工處理。超過700名工人每月在地下230英尺處理約10,000份申請，使用紙質檔、信封和紙板箱存儲，導致退休流程耗時數月。這種低效的操作方式是對納稅人資金的極大浪費。

大政府的第二期癌症：腐敗與犯罪

絕對的權力意味著絕對的腐敗。當政府的權力過於集中且規模龐大時，腐敗便成為一種不可忽視的問題。在大規模資金流動的情

況下，監督機制往往難以覆蓋每一個環節，這就為貪污和瀆職行為提供了溫床。例如，20世紀70年代義大利爆發的「石油醜聞」便是一個典型案例。政府官員與企業勾結，通過操控油價牟取暴利，最終引發了全國性的信任危機。

近期，DOGE 團隊在審查醫療保險和醫療補助（Medicare 和 Medicaid）支付系統時，發現高達1000億美元的潛在浪費和欺詐。例如，他們指出系統中存在大量未使用的軟體許可、仍在登記的已故人員（多達2200萬），以及其他不當支付問題。另外，DOGE 還發現了數千億美元的虛假政府合同，這些合同涉及不必要或重複的項目，導致了巨大的財政浪費。這些腐敗背後是利益集團的勾結和操控。

美國政府長期以來缺乏審計，這已經不是一個黨的問題，兩黨都有參與。幾十年來權錢交易已經產生了深層政府和華盛頓沼澤。唯有像川普和馬斯克這樣的局外人才有可能清除這些官僚和犯罪團夥。

大政府的第三期癌症：剝奪自由

當腐敗猖獗時，政府實際上已經變成了一個黑社會，這時唯一能夠控制局面的辦法是壓制人民揭露和反對的聲音，控制人民的自然權利。極權主義的表現形式可能是顯而易見的，比如一黨專政，也可能是隱性的，表面上有民主選舉和言論自由，但政府可能夥同社交媒體進行言論審查。比如，據紮克伯格 2024 年信件披露，拜登政府曾施壓臉書審查一系列網上言論，包括亨特·拜登筆記型電腦和新冠疫苗等內容，尤其是涉及疫苗副作用或質疑強制疫苗政策的帖子。這不僅誤導美國人相信疫苗的安全性，也讓成千上萬的疫苗受害者無處發聲，結果極其惡劣。

美國政府在 9/11 後通過《愛國者法案》、FISA 修正案等反恐法律，為 FBI（聯邦調查局）和 NSA（國家安全局）開了「綠燈」，

大幅增強監控能力。從無證竊聽、中繼資料收集（Metadata Collection）到社交媒體審查，監控從冷戰時的針對性轉為廣泛性，覆蓋普通公民。儘管旨在反恐，這些措施威脅隱私，尤其在拜登政府下嚴重惡化，個人資訊被用於司法武器化。

拜登政府自 2021 年上臺以來，被指控通過司法系統「武器化」來針對政治對手。司法部（DOJ）在拜登任內被用作壓制異見和鞏固權力的工具，尤其在川普及其支持者的 1 月 6 號事件中表現明顯。很多愛國者那天去了首都華盛頓和平示威遊行，這是憲法保護的權利。有些人甚至沒有進入國會，卻遭到 FBI 抄家、逮捕，關押幾年未出庭，嚴重違反憲法賦予的快速審判權利，導致多人在獄中含冤自殺。

這些例子表明，任何一個政府都可能患上三期癌症，進入大政府腐敗的滑坡。而最後的唯一治療就是切除腫瘤，由民選的總統來執刀。

政府小到什麼程度才能稱之為有限政府呢？

具體到「小到什麼程度」這個問題，沒有一個統一的標準，因為這在不同國家和文化背景下會有不同的理解和實施方式。一般來講：

財政規模：如果政府支出占 GDP 的比例較低（例如，20% 以下），這通常被視為政府較為有限，政府在社會經濟生活中的干預程度相對較小。比如，根據2022年世界銀行統計以及官方報告，臺灣和新加坡的政府支出占 GDP 的比例分別約為 19% 和 17%。這兩個經濟體都屬於典型的有限政府模式，強調市場活力、個人責任與低稅收政策。

然而，西方的福利國家模式則不同。以美國和加拿大為例，近年來兩國的政府支出占 GDP 的比例分別約為 36% 和 41%。在這些國家，政府承擔著大量的社會保障、醫療、教育與轉移支付開支，

財政規模龐大，政府在經濟與社會生活中扮演著更強勢的角色。這種模式雖然在短期內提供了一定的社會福利保障，但也帶來了稅負高企、政府權力膨脹與個人自由空間壓縮等問題。

法規數量： 法律和行政法規的數量與複雜程度，是衡量政府干預程度的重要指標之一。在有限政府模式下，法律體系通常力求簡潔、清晰，避免政府通過大量繁瑣的法規來干預經濟與社會生活。

以美國聯邦法規為例，其體量龐大且日益膨脹。根據《聯邦公報》（Federal Register）統計，截至2022年，美國聯邦法規的總字數已超過 1.85億字，其中涉及經濟、環境、醫療、教育等領域的細緻規定數以萬計，導致企業和個人面臨著沉重的合規負擔與法律風險。

也正因如此，川普在其第一任期內提出了著名的「一增二減」政策，即每新增一條新規，必須同時廢除兩條舊規，試圖通過簡化法規體系、削減政府干預，恢復經濟活力與個人自由。

政府職能： 政府主要集中在國防、司法、基礎設施等基本公共服務上，而不是廣泛地介入社會福利、教育、醫療等領域。

諾貝爾經濟學獎得主密爾頓‧弗裡德曼認為，政府的職責應集中於核心領域，例如國防、稅收、基礎設施建設等，而不應涉足教育、醫療或產業運營等本應由市場和個人承擔的事務。他指出，政府如果在教育領域壟斷管理，往往會因缺乏競爭而導致品質下降和資源浪費。例如，美國的公立學校系統雖然覆蓋範圍廣，但在很多地區卻因管理僵化和資金分配不合理而問題重重。弗裡德曼提議，通過引入教育券（school vouchers）等市場化機制，讓家長能夠自由選擇學校，從而促進教育品質的提升。

類似的情況也適用於醫療領域。在許多國家，政府主導的醫療系統雖然能夠提供普遍覆蓋，但在效率和品質方面卻常常飽受批評。例如，加拿大的公共醫療體系以免費醫療聞名，但患者常常需要排

隊數月甚至更久才能獲得手術或專家治療的機會。弗裡德曼認為，這樣的問題可以通過私營醫療機構的競爭得以緩解。

這樣的觀點不僅揭示了政府干預過多的潛在風險，也強調了市場競爭在優化資源配置和提高效率中的重要作用。通過減少政府對非核心領域的干預，公民能夠享有更多自由和自治權，這也是實現有限政府目標的重要途徑。

正如福特總統所警示：「一個強大到可以給你一切的政府，也強大到可以奪走你的一切。」有限政府不僅是手段，更是防火防盜防大政府的屏障。只有將政府的權力約束在有限範圍內，才能防止其從服務者變為掠奪者，守護人民的自由與福祉。

集中力量辦大事？效率、自由與可持續性之爭

在政府治理模式的討論中，「集中力量辦大事」常被視為大政府的優勢，尤其在中國等國家的宏大工程中被廣泛引用，如高鐵建設、航太項目、基建狂潮等。然而，當我們深究有限政府與大政府的對比時，會發現這些短期的輝煌往往掩蓋了低效、腐敗和個人自由受損的長期代價。而有限政府則依靠市場機制，實現更可持續的增長與發展。

大政府的支持者常以中國的高鐵網路為例，視其為「集中力量辦大事」的典範。的確，截至2025年，中國高鐵總里程預計將超過5萬公里，遠遠超出世界其他國家的總和，極大提升了國內的交通效率。這一成就依賴於中央政府的統一規劃、快速征地以及國有銀行的集中融資，充分展現了政府「有形之手」的力量（相比之下，市場經濟依賴的是「無形之手」）。

然而，這種模式的代價不容忽視。首先是財政負擔。中國高鐵建設債務規模巨大，截至2024年，中國國家鐵路集團的負債已增至7.5萬億元，約1.03萬億美元。虧損線路比例從80%升至85%。這樣的情況難以持續。

其次，巨額投資背後隱藏著嚴重的腐敗問題。早在高鐵大規模上馬初期，時任中國鐵路部部長的劉志軍案就震驚全國。劉志軍主導了「高鐵大躍進」式的發展，但在其任內，利用職權大肆收受賄賂，涉及金額超過 6000 萬元人民幣，同時大批高鐵工程項目被層層轉包，品質安全隱患嚴重。2013年，劉志軍因受賄和濫用職權罪被判處死緩。

再者，資源過度集中在「顯性成就」上，如大規模基建，而忽視了教育、醫療等領域的長期民生需求。高鐵專案的投資遠超於大部分公共衛生專案。根據全球公共衛生安全指數（GHS Index）的評估，中國在 2021 年的公共衛生能力排名中得分僅為 41.4（滿分 100），在 195 個受評國家中位列 123 位，遠落後於大多數國家。

相較於大政府依靠強制手段推進專案，有限政府通過減少干預，讓市場競爭優化資源配置。市場經濟國家同樣擁有高速鐵路，但其模式更具可持續性。例如，日本新幹線（Shinkansen）由私營企業（如JR東海、JR東日本）主導，自負盈虧，不依賴政府補貼，盈利能力強。東海道新幹線早在2000年代便實現了年利潤1000億日元以上，以市場需求決定線路發展，而非政府拍腦袋決策。

中國高鐵的成功固然令人矚目，但它依賴於土地國有化、政府高壓執行力、廉價勞動力等特殊條件，並非計劃經濟的普遍優勢。相比之下，市場經濟國家的基建項目更注重盈利能力與個體權利的平衡。有限政府不是拒絕「大專案」，而是讓市場在政府提供法律保障的前提下，自發、高效地運作。

「集中力量辦大事」或許在緊急情況下（如戰爭）確有必要，但在長期發展中，市場驅動的有限政府才是效率與自由之間的最佳平衡點。市場經濟的優勢在於，它通過價格信號和自由競爭，使資源自然流向最需要的地方，從而避免了低效與浪費。這個討論也為我們開啟了下一個主題的思考：市場經濟是動力——最公平的遊戲規則。

5-4
市場經濟是動力：最公平的遊戲規則

　　現代文明的動力源自一種強大而靈活的經濟模式——市場經濟。這一以私有制為基礎的體系如同一台充滿活力的引擎，推動著社會的創新、增長和繁榮。相比於僵化的計劃經濟，市場經濟在歷史和實踐中展現了其無可比擬的四大優勢：動力、公平、創新、韌性。這不僅是經濟學理論的結果，也是無數國家的實踐經驗所證明的。

動力：波蘭牛奶的故事

　　20世紀80年代，波蘭仍處於嚴格的計劃經濟體系之下，政府全面掌控物資生產和分配。為了「保障民生」，波蘭政府規定牛奶的價格必須保持在極低水準，以確保人人都能負擔得起。然而，結果卻與初衷背道而馳——由於價格過低，奶農們發現養牛和生產牛奶不僅無利可圖，甚至連成本都無法覆蓋。面對虧損，奶農們被迫減少養牛，甚至直接倒掉牛奶，市場上很快出現了牛奶短缺。

　　每天清晨，成百上千的消費者拖著疲憊的身軀，在食品店外排起長隊，等待政府配送的牛奶。然而，即便排上數小時，也未必能買到。一些幸運兒或許能分得寥寥幾瓶，而更多人只能空手而歸。與此同時，黑市上牛奶價格暴漲，只有那些願意支付高昂費用的人才能買到私下流通的牛奶。而富人則通過關係網，直接從奶農手中獲取牛奶，完全繞開政府的低價限制。最終，這項本意是為了「平等分配」的政策，不僅未能讓牛奶變得更加「平價」，反而讓窮人比原來更難以獲得牛奶，而政府為了彌補供應短缺，不得不不斷增加補貼，加重了財政赤字。

然而,真正的轉捩點發生在波蘭放棄計劃經濟、轉向市場經濟之後。隨著價格由供需關係決定,奶農們重新找回了生產動力,市場上的牛奶供應迅速恢復,人們再也不需要在寒風中排隊等待配給,也不需要向黑市支付高價。一切回歸正常,人們終於可以隨時走進商店,買到自己所需的牛奶,價格合理,供應充足。

這個故事清楚地表明:比起計劃經濟,市場經濟更能夠持續激勵生產、確保資源合理配置的經濟模式。當價格由供需決定,而非政府強行規定時,生產者才有動力提供足夠的商品,消費者才能公平地獲取資源。而計劃經濟的弊端,則在歷史上一次次得到驗證——它不能創造繁榮,反而讓人們更加貧困。市場經濟不僅是財富增長的源泉,更是社會穩定和公平交易的基石。

市場經濟的理論起源

市場經濟的系統性理論,始于1776年亞當・斯密(Adam Smith)所著的《國富論》。在這本被譽為「現代經濟學聖經」的著作中,斯密提出了「看不見的手」這一著名觀點:在自由市場中,每個人追求自己的利益時,無意中推動了整個社會的繁榮。這種由下而上的秩序,不靠中央權力安排,而靠自由交換與價格機制自動調節。

亞當・斯密於1723年出生於蘇格蘭的柯克卡爾迪(Kirkcaldy),這是一個清教徒文化濃厚的小鎮。他的

圖表 13:亞當・斯密和他的《國富論》

母親是一位虔誠的基督徒,這對他的人格形成與道德思考產生了深

遠影響。斯密自幼聰穎，14歲時進入格拉斯哥大學學習道德哲學，後又前往牛津深造。

他最初的學術方向並非經濟，而是道德哲學。1759年，他出版了《道德情操論》（The Theory of Moral Sentiments），主張人類行為不僅出於自利，更出於一種「同情心」或「道德共鳴」。這本書奠定了他後續經濟理論的倫理基礎。

直到1776年，他出版了劃時代的巨著《國富論》（The Wealth of Nations），才真正開啟了現代經濟學的大門。但重要的是，斯密從未將經濟與道德割裂。他認為，市場制度的運行雖然建立在人的自利行為上，但必須有一個健全的道德文化作為支撐，否則市場會迅速墮落成掠奪的工具。斯密還強調勞動分工、自由貿易和政府最小干預的原則，這些都成為後世市場經濟制度的核心。

晚年，斯密擔任英國稅務專員，生活簡樸，拒絕奢侈。他在1790年逝世，留下一生兩部主要著作，分別建構了「道德哲學」與「經濟自由」的雙重支柱。

亞當・斯密的思想並不是孤立的。他的經濟理念與約翰・洛克（John Locke）等人所宣導的古典自由主義密切相關。古典自由主義在政治上強調天賦人權、政府權力受限，在經濟上則主張財產權、契約自由和自由市場。

可以說，市場經濟正是古典自由主義在經濟領域的自然延伸。它們共用同一個哲學基礎：人有理性、自主和道德責任，因此社會應該尊重人的選擇，並給他們自由去追求幸福與繁榮。

市場經濟是最公平的遊戲規則：五大原因

在一個理想的社會裡，公平的標準是什麼？是每個人都得到相同的回報，還是每個人根據自己的努力和才華獲得相應的回報？市場經濟之所以是最公平的遊戲規則，正是因為它遵循後者：你投入

多少，就收穫多少，而不是讓政府或某個權威來決定誰應該得到什麼。

1. 市場經濟建立在自願交換的基礎上

市場經濟的核心原則是自由交易，所有交易都是自願的，沒有人可以強迫另一個人購買或出售某樣東西。這就意味著，市場上的價格、薪資、商品和服務，都是由供需決定，而不是由政府或某些權力機構強制分配。

例如，如果你是一名軟體工程師，你可以選擇為誰工作，哪個公司願意給你更高的薪資，你就去那裡。公司需要你的技能，而你需要收入，這是一個雙贏的自由交易。但如果是計劃經濟，政府可能會告訴你去某個國企，工資固定，無法討價還價，不論你的能力如何，你的收入都由官員決定，這顯然是低效且不公平的。

2. 讓個人才華和努力得到真正回報

在市場經濟中，個人的回報與其貢獻直接相關。一個人的薪水和收入，通常取決於他的能力、努力程度以及社會對他的服務的需求。一個技術高超的醫生可以賺取比普通文員更高的薪水，因為他的技能稀缺且對社會有巨大貢獻。一個企業家可以賺取高額利潤，因為他承擔風險，創造就業，推動經濟增長。一個運動明星可以拿到巨額代言費，因為他的天賦和努力創造了市場價值。

市場不關心你的種族、性別、背景或關係，而是看你能創造多少價值。相比之下，計劃經濟或者大政府福利制度，會人為干預資源配置，讓一些人得到額外的好處，而讓另一些人被剝奪了本應得到的回報。

3. 市場經濟獎勵勤奮，懲罰懶惰

市場經濟的另一大公平之處是：它不會無故獎勵懶惰，也不會無故懲罰勤奮。如果你工作更努力、更聰明、更有創新能力，你就

可以賺更多的錢，提高自己的生活水準。而如果你不努力，市場不會無故補貼你。

相反，在福利主義氾濫的國家，政府通過高稅收向勤勞的人索取財富，再分配給那些不工作的人。這不僅降低了工作者的動力，還鼓勵了「養懶人」的文化。市場經濟的公平性在於，它讓每個人對自己的選擇和行為負責，而不是讓別人來承擔你的後果。

4. 價格機制確保資源配置的公平

市場經濟中，價格機制是最公平的資源配置方式。價格由供需決定，如果某種商品稀缺，它的價格會上升，生產者會看到利潤空間，增加供應，從而使市場重新達到平衡。而在計劃經濟中，價格由政府決定，常常造成短缺或浪費。

經濟學家哈耶克用麵包分配為例：一個中央計畫者要公平分配全國的麵包，必須知道每個麵包師的原料、每個人的需求和運輸條件。但這些知識分散在無數個體中，計畫者無法全部掌握。市場通過價格信號自動協調，而計劃經濟試圖集中決策只會導致混亂。

5. 機會公平，而非結果公平

市場經濟的公平之處在於，它提供平等的機會，而不是平等的結果。政府不能強行讓所有人都賺一樣多的錢，否則就是對那些更努力、更聰明、更有貢獻的人的剝奪。

想像一下，一個NBA籃球隊，如果所有球員的薪水都一樣，無論他們是否努力訓練、是否有天賦、是否能贏球，那隊伍的整體水準只會下降，最終導致所有人都失敗。這就是社會主義或計劃經濟的根本問題。市場經濟允許每個人在相同的規則下競爭，但最終的結果取決於個人的能力、努力和機遇，而不是人為製造的平等。

最後我們總結一下，市場經濟之所以公平，是因為它是建立在自由交易的基礎上，它獎勵勤奮，懲罰懶惰，提供公平的競爭機會。

最終，市場經濟讓社會的資源配置更加合理，確保每個人根據自己的能力和努力獲得應有的回報。這才是真正的公平。

創新：市場經濟的生命力

市場經濟的另一個顯著優勢是創新驅動。當企業家和公司受到利潤的激勵時，他們會不斷尋找新的方法改進產品和服務。20世紀以來，美國的市場經濟催生了許多改變世界的發明：福特的流水線生產使汽車從奢侈品變為大眾商品，矽谷的科技革命讓電腦和智慧手機成為日常生活的一部分。資料顯示，2022年，美國的技術公司創造了超過1.5萬億美元的經濟價值，而這一成果主要源於市場經濟下強大的創新動力。

反觀計劃經濟的創新乏力，原因在於其體制缺乏激勵。政府部門的官員和管理者對創新成果沒有直接收益，反而更傾向於避免風險。這導致了蘇聯在技術領域的明顯滯後，儘管他們率先發射了人造衛星，但在電腦、消費電子等領域卻長期落後於市場經濟國家。

可持續性與韌性：市場經濟的自我修復能力

市場經濟的另一大優勢，是它的自我修復能力與抗風險性，這讓整個社會在面對危機時仍能保持活力並迅速恢復。相比之下，計劃經濟因資訊封閉和權力高度集中，缺乏靈活應對的機制，常常在危機中陷入癱瘓。

歷史為我們提供了鮮明對比。2008年全球金融危機重創了世界經濟，但以美國為首的市場經濟國家，通過市場導向的應對措施，如量化寬鬆政策、企業重組、自由競爭的恢復，僅在短短數年內便實現了經濟復蘇。資料顯示，美國GDP在2010年就重新增長，並在2013年回到危機前水準。

反觀計劃經濟國家，在遇到類似危機時往往毫無招架之力。東德在1980年代陷入經濟停滯，由於體制僵化，既無法引入資本，也

無法通過市場刺激消費,最終導致體制崩潰。而今天的委內瑞拉,因長期依賴國家對石油的壟斷和價格控制,面對國際油價暴跌毫無應對手段,陷入了全面通貨膨脹與物資匱乏的深淵,通脹率一度超過10,000%。

市場經濟的價格機制能迅速反映供需變化,引導資源重新配置,調整生產方向,實現經濟的動態平衡。這種「軟著陸」能力,是計劃經濟永遠無法比擬的。正如經濟學家哈耶克在其理論中所強調的,自由市場是一種無需中央指揮、依靠價格機制與個體決策自發形成的社會秩序。有人這樣來比喻自由市場:「自由市場如同一座無需指揮的交響樂團,能夠在無數個體的行動中實現協調一致。」

市場經濟的可持續性不僅體現在經濟增長上,也體現在社會的穩定性上。它避免了權力集中帶來的風險,讓每一個個體在危機中都有生存與發展的空間。這種韌性,使得市場經濟不只是增長的工具,更是抵禦風浪的盾牌,是現代文明在不確定世界中的保障。

市場經濟的勝出從不靠偶然,而是源自對人性、自由與效率的深刻理解。在市場經濟的支持下,社會的創造力得以釋放,個人的潛力得以實現,經濟也具備了自我修復的韌性。

總結一下,**市場經濟的四大優勢——動力、公平、創新、韌性,構成了現代社會繁榮不可替代的基石。** 資本主義之所以優越,不是因為它是完美的,而是因為它比其他制度更能釋放人性與自由的力量。這正是市場經濟長盛不衰的真正奧秘所在。

5-5
從古典自由主義到保守主義：自由三劍客

前面四章提到的美國建國時期的四個政治基本原則，並非憑空產生，而是源於當時廣泛傳播的古典自由主義政治哲學。而古典自由主義本身，則是在宗教改革之後，于新教文明的土壤中孕育發展起來的。

然而，一個問題隨之而來：在今天的美國政治語境中，我們常常將共和黨稱為「保守派」，而民主黨視為「自由派」。但問題在於——美國建國時所強調的那些核心原則，例如自然權利、憲政共和、有限政府、市場經濟，不正是源自「自由主義」嗎？為何今天堅持這些原則的人，反而被稱為「保守派」，而不是「自由派」呢？

要理解當代美國政治的深層分野，我們必須從源頭追溯：從古典自由主義的誕生談起，深入探討保守主義的興起，和它們與基督教信仰之間的深刻聯繫。這趟思想之旅，將幫助我們理解現代文明的四大建國原則是如何一路被守護與傳承至今的——也讓我們明白，為何在今日，真正自由的捍衛者，往往是一位保守主義者。

古典自由主義的起源

古典自由主義的起點可以追溯到17世紀的英國，主角正是「自由主義之父」約翰・洛克（John Locke，1632–1704）。前文在談到自然權利的來源時已經提及洛克及其生平。他成長于一個清教徒家庭，聖經和新教倫理對他影響深遠。洛克在牛津大學的基督堂學院學習，主修古典學與哲學。後來，他成為英格蘭貴族沙夫茨伯裡

動爵（Lord Shaftesbury）的私人秘書和顧問，而沙夫茨伯裡正是英國輝格黨（Whig Party）的奠基人。

「輝格」（Whig）一詞最初源自蘇格蘭語，意指「牧牛人」（cattle driver），在英格蘭則演變為一種對抗王權、同情清教徒和改革分子的蔑稱。這一點頗有幾分類似於當今美國語境中對「紅脖子」（Redneck）的用法，即民主黨人常用此詞來嘲諷來自中部、支持共和黨的基層群眾。然而，正如輝格黨中也有像洛克這樣的思想家一樣，共和黨人也不只是「紅脖子」，其中亦有許多知識份子。

有趣的是，美國的輝格黨（U.S. Whig Party）於19世紀30年代成立，旨在抗衡民主黨總統安德魯‧傑克遜。雖然它與英國輝格黨在組織上無直接繼承關係，但在理念上卻一脈相承。林肯最初正是輝格黨成員，後來轉而創立共和黨。可見，輝格黨與共和黨在理念傳承上確實有很多共同淵源。

在1660至1680年代，洛克積極參與輝格黨的政治活動，站在反對王權專制、爭取宗教自由、捍衛自然權利的第一線。他不僅是一位思想家，更是一名深度參與政治實踐、影響歷史進程的改革者。由於改革失敗，洛克曾被迫流亡荷蘭多年，直至1688年「光榮革命」成功，英國確立君主立憲制，洛克方得安全歸國。

正是在流亡期間，洛克以哲學家的筆寫下了政治史上最具影響力的著作之一——《政府論二篇》（Two Treatises of Government）。在這部著作中，他提出了幾項關鍵理念：

人擁有不可剝奪的自然權利，包括「生命、自由、財產」。這些權利並非國家所賜，而是人天生即有的，是「上帝所賜」。

政府的合法性來自被統治者的同意，而非國王的血統或教會的授權。

政府存在的唯一正當目標，是保護這些自然權利。一旦政府背叛這一使命，人民便有權「推翻暴政」。

這些理念不僅為1688年的光榮革命提供了理論基礎，也深刻影響了1776年美國的《獨立宣言》。湯瑪斯‧傑弗遜在起草該文時，幾乎原封不動地採用了洛克的思想框架。

古典自由主義的廣泛影響

除洛克外，法國思想家孟德斯鳩也對美國政治制度產生深遠影響。他提出「三權分立」原則——行政、立法與司法應彼此制衡，以防止權力的集中與濫用。這一原則後來被寫入美國憲法，成為現代民主制度的基石。

簡而言之，古典自由主義為美國提供了一套政治哲學藍圖：以自然權利為核心、以自由為目的、以法治為保障的政府設計。但這套設計雖雄偉，也蘊含一個潛在危機——它預設人類理性能足以維持自由秩序。然而現實卻反覆證明：人性是墮落的。我們都是「豬隊友」，可以毀掉任何一個制度。因此，保守而穩健的道德民情，才是自由之樹得以生長的沃土。

打一個比喻，建立在古典自由主義基礎上的美國憲政共和，如同一朵嬌嫩的花朵，首次盛開於人類歷史，卻並不意味著它能自然持續。維繫這種政治制度的關鍵，在於塑造適合它生存的信仰與道德環境，作為適合它生長的土壤。也正是在這個意義上，保守主義登上了歷史舞臺，成為自由最堅定的守門人。

保守主義的起源：自由的守門人

自由是一把雙刃劍，它既可以孕育道德，也可以引發墮落。因為人性本身既具尊嚴，也充滿墮落性——這是我們在第一部分所確立的世界觀。例如，有人沉溺於毒品與酗酒，將自由誤解為毫無邊界、為所欲為的放縱。

如果說古典自由主義是一場推翻專制、建立自由秩序的「革命」，那麼保守主義則是一場守護自由、抵禦墮落的「反革命」。

它並不反對自由主義本身，而是試圖防止自由主義走向極端、自我毀滅。自由需要邊界，而保守主義正是劃定這道邊界的思想傳統。

伯克：法國文化大革命的矯正者

艾德蒙·伯克（Edmund Burke，1729-1797）是18世紀英國最重要的政治思想家之一，也被視為現代保守主義的奠基人。他以卓越的演說才能、深邃的哲學洞察與堅定的政治立場，深刻影響了英國乃至整個西方的政治思想。伯克出生于愛爾蘭都柏林，父親是英國國教徒，母親則是天主教徒。這種跨教派的家庭背景，使他自幼對宗教寬容和信仰自由有獨到理解。

1744年，伯克進入都柏林的三一學院學習，後赴倫敦攻讀法律，但更熱衷於哲學與政治。1765年，他成為輝格黨領袖洛金斯爵士（Lord Rockingham）的私人秘書，並由此進入政壇，成為下議院議員，活躍三十餘年，以捍衛憲政、反對暴政著稱。

在18世紀的啟蒙思想影響下，理性被看作是人類認識世界和建立社會秩序的最高工具。伏爾泰、盧梭、孟德斯鳩等人對封建等級制度、教會權威、君權神授提出了激烈批評，主張通過理性建立一個基於自由、平等和人民主權的新社會。

法國大革命正是在這種理性至上的思想背景下爆發的。革命者試圖以理性之名徹底改造社會——廢除君主制度、摧毀教會權威、重寫法律體系，連教堂、僧侶、宗教儀式也遭到了大規模的取消與清洗。這場革命令人聯想到中國的文化大革命：同樣高舉理想主義的大旗，卻以破壞傳統、踐踏信仰、顛覆社會秩序為代價，最終演變為一場深重的民族創傷。

面對這場混亂，伯克挺身而出。他並非為專制王權辯護，而是尖銳批評法國大革命中「理性解放」的極端化，忽視了人類的罪性與有限性。在其代表作《法國革命之反思》中，伯克提出了如下幾點核心批評：

一、傳統的智慧勝於抽象理性

伯克強調，社會制度是歷史經驗長期積累的結果，而不是某些哲人坐在書桌前憑空構思出來的設計。他寫道：「我們與生俱來的偏見，往往比我們冷冰冰的理性更值得信賴。」在他看來，摧毀傳統、試圖憑理性一夜之間建構新社會，極易導致災難。

二、人性有限，制度應漸進改革

伯克堅信人類理性有局限，因此政治制度必須謹慎設計，逐步改良，而不是激進推翻。他警告說：「一個社會若無敬畏與節制之心，自由終將走向暴政。」這正是他對法國革命的最大憂慮：他們不知敬畏，只知破壞。

三、社會是跨代契約，不可輕率撕毀

伯克提出著名的「跨世代契約」觀念：「社會不是當代人的產物，而是祖先、當代人和後代人之間的神聖聯盟。」因此，一代人無權徹底推翻傳統與制度，而應尊重歷史所遺留下的智慧與義務。

四、道德與宗教是自由的保障，而非敵人

伯克認為，自由必須建立在道德與宗教的基礎之上。他強烈批判法國大革命中肆無忌憚的「反教會狂熱」與對宗教的全盤否定。在伯克看來，如果連最基本的信仰與節制都被視為壓迫，那麼所謂的「自由」最終只會淪為任性與暴力。

五、革命往往引向暴政而非自由

伯克預見法國大革命可能的結局不是自由，而是恐怖。他寫道：「他們宣稱為自由而戰，實際卻製造了新的專制。」他擔心的是，沒有約束的群眾激情和意識形態，終將帶來另一種形式的暴政——後來發生的「斷頭臺政治」，正如他所預警。

伯克的這些思想，後來成為保守主義的思想基石。保守主義所捍衛的，並非舊制度本身，而是一種文明的連續性——對人類墮落性與有限性的深刻理解。

與洛克的關聯

伯克比洛克晚了一個世紀。有趣的是，他們都曾擔任輝格黨領袖的秘書與顧問。伯克雖然批評法國大革命的激進主義，但他並不排斥古典自由主義。相反，他高度認同洛克關於自然權利、法治與有限政府的理念。他支持美國獨立，正是出於自由主義立場，反對英國對殖民地的專制壓迫。

伯克所反對的，是自由主義的激進化和道德真空。革命固然能推翻舊秩序，但並不能自動帶來一個有自由、有秩序的社會。正如中國歷史上的農民起義歷來只是換了一個暴政的執政者——李自成進城之後不久也稱帝為王。因此，伯克更關心如何守住洛克所奠定的自由秩序。他所要「保守」的，是支撐自由之樹生長的信仰、宗教與道德土壤。

如果說洛克生下了一個叫「自由」的嬰孩，那麼伯克所關心的，是如何讓這個嬰孩生存下來，茁壯成長。

洛克像是一位建築師，設計了自由的大廈；而伯克則是一位修繕匠，不斷維護這座建築，使其經得起風雨、避免傾塌。自由主義給出了「自由的原則」，而保守主義則提供了「自由的邊界」。

古典自由主義與保守主義的思想根源——聖經

美國的建國精神，說到底，並非一場世俗的政治實驗，而是深深紮根於宗教改革之後的基督教神學土壤中。無論是洛克宣導的自由主義，還是伯克發展的保守主義，其制度理念與道德秩序都繞不開一個終極問題：人是誰？人該如何生活？誰是人的主？

這些問題並非哲學家的抽象思辨，而是源自《聖經》啟示的信仰命題。正因如此，西方文明才逐步形成一種既尊重自由、又維護秩序的政治形態。而這一文明的起點，正是16世紀的宗教改革——發生在洛克出生前一個多世紀。

宗教改革：《聖經》的普及

宗教改革不僅是一場宗教更新運動，更是一場思想解放與社會覺醒的革命。以馬丁‧路德與約翰‧加爾文為代表的改革者，將信仰的權柄從教會歸還於《聖經》，強調「唯獨聖經」和「因信稱義」，主張每一個人都可以直接面對上帝，而無需透過神職階層仲介。

最重要的是，宗教改革藉助印刷術的普及，讓《聖經》第一次真正走進普通百姓的家庭與心靈。這是一場前所未有的屬靈覺醒與思想革命。

在此之前，整個西歐通行的聖經為拉丁文的武加大譯本，絕大多數人既不識拉丁文，也難以接觸到完整的聖經文本。神職人員壟斷了解釋權，教會牢牢控制著屬靈真理的詮釋。

然而，1522年，馬丁‧路德將新約聖經翻譯成德文，使德意志地區的信徒首次能夠直接閱讀神的話語。他說：「讓農夫、工匠、婦女都能讀懂聖經，比教會的所有教條都寶貴。」不久後，第一本完整的英文聖經由威廉‧丁道爾（William Tyndale）翻譯完成。正因這項工作，他被捕、絞刑、焚屍。

然而，這場「翻譯革命」，在古騰堡印刷術的加持下，使聖經如天火般焚燒進每一個家庭，也照亮了整個人類的良知。信仰被重新交還給每一個個體，屬靈的自由開始覺醒。

這不僅僅是一場屬靈的革命，更是社會與政治秩序的重建。因為當人相信自己是上帝所造、擁有靈魂與道德責任時，整個政治氛圍也隨之發生轉型。

加爾文：為信仰奠定制度秩序的人

約翰‧加爾文（John Calvin，1509-1564）是宗教改革第二代的核心人物，出身法國，後在瑞士日內瓦開展改革工作。他的代表

作《基督教要義》（Institutes of the Christian Religion）不僅奠定了改革宗神學體系，也為近代西方的政治與法律制度打下基礎。

加爾文強調兩個關鍵觀點：

一是人的全然墮落：人因亞當犯罪而失去行善的能力，故不可賦予無限權力。權力若不受約束，必然導致腐敗。

二是上帝高於政權的絕對主權：包括國家政權在內的一切權柄，終將向上帝負責。任何政府都不能自稱「至高無上」，必須接受法律、制度與民意的制衡。

在日內瓦的實踐中，加爾文推動民主選舉長老、政教分立、公正稅收與社會責任等制度，構成現代民主政體的雛形。這些制度被清教徒帶入英美殖民地，深刻影響了美國後來的憲政傳統。

從聖經由教會壟斷到平信徒翻閱，從屬靈自由的覺醒到政治秩序的重建，我們清晰地看到一條思想脈絡：自由、平等、責任、制度——都根植於《聖經》重新交還給人民之後的啟示。

這就是「自由的道德秩序」（Moral Order of Liberty）的源頭。它不是某個政治家的突發奇想，而是從講壇到家庭，從紙張到人心的屬靈復興。而正是這種復興，至今仍令極權者懼怕。

為什麼極權國家懼怕聖經？

一個強有力的事實可以佐證聖經對自由秩序的影響：在任何極權國家——無論是伊朗、朝鮮，還是中國，聖經都被嚴密封鎖，禁止公開傳播。

比如中國實際上是全球印刷聖經數量最多的國家之一，全球約25%至30%的聖經產自中國工廠。然而，在中國本土，聖經無法在官方新華書店公開銷售，電商平臺自2018年起全面下架。與此同時，大量神學書籍和屬靈出版物被列為「非法出版物」，遭到查禁。

聖經教導人：政府不是最高權威，上帝才是主宰；人不是國家的奴僕，而是神所造、擁有尊嚴的個體。正是這種超越國家的信仰，構成極權政體最根本的挑戰。

一個能自由閱讀聖經的社會，是最難被暴政征服的社會。

自由的三劍客：加爾文、洛克與伯克

加爾文、洛克與伯克恰好各相隔一百年，分別代表了宗教改革、古典自由主義與保守主義三大思想傳統。加爾文為自由打下了信仰的根基，洛克為自由構建了理論的架構，伯克則為自由築起了道德的圍牆，使其得以延續不息。

圖表 14：自由的三劍客：加爾文、洛克與伯克

洛克和伯克的思想深受改革宗傳統影響。比如伯克強調人的有限性，警惕「理性崇拜」，主張社會秩序應立基於已有的德性與信仰。他稱宗教是「文明社會最偉大的守夜人」，沒有信仰作支撐，道德將崩塌，自由也將失控。

正如加爾文所說：「真自由，是在基督裡的順服。」自由不是欲望的縱容，而是在上帝律法之下，有邊界、有責任的選擇。

可以這樣總結：加爾文預備了新教文明的土壤，撒下了自由的種子；洛克為它澆水，使其萌芽成長；而伯克為它遮風擋雨，保育土壤的肥沃，使自由得以健康地延續至今。

現代自由主義的背離與保守主義的回歸

到了20世紀中後期，古典自由主義賴以生存的信仰與道德基礎被逐步拆毀，一場「去神化」的文化運動席捲整個西方。這一轉變，使自由主義從最初強調「有限政府 + 基督教倫理」，蛻變為當今左派意識形態的溫床——激進個人主義、多元文化主義、性解放主義與文化馬克思主義。

自由主義的蛻變：從「真理釋放的自由」到「自我中心的自由」

古典自由主義所宣導的是「免于壓迫的自由」——不受專制干預、在法律保障下行使天賦權利。這種自由根植於基督教倫理。但自1960年代以來，西方左翼重新定義自由為「免于道德約束的自由」。他們摒棄聖經所啟示的善惡標準，轉而推崇「每個人活出自己的真理」。由此引發一系列社會巨變：

性別觀念混亂，否定上帝設定的兩性秩序；

傳統家庭解體，墮胎合法化、同性婚姻常態化；

公共空間去宗教化，基督徒表達信仰遭到壓制；

教育推行「覺醒主義」，煽動族群對立與身份政治；

政府濫用權力，以「社會正義」之名打壓個人的自然權利。

簡而言之，現代自由主義已從「追求自由」蛻變為「壓制不同政見者的自由」，從信靠上帝墮落為隨心所欲。

保守主義的回應：捍衛信仰、傳統與文明秩序

面對這種文化逆流，保守主義在思想與政治上悄然復興。尤其在美國，越來越多的共和黨選民意識到：真正需要守護的，不僅是市場與稅率，更是文明的根基——家庭、信仰、法治與國家主權。

保守主義的核心呼聲可歸納為三句話：

拒絕無序的自由：自由必須在信仰與道德的邊界中運行；

維護自然的秩序：社會制度應建基於造物主所設立的秩序；

回歸建國的初心：回歸天賦人權和自然權利的傳統。

正如雷根所言：「如果我們忘記了我們是一個'在神之下的國家'，我們就會成為一個沉淪的國家。」這不僅是信仰的警鐘，也是政治的宣告。

當今「紅州」與「藍州」的撕裂，實質上是保守主義與現代自由主義的價值對決。一方堅守聖經、尊崇傳統；另一方試圖取消歷史、顛覆根基。而被稱為「右派」的那一群人，恰恰是古典自由主義真正的繼承人，是美國建國精神最後的守門人。

結語

回到我們一開始提出的問題：今天的共和黨人之所以被稱為「保守派」，正是因為他們致力於保守美國建國時的古典自由主義精神，以及支撐這一自由制度得以健康運作的新教文明土壤。而現代自由主義早已背離這一傳統，走上了一條縱容人性墮落的不歸之路。

回望整個思想旅程，我們可以這樣總結：古典自由主義提供了自由的原則，宣告人天生擁有不可剝奪的尊嚴與權利；保守主義劃定了自由的邊界，提醒我們自由必須受信仰與傳統的引導；基督信仰奠定了自由的根基，啟示我們自由不是出於人，而是出於神。

第三部分

政治智商的知識體系

「給人民自由,他們將以美德回報;
奴役人民,他們將以愚昧回應。」

—— 作者

第六章

重審美國歷史

「那些不能從歷史中學習的人，註定要重蹈覆轍。」

——喬治・桑塔亞那（George Santayana）

　　本書聚焦美國政治，因此，對美國歷史的梳理不僅必要，更是不可或缺。而我們要探究的，並非零散的年代與事件，而是一條貫穿始終的主線：美國的建國理念究竟是什麼？這個國家，是否仍在堅守立國之初的信仰，還是早已在不知不覺中背離了初心？

　　這正是上一部分「政治智商」中所強調的原則邏輯，在歷史維度上的自然延展：堅守原則，國運昌盛；背棄原則，國勢必衰。

　　讓我們一同翻開這卷波瀾壯闊的歷史篇章。

6-1
美國建國歷史：讓人民騎在政府頭上

在1776年那個決定命運的夏天，費城的空氣中彌漫著一種緊張而莊嚴的氣息。一群被視為「叛軍」的殖民地代表聚集在賓夕法尼亞州議會大廈，他們筆下將寫下改變世界的一頁——《獨立宣言》。彼時，他們的國家尚未誕生，前路未蔔，而他們的敵人，正是當時世界最強大的帝國——大英帝國。每一位簽署宣言的人都清楚自己的命運：一旦失敗，他們將被視為叛國者，面臨絞刑或斷頭臺。然而，這群人毅然簽下自己的名字，將生死置之度外，只為捍衛一個理念——天賦人權。

《獨立宣言》中這樣寫道：

「……自然法和自然法之上帝賦予他們的權利要求他們聲明獨立的原因。我們認為這些真理是不言而喻的：所有人都被創造而平等，他們由造物主賦予了某些不可剝奪的權利，其中包括生命、自由和追求幸福的權利。」

這便是「天賦人權」的理念——一種突破舊有「君權神授」的全新政治哲學。

在歐洲，尤其是中世紀的封建時代，君主常以「天命」或「神授」的名義統治人民，民眾則被視為服從權力的臣屬。中國古代同樣講求「天命所歸」，認為君王的權力來自天意。然而，美國的建國者提出了革命性的觀念：**政府的權力源自人民，而人民的權利來自上帝**。這一理念徹底顛覆了世界政治秩序。

第六章 重審美國歷史

這群起草《獨立宣言》的革命者，並非一群手持火槍、怒目圓睜的武夫。他們是那個時代最傑出的頭腦與最虔誠的心靈：24位律師、13位農場主、11位企業家、5位醫生。他們中有7位畢業於哈佛，4位出自耶魯，9位來自普林斯頓——是學者與思想家，更是信仰堅定的基督徒。

圖表 15：1776年7月，《獨立宣言》簽署現場。

然而，要真正理解這群人和美國革命的意義，我們需要將其放在更廣闊的歷史背景中，與同一時期的中國和英國做一番比較。從1620年到1776年，這三個國家都經歷了劇烈的社會動盪：美國迎來獨立戰爭，中國發生多次農民起義，英國則經歷了光榮革命。三場變革都源於對壓迫的反抗，但結果卻大不相同。唯有美國，讓人民騎在了政府頭上，而中國和英國的努力卻未能觸及這一高度。這種差異的根源，在於美國獨特的由新教倫理產生的自由和自治的民情秩序。

三國動盪：相似的怒火，不同的結局

先來看中國。從1620年到1776年，中國正處於明朝末年到清朝初年朝代更替的時期，整個社會動盪不安。明末的農民起義尤為激烈，接連不斷。白蓮教起義於1622年爆發，隨後李自成、張獻忠等人於1630年代揭竿而起，形成燎原之勢。李自成從陝西起兵，最終在1644年攻入北京，推翻了明朝的統治。

這些起義的核心動力是什麼？正是對壓迫的反抗，尤其是對沉重苛刻賦稅的反抗。李自成提出的「均田免糧」，看似為農民謀福

利，實則反映了明末農民在極端貧困中的求生掙扎。他們要求的，不是選票，不是民主制度，只是希望少交些稅，活得下去。

再來看英國。17世紀初，英國國王詹姆斯一世及其子查理一世高舉「君權神授」的大旗，自稱不僅是國家元首，還是教會的最高領袖。他們強制推行《公禱書》，壓迫宗教異議者，不服從者遭受嚴厲處罰，清教徒被逼得走投無路。查理一世更在1640年代多次強行解散議會，引發貴族和民眾強烈不滿，最終爆發內戰，查理一世被判處死刑，王權被廢。

1660年王政復辟後，詹姆斯二世再次試圖繞過議會，恢復王權獨裁。1688年，貴族與議會不堪其擾，聯合邀請荷蘭執政威廉三世入主英格蘭。詹姆斯二世倉皇逃亡，幾乎未流一滴血，這場政權更替因無重大流血衝突，被稱為「光榮革命」。次年，議會通過《權利法案》，明確國王不得擅自廢除法律、徵稅或維持常備軍，標誌著英國進入君主立憲時代，議會自此凌駕於王權之上。

再來看美國。1620年，「五月花號」載著一群清教徒橫渡大西洋，抵達北美新大陸。他們逃避的，正是英國國教的宗教迫害。到了1775年，列克星敦的第一聲槍響打破寧靜，北美殖民者用槍口回應英王的專制統治。長期以來，英國對殖民地橫徵暴斂，如《印花稅法》、《茶葉法》，讓民眾苦不堪言，但殖民地在議會中沒有代表。這種「無代表，不納稅」的呼聲，最終引發了獨立戰爭。

誰真正讓人民站了起來？

中國的農民起義轟轟烈烈，李自成推翻了大明王朝，被稱為明朝的「掘墓人」。然而，取得勝利後，他並沒有將權力交給百姓，而是自立為帝，建立大順政權。他曾高舉「均田免糧」的口號，承諾減輕稅負，給農民一條活路，但勝利後不僅未曾兌現，反而縱容軍隊掠奪，民怨沸騰。他的統治沒有改變君臨天下的本質，依舊是皇帝高坐，百姓跪地。他在北京大肆鋪張，沉溺享樂，貪腐盛行，

第六章 重審美國歷史

毫無建國大業的遠見。清軍入關後,輕而易舉地瓦解了他的政權,一切又回到了老樣子——權力高懸,百姓伏地。幾千年來,中國人盼望的只是明君清官,如包青天為民伸冤,在康有為、梁啟超的戊戌變法以前從未真正想過民主政體與制度改革。

英國的光榮革命,看似溫和,實則不過是權力的一次「高層轉手」。「光榮」的只是貴族和議會的勝利。議會隨後通過《權利法案》,削弱了國王的權力,但這些限制只對王權有效,卻未觸及民眾的基本權利。權力從王宮搬到了議會,但議會本身由貴族和大地產主掌控,普通百姓依舊沒有投票權,沒有政治話語權。他們仍需服從由上層精英制定的法律和政策,仍被迫承擔沉重稅負,生活艱難,社會階層依舊森嚴。

直到1832年的《改革法案》頒佈,選舉權才略有擴展,但門檻仍高,僅限有產階層參與。廣大工人、農民甚至中產者,依然被排除在民主之外。**光榮革命讓議會站了起來,卻沒有讓人民站起來。**貴族換下了國王,繼續掌控國家機器,百姓的日子並未因此改觀。真正的民主,依舊遙不可及。

美國則徹底走上了另一條道路。獨立戰爭勝利後,他們沒有立君主,也未讓精英階層壟斷權力,而是確立了「人民主權」的原則。1776年,《獨立宣言》莊嚴宣告:「政府的合法性來自人民的同意。」1787年制定的《美國憲法》更以「We the People」(我們人民)為開篇,這不是一句空洞的口號,而是清晰無誤地將人民置於政府之上。不是換一個皇帝,不是讓貴族議會掌權,而是讓人民自己站起來,當家作主。

這一理念在實踐中迅速落實。1788年,美國舉行了建國後的第一次全國性選舉,選舉第一任總統和國會議員。這是人類歷史上第一次範圍如此廣泛的民主選舉,儘管當時仍有財產門檻,但在當時的世界,這已是最普及、最廣泛的選民參與。普通的男性農民、工

匠都可以投票選舉總統和立法代表,而非只是貴族或富商壟斷政治權力。

這場全國性選舉的意義,遠不止選出喬治・華盛頓這位總統,更重要的是,它向世界宣告:**普通百姓不再只是被統治者,而是國家治理的參與者和決策者**。美國由此成為人類歷史上第一個真正實現廣泛人民自治的國家,一個由人民用選票締造政權、監督政府的國家。為什麼相同的反壓迫的怒火,會產生不同的結局呢?這裡面有三個原因。

一、世界觀的高度:神聖的自然權利

美國為什麼能做到這一點?答案要從清教徒的新教信仰說起。1620年,「五月花號」上的清教徒並非為淘金而來,他們踏上新大陸,是為了自由敬拜上帝。在英國,他們遭受國教會的打壓,被迫逃往荷蘭,又擔心後代被異文化同化信仰,最終選擇遠渡重洋,來到美洲,尋找一片真正屬於上帝的淨土。尚未登陸,他們就簽署了《五月花號公約》,約定選舉自己的領袖,建立自我治理的社會。這份契約不是權宜之計,而是他們信仰的自然產物——他們相信,人類社會應受神聖法則治理,而非個人野心支配。

清教徒的新教世界觀認為:**人的自然權利是神聖不可侵犯的**,是上帝賜予的恩典。信仰的自由、言論的自由、追求幸福的自由,皆不屬於任何君王或政府,而是直接來自造物主。這種對自由的神聖認知,使得清教徒在思想上具備了抵抗專制的堅定根基。他們相信,耶穌是唯一的王,地上的君王、貴族不過是普通人,人人在上帝面前平等。

這種理念與中國的「天命所歸」或英國的「君權神授」截然不同。在中國,君主被視為「奉天承運」的天子,百姓從未擁有自主權;在英國,即使王權受限,權力也仍握于貴族之手。而清教徒則相信,不僅教會應自我管理,牧師和長老應由會眾選舉,更重要的

是，民事政府亦應從人民中產生。這種宗教上的「會眾制」直接孕育了政治上的民主。

二、世界觀的深度：政府是必要之惡

清教徒對人性和政府的理解，源自他們對《聖經》的信仰。他們相信人是按上帝的形象被造，擁有尊嚴與自由，但同樣相信，人從亞當與夏娃悖逆神的那一刻起，就染上了原罪。自私、貪婪、濫權，是人性的天然傾向。這個世界觀，塑造了清教徒對政府的深刻警惕。

他們不是無政府主義者。他們知道，沒有政府，社會會陷入混亂。《聖經·羅馬書》說，執政者是「上帝的用人」，用來懲惡揚善，維護秩序。但問題是，政府由人組成，而人是有罪的。換句話說，政府本身既是必要的，又是危險的。它一旦沒有制約，遲早會變成壓迫人民的暴政。

因此，清教徒認為，政府必須被關進契約的籠子裡。權力必須分散、被監督，不能任其膨脹。這個思想，後來深深影響了美國的建國制度。

比如，在1787年制定憲法時，很多州堅持反對聯邦政府過大。他們擔心華盛頓特區的中央權力會欺壓各州百姓。於是，美國確立了聯邦與州政府雙軌並行的制度。憲法明文規定：**凡是憲法沒有授予聯邦政府的權力，聯邦無權染指，全部屬於各州和人民**。這正是「政府是必要之惡」的制度體現——除了該有的權力，不該有的權力一分不給。

世界上許多國家模仿美國的民主制度，卻忽視了其背後的世界觀根基。憲法、選票、議會，看似光鮮亮麗，不過是買來了一輛漂亮的跑車。然而，若沒有對人性深刻的認知和對上帝敬畏的民情秩序作為跑道，這輛跑車終將寸步難行，甚至深陷泥潭。真正的自治，不靠制度的表皮，而靠世界觀的深度。

三、自治實踐的廣度

美國的憲政民主制度產生的第三個原因是，它是植根于清教徒的信仰與自治傳統，歷經百年漸進發展而成。實際上，早在《五月花號公約》簽署前一年，1619年維吉尼亞殖民地已成立眾議院（House of Burgesses），允許男性地主選舉代表，參與立法。這是北美大陸上首個代表性立法機構。而到了1639年，《康乃狄克基本法》（Fundamental Orders of Connecticut）進一步確立了民事政府的選舉機制，將教會的治理模式拓展至地方政府，選民（限教會成員）可投票選舉地方官員。這種制度，反映了「有產者有責」的理念，也將信仰與政治自治緊密結合。

圖表16：清教徒在教會中選舉牧師與長老。

尤為重要的是，清教徒早在教會中就已實行投票選舉牧師、執事與長老的制度。這種公開投票的教會治理方式，不僅訓練了人民參與公共事務的能力，更培育了責任意識與自由精神。正是這種日常參與的政治文化，為後來殖民地全面推廣選舉制度打下了基礎。

到1776年，美國獨立戰爭爆發時，清教徒的選舉傳統已在北美延續超過一百五十年，自治觀念深入人心，成為美國人民不可動搖的習慣。這種源自信仰的自治實踐，讓人民真正地騎在政府頭上。

總結：美國——第一個站起來的民族

美國建國的獨特之處在於以基督教信仰為根基塑造了一個人民主權的共和國。美國的開國革命並非僅僅是權力更替或制度創新，

更是一場世界觀的革命——宣告了人在上帝面前的尊嚴與權利高於任何世俗政府的權威。

這一理念賦予了美國社會強大的生命力，使公民擁有對抗不公政權的道德勇氣和合法性，也讓政府時刻受到人民和信仰原則的監督，難以滑向極權。反觀英國和中國的歷史，我們看到，沒有這種深厚的宗教信仰支撐，革命往往止步於權力結構的調整：英國以議會代替君主，卻未將人民置於最高的位置；中國則以一朝皇帝代替另一朝皇帝。

美國的經驗表明，當一個民族堅信至高的權利來自至高的上帝時，他們就擁有了凌駕於政府之上的先天優勢，可以有效防範政府濫權，捍衛自由與公正。

6-2
美國兩黨初期歷史：誰守住了建國初心

剛來美國時，常聽人說：共和黨是為富人服務的，民主黨才是幫窮人的；共和黨是白人至上的，民主黨才反對種族歧視。身為中產階級的華人，又是少數裔，聽起來理所當然應該支持民主黨。

可在美國生活十多年後才發現，原來自己被忽悠了。真正重要的是，哪個黨的政策真正推動經濟繁榮，讓更多窮人變成富人。

從經濟政策來看，今天的共和黨主張自由市場和小政府，強調個人責任；而民主黨日益傾向高福利的社會主義，主張政府管控和財富再分配。在社會議題上，一個是尊重生命、信仰與自由的政黨；一個卻在推動墮胎合法化、大力宣傳階級與種族仇恨。很多人不明白的是，兩黨原本並非如此，他們是如何走到今天這一步的？

看清美國兩黨，不能只聽選票上的承諾或口號裡的修辭，更要看他們的政策實踐與歷史立場。尤其要看，是誰真正守住了「人人受造平等」的建國初心，又是誰在面對當時全球普遍存在的奴隸制度時，做出了道德與信仰的抉擇。這不僅是政治立場的區別，更是對一個國家良知與信仰的考驗。

兩黨萌芽：聯邦黨人與反聯邦黨人的分歧

美國建國初期（1776–1789年）並沒有產生正式的政黨。首任總統喬治・華盛頓（George Washington）曾鄭重警告，政黨的興起將引發意識形態分裂和權力鬥爭，威脅國家團結。他在內閣中刻意彙聚立場各異的人才，希望通過平衡維護政治穩定。然而，理想很快被現實擊碎。由於對聯邦政府權力的看法分歧，華盛頓內閣迅

速分裂為兩大陣營：以亞歷山大・漢密爾頓（Alexander Hamilton）為首的聯邦黨人（Federalists），主張一個強有力的中央政府與親英政策；而以湯瑪斯・傑弗遜（Thomas Jefferson）為首的反聯邦黨人，則強調州權、個人自由和親法立場。

1776年美國獨立後，最初的政府形式依據《邦聯條例》（Articles of Confederation，1781年通過）建立，是一個鬆散的邦聯體系。在這一體制下，中央政府權力極弱——既無軍隊與徵稅權，也無法統一調節商業，更缺乏獨立的行政與司法機構。各州幾乎是獨立的小國家，享有高度自治。

然而，邦聯政府在實踐中暴露出嚴重缺陷，例如無力償還戰爭債務、無法遏制經濟混亂，最典型的是1786–1787年麻塞諸塞州爆發的謝司起義（Shays' Rebellion），一場因經濟困境而起的農民武裝抗議。這促使各州精英意識到需要改革，於是召開制憲會議，起草新憲法以加強中央政府。1787年，《美國憲法》誕生，但其生效需至少九個州批准，由此引發了聯邦黨人與反聯邦黨人之間的激烈爭論。

聯邦黨人由漢密爾頓與約翰・亞當斯（John Adams）領銜，主張建立強有力的中央政府。他們相信，只有集中權力，才能推動商業與工業發展，確保國家長治久安。漢密爾頓倡議設立國家銀行，主張聯邦統一承擔各州戰爭債務，推動保護性關稅以扶植工業發展，並提倡與英國建立穩定的貿易關係。他的財政計畫被視為大膽的金融創新，但也引發巨大爭議，反對者警告，這可能激起民眾對英國的敵意——畢竟，美國才剛剛贏得獨立戰爭。

反聯邦黨人由傑弗遜與詹姆斯・麥迪森（James Madison）領導，繼承反聯邦主義強調州權與個人自由的核心理念。他們警惕中央政府權力膨脹，擔心其最終會侵蝕公民權利。他們主張以農業為基礎的經濟模式，強調平民廣泛參與政治，並傾向與法國結盟，這更符合他們所信奉的自由精神。傑弗遜的支持者主要集中于南方與

西部的農業地區，與漢密爾頓代表的北方工商階層形成鮮明對立，雙方矛盾不斷升級，最終為美國政黨制度的萌芽埋下伏筆。

民主共和黨的產生和分裂

《聯邦党人文集》（The Federalist Papers）是由漢密爾頓、麥迪森與約翰·傑伊（John Jay）三位美國建國先賢，于1787至1788年間，以「Publius」為筆名陸續發表的85篇政治論文。這部文集旨在為新憲法辯護，回應當時反對派對聯邦集權的疑慮，被譽為美國憲政理念的奠基之作。

在《聯邦党人文集》的理論支撐和各州制憲會議的激烈辯論下，聯邦黨人通過廣泛的政治遊說贏得了足夠支持，使得憲法於1789年正式生效。雖然反聯邦黨人未能阻止憲法的批准，但他們通過強有力的輿論壓力促成了《權利法案》的誕生。1791年，《權利法案》（即憲法前十條修正案）正式通過，明確保障言論自由、宗教自由、持槍權等基本權利，這被視為反聯邦黨人最重要的實踐成果。可以說，**美國憲政體系的基礎，是聯邦黨人與反聯邦黨人共同努力的產物：聯邦黨人推動憲法通過，反聯邦黨人確保了個人權利的保障。**

圖表 17：《聯邦党人文集》在街頭被公開朗讀。

隨著憲法的實施，反聯邦主義者逐漸發展為更具組織性的政治派系。1792年前後，在湯瑪斯·傑弗遜（Thomas Jefferson）和詹姆斯·麥迪森（James Madison）的推動下，民主共和黨正式成立。這個黨名本身就反映了他們的政治理念——「民主」強調人民廣泛參與政事，「共和」則反對世襲君主制及中央集權。民主共和黨的核心主張是限制聯邦政府權力，維護州權和個人自由，宣導以農業為基礎的經濟模式，反對聯邦黨推行的國家銀行和工業化政策。

1796年總統選舉中，聯邦黨人約翰·亞當斯（John Adams）以71票對68票險勝傑弗遜，根據當時的選舉規則，得票第二的傑弗遜出任副總統。這次選舉標誌著聯邦党人與民主共和黨之間公開競爭的正式開始。1800年，傑弗遜擊敗亞當斯，這場被稱為「1800年革命」的選舉，不僅實現了美國歷史上首次權力的和平更替，也奠定了民主共和黨的早期優勢，加速了聯邦黨的衰落。

進入1820年代，聯邦黨人基本退出歷史舞臺，而民主共和黨內部因政策分歧逐漸分裂為兩派。一派為國家共和黨人（National Republicans），支援強大的中央政府和大規模基礎設施建設，後來演變為輝格黨（Whig Party），部分成員再後融入今日的現代共和黨。另一派為民主派（Democrats），繼承了傑弗遜的平民主義傳統，反對精英階層壟斷權力，由安德魯·傑克遜（Andrew Jackson）領導。

1828年，傑克遜當選總統，標誌著民主黨的正式誕生。該党繼承了民主共和黨重視「民主」的政治傳統，宣導擴大普通民眾的政治參與，反對權力過度集中和精英特權統治，自此成為美國政治體系中舉足輕重的力量。

民主黨的奴隸制經濟

傑克遜的民主黨強調小政府、低稅負、地方自治，表面上看似人民的保護者。但這個「人民」並不包括所有人——只限於白人，

尤其是南方的白人農民和奴隸主。對黑人、印第安人以及其他非白人群體而言，民主黨的「平民政治」是一場噩夢。

傑克遜本人就是一位擁有數百名奴隸的大莊園主。在他任總統期間，他強力推動《印第安人遷徙法案》（Indian Removal Act），強迫成千上萬原住民離開世代居住的土地，遷往西部的不毛之地。1838年，約有1.6萬名切羅基人被武裝部隊驅趕，踏上被稱為「淚水之路」（Trail of Tears）的死亡行軍，途中近四千人死於寒冷、饑餓和疾病。這一政策，正是傑克遜「為白人平民騰地」的具體執行。

進入19世紀中期，民主黨在美國南方幾乎一黨獨大，牢牢掌控州議會、法院與執法機關，成為奴隸制度最堅定、最系統的守護者。彼時南方經濟對黑奴勞動的依賴已根深蒂固，棉花、甘蔗、煙草種植幾乎完全仰賴奴隸勞力支撐。奴隸主階層在民主黨政府的庇護下，將奴隸制度奉為「不可侵犯」的經濟命脈與社會秩序的基石。

還記得經典影片《亂世佳人》（Gone with the Wind）嗎？它所描繪的，正是這段南方莊園文明興盛與覆滅的縮影。必須坦率地承認，不是所有奴隸主都是殘忍的惡人，很多莊園主對奴隸表現出相當的人性與寬厚。然而，奴隸制終究是一種剝奪自由與人格的罪惡體制。

面臨北方廢奴運動的迅速興起，民主黨人不僅堅決反對，甚至試圖將奴隸制度擴展至新拓展的西部領土。1854年，在民主黨主導下通過的《堪薩斯－內布拉斯加法案》，直接廢除了原本禁止奴隸制度擴張的地方法律，激起北方輿論與宗教界的強烈反彈。南方民主黨人則公開宣稱：「奴隸制度是白人文明的保障」，並煽動民兵與政客使用暴力鎮壓反對聲浪。

共和黨的產生：信仰、自由與反奴役

進入19世紀中葉，圍繞奴隸制度的爭議愈演愈烈，北方與南方的矛盾已不可調和。北方各州深受清教徒信仰傳統的影響，強調人的尊嚴、自由與責任，堅信人人在上帝面前平等。正是這種新教倫理，催生了廣泛的反奴隸制運動，教會成為推動廢奴的核心力量之一。北方的清教徒後裔和各大教會頻頻發聲，譴責奴隸制度為「人類罪惡的污點」，許多傳道人在講壇上疾呼，「奴隸制度褻瀆了上帝賦予人的自由」。

在這種宗教信仰推動下，北方各州逐步通過立法廢除奴隸制。賓夕法尼亞州在1780年率先通過《逐步廢奴法》，麻塞諸塞州更是在1783年通過法院裁決，宣佈奴隸制度違反該州憲法的自由原則。此後，俄亥俄、印第安那、伊利諾等西北新州紛紛立法禁止奴隸制度，確立自由勞動與工業經濟的發展模式。

與此同時，南方民主黨人卻試圖將奴隸制度擴展到新領土，使整個國家淪為奴役的土地。教會組織發起連署、集會、講道，要求全國上下制止奴隸制度蔓延。

正是在這場信仰與道德的覺醒中，共和黨於1854年應運而生。它不僅是一個政治組織，更是北方人民良知的集結，是對自由、信仰與正義的共同捍衛。新黨主張「自由土地、自由勞動、自由人」，明確反對奴隸制度的擴張，捍衛上帝賦予人的自然權利。許多教會領袖站在共和黨一邊，將反奴隸制度視為信仰的行動，視投票為道德責任。

亞伯拉罕·林肯（Abraham Lincoln）很快成為共和黨的領軍人物。他本人虔誠敬畏上帝，堅守憲法、反對奴隸制度擴張、維護國家統一，以高尚的信仰感召北方百姓。林肯曾公開表達這樣的觀點：「沒有人有權在道德上奴役他人。自由是上帝的賜予，不是政府的施捨。」

1860年，林肯當選美國總統，南方各州隨即怒不可遏，聲稱聯邦政府要剝奪他們的奴隸「財產」，奴隸制度岌岌可危。11個南方州隨即宣佈脫離聯邦，成立「美利堅聯盟國」（Confederate States of America），引發血腥的美國內戰。這些脫聯邦州的領袖幾乎全出自民主黨。民主黨，在這段歷史中，成了分裂國家、捍衛奴隸制的主力軍，而共和黨則在信仰與自由的感召下，為國家統一與道義抗爭。

共和黨的誕生，是人民信仰的覺醒，是教會道德良知的外化。它不僅是一次政治革命，更是北方人民在信仰推動下，對奴役與罪惡的集體抗議。這股力量，改變了美國的歷史，也喚醒了人類對自由的更深敬畏。

信仰之爭

值得一提的是，在19世紀的美國南方，絕大多數白人都自稱為基督徒，尤其是浸禮會（Baptist）和長老會（Presbyterian）最為興盛，教會數量眾多。南方人每週去教堂，讀聖經，表面看虔誠敬拜，但他們的「信仰」已經被種族主義和現實利益所污染。他們甚至從聖經中斷章取義，找出一些經文來「為奴隸制度辯護」，比如引用創世紀「含的後代要作奴僕」，聲稱黑人天生該被奴役。

許多南方牧師為奴隸制度辯護，認為這是「上帝所設定的社會秩序」。他們口稱信仰，卻違背福音的核心——人人按上帝形象被造，擁有尊嚴與自由。這種被利益腐蝕、被種族主義扭曲的信仰，其實早已偏離聖經，是一種假冒偽善的「宗教外殼」。

與此同時，北方的許多教會，特別是出自清教徒傳統的新教教派，如公理會（Congregationalists）、衛理公會（Methodists）、貴格會（Quakers）和北方的長老會（Presbyterians），堅守聖經真理，公開譴責奴隸制度為「對上帝

形象的褻瀆」。他們不容忍「人奴役人」的罪惡，認為奴隸制違背基督「愛人如己」的誡命，是人類社會的恥辱。

這些教會不僅在講壇上譴責奴隸制度，還成立了各類廢奴協會（Abolition Societies），如1832年在波士頓建立的「新英格蘭反奴隸制協會」，他們出版大量反奴隸制的小冊子、書籍和報紙，如《解放者》（The Liberator），喚醒公眾良知。很多牧師親自參與「地下鐵路」（Underground Railroad），冒著生命危險幫助逃亡奴隸脫離苦海。

有的牧師因庇護奴隸被捕，有的教會因傳講廢奴資訊遭人攻擊。但他們仍堅守信仰，不為權勢所動。這正是信仰正與邪的分水嶺。北方教會在廢奴運動中的英勇，成為美國宗教良知的高峰，也彰顯了真正信仰的力量。相比之下，南方教會多為奴隸主背書，成為壓迫制度的工具。這場關於奴隸制的鬥爭，其實也是教會內部的一場信仰純正與敗壞的戰爭。

民主黨和種族隔離

血腥的內戰結束後，奴隸制度被法律廢除，但民主黨並沒有放棄對南方的控制。他們迅速轉向新策略：種族隔離與政治剝奪。民主黨主導制定了「吉姆・克勞法」（Jim Crow Laws），在公共設施、學校、交通工具等方面強制實行「種族隔離」，黑人的教育、醫療、居住條件與白人天差地別，遭到系統性歧視。

更有甚者，儘管憲法賦予黑人投票權，民主黨控制的南方州政府卻設立識字測試、人頭稅、財產資格等苛刻條件，故意讓黑人難以登記為選民。許多黑人被迫放棄選票，而試圖投票的人往往受到恐嚇甚至暴力攻擊。三K黨（KKK）等白人至上組織在南方橫行，焚燒黑人教堂、私刑處決黑人青年，很多地方執法機構對此睜一隻眼閉一隻眼——因為他們自己就是民主黨人的支持者。

在這段長達近一個世紀的時間裡，從1865年到1960年代，民主黨幾乎在南方州毫無對手，這種牢不可破的政治控制被稱為「南方堡壘」（Solid South）。在這「堡壘」內，任何支援黑人平權的政客都會被打壓排斥，而白人至上意識形態則成為政治主流。

諷刺的是，民主黨始終以「平民党」自居。但在南方，它所代表的，是一個充滿種族歧視、剝奪與暴力的政治秩序。民主黨保護的，是白人特權，而非真正意義上的「人民權利」。這段歷史至今被有意掩蓋，特別是被當今的主流媒體、左翼學者以及民主黨自身所淡化甚至扭曲，卻是美國民主制度不可回避的陰影。

誰守住了初心？

美國建國的初心，是「人人被造而平等」，每個人都擁有上帝賦予的不可剝奪的生命、自由與追求幸福的權利。這個初心，不是空洞口號，而是源於聖經真理，是一群敬畏上帝的基督徒，為捍衛信仰與自由而寫下的誓言。

歷史證明，正是那些堅守聖經信仰的北方基督徒，站在共和黨的旗幟下，勇敢推動廢奴，付出鮮血與生命，守住了這份初心。而民主黨在南方，卻為奴隸制度辯護，主導種族隔離，踐踏了建國的理想。

6-3
淪為大政府：自由的蠶食與百年滑坡

　　美國建國時，政府的權力是被嚴格限制的。憲法明確寫下，聯邦政府只能行使人民授權的有限權力，其他未列出的權力，皆歸屬於各州與人民。這種「小政府、大自由」的制度設計，源自清教徒對人性與權力深刻的理解。他們相信，政府是「必要之惡」，必須時刻受制於法律與人民，否則就會滑向專制。然而，過去的一百年，美國卻經歷了一場漫長而深刻的自由滑坡——一個原本以自由為核心的國家，逐漸淪為「全民受控」的大政府體系。

1913年：聯邦所得稅的開端

　　這一轉變的起點，是1913年《第十六條憲法修正案》的通過，授權聯邦政府徵收個人所得稅。在此之前，聯邦政府依賴關稅和有限的消費稅，財政來源稀少，無法任意擴權。所得稅的開徵，卻打開了潘朵拉的盒子——聯邦政府從此擁有了取之不盡的財富來源。

　　同年成立的聯邦儲備系統（Federal Reserve），賦予政府控制貨幣發行的能力，讓中央權力通過財政與金融深深滲透入社會的每一個角落。

　　川普的關稅和經濟政策的一個重要目的，就是推動美國回歸到1913年以前的財政模式——在聯邦層面盡可能減少甚至最終取消個人所得稅。川普希望打造一個高效、低稅、自由競爭的經濟體系，讓美國重返全球最具競爭力的國家之列。

羅斯福新政：以危機為名的權力擴張

1930年代，席捲全球的經濟大蕭條使無數美國人失業、破產、失去信心。就在民眾痛苦呼喊中，佛蘭克林·羅斯福（Franklin D. Roosevelt）上臺。他推行「新政」（New Deal），通過大規模經濟干預、政府投資與福利擴張，試圖拯救美國經濟。然而，這場「救援」也成為擴張政府權力的契機。聯邦政府不僅插手商業、勞動、農業，還設立龐大的監管機構和社會救濟計畫，開創了美國福利國家的雛形。

羅斯福政府推行「社會安全法」（Social Security Act），設立失業保險、養老福利。社會安全法標誌著聯邦政府第一次以「公共福利」為由，系統性介入本應由地方、社群負責的事務，打破了憲法原本的「分權平衡」。更糟糕的是，「以危機為由擴權」成了聯邦政府的常態。

埃隆·馬斯克（Elon Musk）公開批評美國龐大的聯邦政府體系，指出如今聯邦政府下設多達500到600個機構和部門，這些機構幾乎全部由官僚任命，並非民選代表，缺乏對人民的直接問責。他強調，這種龐雜的官僚體系不僅效率低下，還滋生了大量的浪費、冗員與腐敗。他希望能將這些聯邦機構大幅精簡，砍到99個以內，讓政府回歸簡單、務實、高效。他的觀點與建國時期「小政府」的理念一致，認為政府不應插手人民生活的方方面面，而應聚焦國防、治安、基礎建設等有限職責。

冷戰時代：國家安全之名的自由侵蝕

二戰結束後，美國很快陷入與蘇聯的冷戰對峙。這場意識形態與軍備競賽，不僅重塑了全球格局，也深刻改變了美國的政府形態和人民的自由。冷戰成為一個絕佳的理由，讓聯邦政府以「國家安全」為名，悄然擴張權力，蠶食人民的自由和州的自治。

1947年,中央情報局(CIA)應運而生,任務是搜集海外情報,但它的實際許可權遠不止此。CIA 在全球範圍內策劃政變、暗殺外國領導人、操控選舉,其活動不受公眾監督,甚至不需國會批准,成為「影子政府」的象徵。

圖表18:CIA 操控全球,FBI 窺視本國。

與此同時,聯邦調查局(FBI)也在冷戰初期強化內部監控,尤其在愛德格・胡佛(J. Edgar Hoover)長期擔任局長期間,FBI 設立了大規模的情報監控系統,不僅針對共產黨人,也針對民權運動領袖、宗教領袖、甚至總統候選人。聯邦政府藉口防範「間諜與顛覆」,事實上將觸角深入普通民眾生活的方方面面,連私人信件與電話都難以倖免。

冷戰的持續,使聯邦政府與軍工業、情報機構、科技公司形成了一個龐大的利益共同體——「軍工情報複合體」。(Military Industrial Intelligence Complex)。這套體系藉助國家安全的名義,壟斷資源、限制自由、操控輿論。政府原本是人民的僕人,如今卻成了權力的集中體,人民對其失去了有效的制約和監督。

總結而言,冷戰並未結束美國的戰爭,而是開啟了一場對內部自由的戰爭。以國家安全為名的自由侵蝕,讓美國從一個崇尚個人權利與自治的小政府國家,變成了聯邦無所不包的大政府體制。這一切,都在悄然遠離建國之初心。

詹森的「偉大社會」：福利膨脹，依賴盛行

1960年代，林登・詹森（Lyndon B. Johnson）的「偉大社會」（Great Society）計畫，標誌著美國聯邦政府在國內事務中的全面擴張。而他之所以能夠登上總統寶座，背後也隱藏著一段至今令人不安的歷史謎團。

1963年，約翰・F・甘迺迪（John F. Kennedy）在達拉斯遇刺，震驚世界。副總統詹森迅速繼任總統。長期以來，JFK遇刺被官方定性為「孤狼刺客」所為，但疑點重重。直到最近，川普在任期內承諾解密JFK檔案，即將揭示出更多關於中央情報局（CIA）、聯邦調查局（FBI）等機構的疑點，暗示 JFK 並非死於偶然，而是遭遇「深層政府」（Deep State）的清除。誰是受益者？正是林登・詹森本人和他背後的建制派集團——軍工複合體、金融寡頭、外國代理人及政府官僚體系。

更早在1954年，時任參議員的詹森推動了「詹森修正案」（Johnson Amendment），禁止教會及非營利組織公開支援或反對政治候選人。這一法案嚴重削弱了美國教會在公共事務中的影響力，使信仰與政治被人為割裂，逐步讓教會在道德議題上噤聲，甚至被政府操控。可以說，這一法案從根本上改變了美國的宗教與政治生態，為大政府無所不在地擴張掃清了障礙。

詹森上任後推出的「偉大社會」計畫，表面是為了消除貧困與不平等，實則是福利國家的全面鋪開。他大幅增加聯邦福利支出，涵蓋醫療、住房、教育等各個領域。原本應是救急的福利，轉變為制度化的再分配機制。政府不再只是維持秩序，而成為全民「奶媽」，幾代人被養成對政府的依賴。個人責任被削弱，「自力更生」的美德被「我有權利」的訴求所取代。美國社會開始陷入福利陷阱。

尤其在黑人社區，「偉大社會」政策的傷害尤為深重。長期依賴政府救濟導致家庭結構崩潰，父親缺位元成為普遍現象，單親家

庭激增。資料顯示，自1965年以來，黑人非婚生子女比例從24%飆升至70%以上，青少年犯罪率與貧困代際傳承同步上升。教育品質滑坡，社區治安惡化，黑人孩子往往在缺乏父親、缺乏激勵的環境中長大。

一般人不明白的是，福利政策在客觀上「獎勵」了家庭的破裂。比如，一個黑人單親媽媽，如果不結婚、獨自撫養幾個孩子，每個月可以領取政府提供的食品券、住房補貼、現金補助、醫療福利等多項救濟，綜合下來是一筆相當可觀的收入。然而，如果她選擇與孩子的父親結婚，家庭的收入就會被合併計算，福利立即大幅縮水，甚至完全失去資格。這種福利制度直接導致許多黑人男性不願結婚，甚至夫妻不得不假裝「分居」或「陌生人」，有人檢查的時候，丈夫連夜躲出去，逃避監管。而缺少婚姻之約，自然也削弱了丈夫對家庭的責任感與忠誠。

這正是「以善意之名，行破壞之實」的真實寫照。福利本該是臨時扶助，卻在現實中，悄然瓦解了黑人社區本就脆弱的家庭結構，製造了代代相傳的貧困迴圈。

民主黨政客對此並非不知，而是繼續加大福利力度，用政府補貼穩固票倉。補貼越多，依賴越深；依賴越深，選票越牢。他們甚至公開宣稱：「你拿了政府的好處，就該知道投票給誰。」福利成了換取政治支持的工具。美國的公民，不再是自由獨立的主人，而被塑造成「受益人」與「選票機器」。而一切的起點，正是林登‧詹森——這個靠暗殺上位、靠削弱信仰奪權、靠福利統治人心的「大政府之父」。

奧巴馬的軟集權政府

進入21世紀，在奧巴馬執政時期，美國的大政府邏輯被推向極致。《平價醫療法案》（Affordable Care Act），俗稱《奧巴馬醫保法》（Obamacare），成了其標誌性政策。該法案強制所有公民

購買政府指定的醫保產品，違者將面臨罰款。這不僅是對個人醫療自由的粗暴干預，更是聯邦政府以「公共健康」為名，全面介入每個家庭的生活選擇。許多醫生被迫接受政府制定的報銷標準，患者則被剝奪了自由選擇保險與醫生的權利。

與此同時，奧巴馬政府大力擴張聯邦行政機構的權力，環保署（EPA）以「應對氣候變化」為由，出臺龐大而繁瑣的環保法規，嚴苛限制企業排放和能源開發，重創煤炭、石油等傳統行業，許多企業因應對監管成本上升而關門歇業。教育部則推動「共同核心標準」（Common Core），試圖統一全國教材與教學內容，削弱地方和家長對教育的自主權。司法部在奧巴馬任內被批評「選擇性執法」，對不同政治立場採取雙標處理，公信力大降。

更令人擔憂的是，奧巴馬在執政期間頻繁繞過國會立法程式，通過大量行政命令來推行政策。據統計，他八年任期內發佈了超過270項行政命令和成千上萬頁的聯邦法規，覆蓋環境、移民、金融、教育等方方面面。這種治理方式嚴重削弱了立法機構的作用，破壞了憲法設立的三權分立原則，將聯邦政府權力集中於白宮。

政治學中有一個術語叫做「行政體制」（Administrative State），指的是一個由未經民選的官僚機構主導的國家治理結構。

奧巴馬時代出現的「深層政府」（Deep State）正是這種體制的典型體現——它藉助龐大的聯邦機構，日益脫離公眾監督。普通公民面對這些聯邦設立的「行政法庭」與繁瑣規則時，既無法抗辯，也無處申訴。行政機關不僅制定規則、執行規則，甚至還自行裁決爭議，形成事實上的「權力三合一」。這一模式完全違背了《聯邦党人文集》中對分權與制衡的憲政設計，也挑戰了美國建國之初「政府受制於人民」的基本原則。

更有甚者，奧巴馬政府積極推動「政治正確」，在性別、種族、信仰等議題上利用聯邦資源強行塑造輿論與政策。學校被要求設立「性別中立」廁所，宗教機構被迫為員工提供墮胎服務保險，企業

被威脅必須接受LGBT培訓與雇傭標準。政府之手深入個人生活，剝奪自由和傳統道德的生存空間。

可以說，在奧巴馬任內，聯邦政府已不再是人民授權的僕人，而成了不受控制的軟集權體制。從稅收、教育、槍支、宗教到企業和家庭生活，政府如同巨獸一般壓在人民頭上，真正的自由逐步被蠶食。

這一時期的政策遺產，不僅使得民眾對政府的不信任加劇，也為後來的政治地震——「川普現象」的崛起埋下了伏筆。

百年滑坡，自由受困

從1913年到奧巴馬時代，短短百年間，美國完成了一次驚人的轉變：從「限制政府」的憲政共和國，滑向了「無邊政府」的集中體制。1913年開徵的聯邦所得稅打破財政約束，為政府的無限擴張打開閘門；羅斯福新政使福利國家的種子深植人心；冷戰時期，政府藉「國家安全」之名廣設監控，強化行政力量；詹森的「偉大社會」工程則催生了代際貧困與制度依賴；到了奧巴馬時代，政府行政權幾乎全面掌控社會生活，政治正確如潮水般滲入每個家庭與教室。

一個曾以「小政府、自由自治」為榮的國家，悄然變成了「大政府、全面控制」的樣板。政府不再是人民的僕人，而變成了人民生活的設計師、裁判官、甚至意識形態的引導者。

而當人民對政府的依賴越深，自由便如潮水般漸行漸遠。這一切的發生，並非偶然，更非一時，而是一個世紀以來信仰的流失、制度的鬆動、道德的滑坡所共同鑄成的後果。

正是在這「大政府壓頂」的歷史背景下，「川普現象」應運而生。一場新的「獨立戰爭」悄然展開，不是用火槍馬車，而是用選票、真相與信仰，喚醒這個曾經熱愛自由的國度。

6-4
民主黨的華麗變身：從奴隸制到平權先鋒？

在今日的美國政壇，民主黨成功塑造了自己「關懷弱勢」、「反對種族歧視」的公眾形象，尤其在媒體與學界的加持下，彷彿成為正義與平權的代表。然而，歷史不會遺忘，真相亦難掩蓋。追根溯源，這個今日高舉「反種族歧視」大旗的政黨，恰恰是過去兩個世紀裡美國種族壓迫的主要力量——從奴隸制度的捍衛者，到種族隔離法的推動者，再到三K黨的政治庇護者，民主黨在種族議題上的歷史血債，早已累累。關於這段歷史，詳見前文《6-2 美國兩黨初期歷史——誰守住了建國初心》。

進入20世紀後期，民主黨逐步走向自由主義與世俗化。早年民主黨中雖有不少基督徒，但隨著左翼思想的滲透，該党逐漸成為無神論者與道德相對主義者的大本營。今天，民主黨不僅敵視基督教傳統，甚至頻繁推動墮胎、同性婚姻、跨性別、兒童變性等議程，公開打壓宗教自由，迫使教會噤聲。他們的自由主義，不再是信仰中的自由，而是一場對傳統道德的戰爭。

1960年代：民權法案與民主黨的「被迫轉型」

歷史的轉折出現在1960年代。當時，民權運動風起雲湧，黑人群體要求投票權、平等權、教育權，社會矛盾日趨激烈。面對全國輿論與街頭抗議的雙重壓力，聯邦政府被迫回應，《1964年民權法案》與《1965年投票權法案》終於出臺。

但需要正視的是——這些法案的通過，並非民主黨的恩賜，而是共和黨的大力支持使其得以實現。歷史資料清晰顯示，《1964年

民權法案》在參議院獲得通過時，投票支持的共和黨議員比例高達82%，而民主黨僅為69%。更關鍵的是，眾多南方民主黨議員——所謂「南方頑固派」（Southern Democrats）——堅決反對法案，甚至以冗長發言（Filibuster）等方式試圖拖延和阻撓立法進程。比如，民主黨參議員斯特羅姆・瑟蒙德（Strom Thurmond）在1964年為反對民權法案發起了長達24小時的演講，成為國會歷史上的一項記錄。

面對形勢變化，總統林登・詹森（Lyndon B. Johnson）選擇順勢而為。他高調簽署法案，並向媒體展示民主黨「站在平權前線」的新形象。然而，他的真實意圖並不單純。詹森在私下曾表示，民權立法是一項「改變選民結構」的政治策略。據助手回憶，他曾自豪地說：「如果我們通過這項法案，民主黨將在未來幾十年贏得黑人選票。」這並非信仰的轉變，而是利益計算。

事後也印證了這一戰略的效果：非裔選民大規模轉向民主黨，而南方白人選民逐步投向共和黨。民主黨藉此實現了「華麗轉身」，從過去種族壓迫的主力，搖身一變，成為「反種族歧視」的先鋒——但這場變身，更多是包裝術，而非靈魂的悔改。

「反種族歧視」的幌子——實則新版種族歧視

進入21世紀，民主黨高舉「平權」與「反種族歧視」的旗幟，藉助媒體、教育系統與政府權力，進一步將種族作為政治操控的核心工具。他們推動所謂「種族配額」政策（Affirmative Action），在高校招生、政府雇傭、企業補貼等環節，按膚色而非能力分配資源。這種按族裔分配「機會」的制度，不僅違背公平競爭的原則，更製造了新的「反向歧視」。亞裔學生深受其害，尤其在哈佛、耶魯等名校申請中，成績優異卻被人為壓分，僅因膚色而被排除在外。這一切都得到了民主黨主導的「平權法案」的庇護。

在一些民主黨長期控制的城市，種族政治已經發展到荒謬的地步。2023年耶誕節期間，華裔波士頓市長吳弭組織了一場名為「有色人種專屬派對」（Only for People of Color Party），活動明確排除了白人參與。這種公開以膚色篩選參與者，彷彿在倒退回20世紀的種族隔離時代。這類身份政治，把美國社會撕裂為黑人、白人、亞裔、拉丁裔等不同群體，推動「多元化」表像，實質是按膚色鬥爭，將國家變成種族矛盾的火藥桶。

更令人震驚的是，在美國一些學校，孩子們被強迫接受所謂「白人原罪」（White Guilt）教育。白人孩子被教導為「天生壓迫者」，黑人孩子被定義為「天生受害者」。課堂上，教師要求白人學生為「祖先的罪行」懺悔，而非教授個人責任與品德。這種思想灌輸，與共產主義的「階級鬥爭」別無二致，把社會撕裂為「壓迫者」與「被壓迫者」，挑動仇恨，摧毀團結。

這些做法，並非偶然，而是受馬克思主義文化滲透的結果。馬克思鼓吹「無產階級革命」，要推翻既有秩序、打倒傳統。今天的民主黨，正是在照搬「階級鬥爭」的劇本，只不過把「無產階級」換成「有色人種」，把「資產階級」換成「白人群體」。他們打掉林肯雕像、焚毀華盛頓雕像，喊出「拆除一切白人歷史」的口號，這與中國文革時期的「破四舊」如出一轍。

圖表 19：激進示威者推倒林肯與華盛頓雕像。

他們不僅否定歷史，也否定國家的根基——人人平等、人人自強的信仰傳統。

而在黑人社區，民主黨幾十年推行高福利政策，表面是「扶貧」，實質卻是製造依賴。「不要工作，政府養你」，這成了窮困區的常態。福利政策打擊了家庭責任，導致大量黑人家庭結構破碎，父親缺位元，青少年失學失業，暴力犯罪激增。這種由福利造成的社會崩壞，本應引發政策反思，民主黨卻繼續擴張福利，把選票與補貼捆綁，黑人的困境反成了民主黨的「票倉保障」。

總之，民主黨雖然換了包裝，從昔日的奴隸制守護者搖身變為「反種族歧視」的先鋒，但他們對權力的渴望未改。他們用新形式的種族操控取代了舊時代的壓迫，把族裔作為工具，把「平等」當作幌子，延續著權力的迴圈。真正的平等，不是用膚色劃分資源，而是回歸「人人受造平等」的信仰初心——這是民主黨刻意淡化，卻不可回避的真相。

背後原因：一場信仰與價值觀的戰爭

我們正在目睹的，不僅僅是一場政策與理念的衝突，更是一場深層次的信仰與價值觀的戰爭。從歷史上看，美國建國的根基，源自清教徒「山上之城」的願景。他們堅信人是按上帝形象所造，擁有不可剝奪的自由與尊嚴。而政府的權力來自人民，是為服務人民而存在。這一信仰造就了自由、法治和個人責任的文明秩序。

然而，進入20世紀，尤其是1960年代以後，民主黨逐步背離這一傳統，從自由主義滑向極端的世俗主義。他們不再敬畏上帝，而是把「人」當作宇宙的中心，開始重新定義「道德」與「自由」的內涵。他們宣揚「價值中立」，其實是剝離社會的一切基督信仰根基，為罪惡開門。他們高舉「個人選擇」的旗幟，實則鼓勵墮胎、同性婚姻、性別混亂等違背聖經的行為。

最具代表性的轉捩點，是奧巴馬執政時期，民主黨全面推進同性婚姻合法化，並強制基督徒商家、教會學校接受「性別中立」的政策。許多持守聖經信仰的企業家被罰款、起訴；教會被要求為同

性婚姻提供場地與服務；基督徒父母因反對公立學校教授「跨性別教育」而被打壓、嘲諷。這不僅是道德領域的分歧，更是民主黨對基督信仰的系統性圍剿。

他們還推動「性別認同」立法，在各級學校、政府機構要求接受「非二元性別」（non-binary gender）與「自我性別認同」（self-identified gender），連五歲兒童都要被教育可以「選擇性別」。傳統家庭與婚姻制度被解構，父母的權威被削弱，政府代替家庭成為孩子的道德教主。與此同時，他們反對公立學校講授聖經、禁止禱告，卻允許教授同性戀、變性、甚至「薩滿巫術」（Shamanic rituals）與「地球母神崇拜」（Gaia worship）的內容。

在實質上，民主黨不僅僅是政黨的轉型，更是在推進一種「新宗教」——以人自己為神的信仰。他們攻擊傳統，嘲諷信仰，否定絕對真理，宣揚相對主義、虛無主義。他們在公共領域系統排斥基督教，把信仰趕出學校、法院、媒體與政治。在這種環境下，不信上帝的「自由」成了放縱欲望的藉口。

民主黨人的覺醒

說了這麼多，不要誤以為所有民主黨人都是種族主義者。事實上，在我身邊，有很多民主黨人，他們心中所相信的，並不是今天民主黨精英操控下的極左議程，而是甘迺迪時代的民主黨信念。很多人忘了，約翰·甘迺迪（JFK）雖然是民主黨總統，但他的個性與政策，今天看來，反倒更像共和黨的川普。兩人有許多驚人的相似之處。

首先，在外交政策上，甘迺迪堅信「以實力爭取和平（Peace Through Strength）」，這正是川普奉行的國際觀。甘迺迪在冷戰高壓下，大幅提升國防投入，堅定應對蘇聯擴張，維護了美國的全球地位。

其次,在科技競爭上,甘迺迪走的是實打實的「讓美國再次偉大(MAGA)」路線。當時的美國,科技發展面臨蘇聯挑戰,尤其在太空競賽中已明顯落後。甘迺迪果斷提出登月計畫,激發了美國人的民族信心與技術創新。

再看國內經濟,甘迺迪走的不是高福利、重稅的老路。他在任內主張並推動了大規模減稅,雖然他被刺殺後由繼任者詹森實施,但這些減稅政策直接刺激了1960年代中期美國經濟的繁榮與就業增長。

最後,兩人都在打擊體制內腐敗、挑戰既得利益集團時付出了沉重代價。甘迺迪被暗殺,至今疑點重重;川普則遭遇了幾次暗殺企圖,但都倖免於難。

可以說,今天的甘迺迪式民主黨人,已經是妥妥的共和黨人。我周圍就有不少這樣「覺醒」的前民主黨人,已無法忍受民主黨日益極端的政策與文化激進主義,毅然轉向共和黨陣營。

事實上,民主黨內部的「覺醒」並不是個別現象,而已經演變成了一場廣泛的運動,也就是我們常聽說的「#WalkAway(離開民主黨)」運動。

這場運動最早可以追溯到2018年,由前民主黨人布蘭登・斯特拉卡(Brandon Straka)發起。他曾是堅定的自由派,長期支持民主黨,但隨著民主黨極左化、身份政治氾濫、對言論自由和個人責任的打壓,他逐漸看清了現實,在社交媒體上發起了「#WalkAway」運動,號召那些被民主黨背叛、但又不願繼續沉默的普通美國人勇敢「離開」。

這場運動迅速在全國範圍內引發共鳴,尤其在少數族裔、中產階級、宗教保守派、甚至部分 LGBT 群體中都產生了不小影響。很多黑人、拉美裔、亞裔美國人紛紛在網路上分享自己的故事,講述自己如何從民主黨的「政治正確」謊言中走出來,認清了真正關係

到自己家庭、社區和未來的，是經濟繁榮、法律秩序、宗教自由和個人責任。

根據2020年和2022年中期選舉的多個民調資料顯示，民主黨在黑人和拉美裔中的鐵票倉正在被改變，共和黨的少數裔支持率逐年上升。尤其是佛州、德州、加州等地，越來越多原本的民主黨選民「出走」，投向了更加務實、強調傳統價值的共和黨陣營。這無疑為2024年大選共和黨的勝利奠定了重要的民意基礎和戰略優勢。

這場「出走」運動揭示了一個不可忽視的現實：民主黨的極左路線正在不斷失去中間選民與溫和民主黨人的信任，而真正看重經濟、家庭、信仰與自由的美國人，正在悄然覺醒，重新思考自己的政治選擇。

另一方面，我們也必須清醒認識到，**沒有任何一個政黨是永遠正確的，也沒有哪個政黨註定永遠錯誤。問題的根本，不在於黨派的標籤，而在於這個政黨是否遵循了社會的基本規律與道德法則。**

正如我們在前幾章所總結的那樣——順天者昌，逆天者亡。民主黨在種族與道德議題上的種種操作，已經明顯背離了自然律與憲政精神，最終只會給社會帶來撕裂與災難。

共和黨也有共和黨的問題。歷史早已無數次證明，任何政黨一旦被權力和金錢所腐蝕，失去道德底線，同樣會走向墮落。這正是我們下一章將要深入討論的話題。

6-5
共和黨的建制派與華盛頓沼澤

很多人以為，美國政治最好是兩黨輪流執政、左右搖擺，這種「制衡博弈」讓美國制度具備了天然的「糾錯能力」。但只要深入觀察，就會發現這種制度論其實非常脆弱。因為，人性本身是墮落的，權力的誘惑不分黨派，兩黨完全有可能同時墮落，甚至心照不宣地沆瀣一氣。

有時候，黨派之爭只停留在媒體上的表面衝突，真正的權力與利益分配早已在幕後的暗箱中達成共識。在華盛頓，那些口口聲聲自稱「保守派」的共和黨建制派，與高舉「進步」旗幟的民主黨精英，本質上不過是同一枚硬幣的兩面。他們表面分歧激烈，實則共同維護著既得利益結構，真正令他們恐懼的，乃是普通民眾意志的覺醒。

也正因為如此，川普的出現才會讓他們如此恐懼。

建制派：背棄初心的「保守派」

共和黨的建制派，自詡為「保守主義」的旗手，常掛在嘴邊的詞是「小政府」、「低稅負」、「強軍護國」，但在實際操作中，卻屢屢站在大政府和全球化的陣營裡。他們口口聲聲為自由而戰，實則在核心政策上與民主黨毫無二致——支持無限制的軍費開支、支持海外軍事干預、支持大企業壟斷、支持開放邊界與非法移民的湧入，乃至默許國家監控和行政機構的濫權。他們嘴上高喊「有限政府」，實際卻不斷擴權、增稅，讓普通美國人的自由空間日漸收縮。

最具代表性的，是小布希（George W. Bush）及其幕後建制團隊。他們藉「9・11」恐襲之機，發起了兩次伊拉克戰爭，並推進阿富汗戰爭，將美國拖入長達二十年的「永久戰爭」泥潭。這些戰爭耗費超過6萬億美元，造成超過7000名美軍士兵犧牲，卻未帶來穩定與和平。真正的贏家是誰？軍工複合體的巨頭們——洛克希德・馬丁（Lockheed Martin）、波音（Boeing）等軍火商賺得盆滿缽滿，戰地承包商拿下天價合同，政治捐款源源不斷回流建制派口袋。

在內政方面，建制派表面支持「低稅」，實則常在預算上與民主黨妥協，不斷抬高債務上限，放浮水印鈔。比如，以米奇・麥康奈爾（Mitch McConnell）和林賽・格雷厄姆（Lindsey Graham）為代表的共和黨高層，在諸如移民改革、基建法案、槍支監管、選舉誠信法案等關鍵議題上，頻頻背叛保守派選民意願，與民主黨密室交易，出賣共和黨人應守的原則。

另外，麥康奈爾多次支持對烏克蘭數百億美元的軍事援助，卻對美國邊境危機漠不關心。格雷厄姆在槍支管控問題上支持擴大「紅旗法」，使得憲法第二修正案遭到侵蝕。而在「同性婚姻合法化」和「性別認同立法」等社會議題上，他們不敢捍衛保守信仰，甚至默認左翼議程滲透教育與文化領域。

所謂「兩黨制衡」，在他們手中成了一場高明的政治表演，實質是精英階層的「輪流執政」，打著「選民代表」的幌子，維護權力與金錢的穩固分配。真正的「保守主義」被稀釋為口號，而建制派的實質，是與民主黨的深度合謀——共同維持那座屬於少數人的「華盛頓沼澤」。

建制派如何操控初選，打壓草根候選人

共和黨建制派不僅在華盛頓主導政策走向，更牢牢把控著黨內初選的「閘門」。他們通過資金、媒體資源、黨內規則等手段，將

真正代表草根民意的候選人擋在門外。一旦有草根候選人嶄露頭角、獲得民眾支持，建制派往往迅速出手，通過金錢圍剿、負面宣傳、甚至制度操縱將其「扼殺于萌芽」。

比如在2022年阿拉斯加參議員選舉中，川普支持的凱莉・齊博卡（Kelly Tshibaka）挑戰長期的建制派議員麗莎・莫爾科斯基（Lisa Murkowski）。齊博卡贏得基層廣泛支持，阿拉斯加州共和黨也站在她一邊。然而，建制派主導的參議院領導基金（SLF）卻投入超過千萬美元為莫爾科斯基月臺，並利用「排名選擇投票」制度成功阻擊齊博卡——這一制度本身就是建制派推動的新規則，專為維護其權力而設。

再如來自科羅拉多的草根議員勞倫・波伯特（Lauren Boebert），以堅定保守派立場贏得選民愛戴。她反對政府濫權，堅守憲法原則，成為建制派的「眼中釘」。在選舉中，波伯特不僅得不到黨內任何資源支持，反而不斷遭到來自建制派及其媒體盟友的圍剿，頻頻被抹黑為「極端分子」。勝選後，建制派甚至醞釀在下一輪初選中扶持「溫和派」挑戰她，誓言將她「清除出局」。

這些事例揭示了建制派真實面目：他們不是要服務人民，而是要維繫權貴階層的既得利益。他們掌控規則，封鎖通道，阻止一切挑戰現狀的力量進入體制。所謂「初選」，在他們手中成了篩選順從者、打壓異己的工具，民主制度的本意被徹底扭曲。草根候選人想要突破重圍，必須付出比對手百倍的努力與代價，才能勉強發聲。這正是「華盛頓沼澤」的毒瘤之一。

「華盛頓沼澤」：美國政治的爛根

「華盛頓沼澤」（Washington Swamp）這個詞，雖非川普首創，卻被他喊到全國皆知，甚至成為全球政治辭典中對制度腐敗的代名詞。它揭示了一個令人戰慄的現實：美國本應「民有、民治、

民享」的政府，早已被利益集團深度綁架，權力不再基於民意，而是圍繞金錢、權勢與勾結在少數精英手中轉動。

在這片沼澤中，政府、華爾街、大型科技公司、主流媒體與情報機構形成了一張牢不可破的利益之網。三權分立名存實亡，行政權力如怪獸一般日益膨脹，數百個聯邦機構如幽靈般無法被問責，卻深度干預民眾生活的方方面面。

例如，一系列調查和曝光揭示，美國國際開發署（USAID）這一聯邦機構，早已深陷腐敗泥潭，不再是單純的「援外機構」，而是被政治化操控，淪為民主黨政客鞏固權力、洗錢輸血的工具。這種動作表面合法，實則是一種精心包裝的「迴圈腐敗鏈條」。

首先，USAID 每年管理和分配超過500億美元的聯邦資金，按理說這些資金本應用於人道救援、發展援助等正當用途。然而，近年來，大量資金被分配給與民主黨高層關係密切的非政府組織（NGO），如「開放社會基金會」（Open Society Foundations）、「國際計劃生育聯合會」（IPPF）等。這些 NGO 以「促進民主」、「環保項目」、「性別平權」等名義接受巨額撥款。

圖表 20：美國國際開發署資金通過NGO流入政治捐款體系。

令人震驚的是，這些 NGO 並未將資金真正用於國際發展項目，而是將一部分資金回流到美國國內，用於資助民主黨候選人或通過政治宣傳影響選情。這種操作雖然技術上避開了「聯邦資金不得直接用於選舉」的法律紅線，但

實質上，聯邦稅收被用於鞏固一個政黨的執政基礎，堪稱「合法外衣下的政治洗錢」。

2023年，美國媒體揭露：USAID 曾向一家名為「Democracy Now International」的NGO撥款高達1億美元，而該機構的核心領導層與民主黨全國委員會（DNC）成員存在密切關係。撥款後不久，這家 NGO 在關鍵搖擺州密集投放廣告，攻擊共和黨候選人，並組織「草根運動」，推動郵寄選票——這些資金實際上間接影響了2022年中期選舉。

更具代表性的是，USAID 資金曾被用來資助墨西哥、洪都拉斯等國的「移民援助專案」，而這些專案又通過 NGO 幫助組織大規模「難民車隊」向美國邊境推進，造成邊境危機加劇。民主黨政客則藉此呼籲「改革移民法」，擴大庇護範圍，最終在選票上受益——這是一種有意製造問題再「解決問題」的政治操控。

USAID 的腐敗不僅限於對外撥款，其內部人事安排也反映了深層政府的控制。例如，多名高級官員來自前奧巴馬、拜登政府核心幕僚，他們在任內將撥款傾向性地分配給政治盟友，形成一個「你中有我，我中有你」的封閉金權網路。

這也說明了為何民主黨極力捍衛這些聯邦機構的預算，凡是川普提議削減或審查 USAID、國務院、環保署等機構預算時，民主黨就群起反對——因為這些機構正是他們操控資源與選票的根基。

這套機制，正是華盛頓沼澤如何吞噬稅收、腐蝕民主的明證。USAID 不過是冰山一角，更多聯邦機構同樣被「制度性腐敗」所俘虜。唯有真正排幹沼澤，恢復憲政精神，限制政府權力，才能還人民一個清白、自由的共和國。

「環保」外衣下的金權交易

美國環保署（Environmental Protection Agency，簡稱 EPA）是一個典型例子，說明政府一旦脫離有限政府的原則，權力

就極易被濫用，甚至滋生腐敗。EPA 最初的設立宗旨，是制定並執行環境保護法規，確保空氣、水源與土地不受污染，服務於全體國民的健康福祉。然而，進入奧巴馬時代之後，EPA 逐漸成為綠色能源公司的金主，而這些公司多與民主黨精英有緊密聯繫。

比如，奧巴馬政府曾通過 EPA 頒佈極為嚴格的「清潔電力計畫」（Clean Power Plan），要求各州減少化石燃料使用，大幅增加風能、太陽能比重。這一政策直接打擊煤炭、天然氣行業，但為綠色能源公司打開數百億美元市場。

而獲得政府巨額補貼和 EPA「認證」的公司，往往是民主黨捐款人的企業。例如，奧巴馬時期大名鼎鼎的 Solyndra 太陽能公司，獲得超過5億美元聯邦貸款擔保，幾個月後破產——血本無歸。但公司高管卻在破產前套現，並捐款給民主黨，整個項目被指為「綠色洗錢」。

EPA 這種「制定政策→指定企業→撥款補貼」的模式，實際上是把環保變成了利益分贓。而川普上臺後試圖廢除「清潔電力計畫」並削減 EPA 預算，便遭遇民主黨與主流媒體的猛烈攻擊——因為動了沼澤的乳酪。

教師工會，成了民主黨的政治工具

美國教育部（Department of Education，簡稱DOE）近年來已成為民主黨控制下的重要政策工具。通過聯邦撥款、課程指導、教材認證等手段，DOE深度干預全國公立學校系統的教學方向與價值導向。

與此同時，與民主黨關係密切的兩大教師工會——全國教育協會（National Education Association, NEA）與美國教師聯合會（American Federation of Teachers, AFT）——則藉助這套體制，操控教育資源、影響課程內容，實質上綁架了整個公立教育體系，使其越來越偏離家長與地方社區的聲音。

教師工會每年收取數十億美元會費,其中大量資金用於資助民主黨候選人,同時動員教師與家屬投票。在2020年總統選舉中,NEA和AFT總計捐款近4000萬美元給民主黨。換來的,是聯邦政府大幅增加教育預算,推動極端自由課程,如「批判性種族理論」(Critial Race Theory)、性別意識課程(甚至從幼稚園就開始教授「多性別」概念)。

這些課程不僅扭曲了學生的價值觀,也直接衝擊傳統家庭的教育權。許多父母試圖反對,卻遭到民主黨政府的壓制——拜登司法部甚至將反對「批判性種族理論」的家長列為「潛在國內恐怖分子」調查。

教育部與教師工會之間的政策換資金、資金換選票、選票保政權,構成了民主黨穩固政權的重要支柱。他們不只是「買未來」,而是通過掌控孩子思想,重塑整個社會的價值觀與選舉趨勢。

結語:真正的「敵人」

「華盛頓沼澤」的本質,正是我們此前所分析的「大政府三期癌變」的最終階段——權力長期失控,必然滑向系統性腐敗。一小撮政治精英,無論是民主黨還是共和黨的建制派,早已脫離民意、聯手操控國家機器,對法治與自由進行結構性蠶食。他們打著「民主」的幌子實施專制,藉「國家安全」之名壓制公民自由。

他們可以容忍任何黨派輪流執政,卻無法容忍真正代表人民、挑戰舊秩序的領袖站出來發聲。

共和黨的建制派並不等同於真正的保守主義。他們早已與這片沼澤融為一體,背叛了原本應當捍衛的信仰、自由與家庭價值。要想重拾美國立國之初心,唯有依靠那些敢於揭露真相、直面體制腐敗的普通人民,勇敢地「排幹沼澤」,重建基於憲政、責任與信仰的自由共和國。

6-6
川普的回歸：美國的第二次獨立戰爭

美國，建國之初是一群信仰上帝、追求自由的人民，在獨立戰爭中推翻了外來的暴政，立下誓言：「人人受造平等，生命、自由與追求幸福的權利不可剝奪。」政府不過是人民授權的工具，是為自由服務的僕人。而如今，兩百多年過去，這個「人民的政府」卻日益膨脹，成為一個控制人民、監管人民、甚至審查人民言論的龐然巨獸。從稅務到醫保，從教育到信仰，美國政府已經越過當年立憲者所設的界限。

川普現象正是在這樣的背景下爆發。他的崛起，不是偶然，而是人民在「被遺忘」多年後的深層次反抗——反抗被竊取的民主、被壓制的自由與被嘲諷的信仰。這是一場「第二次獨立戰爭」。第一次獨立，是從英王手中奪回自由；這一次，是從本國「建制派」、華盛頓沼澤、全球主義精英們和龐大政府體系中，重新奪回人民的主權。

這場戰爭不流血，卻同樣激烈；不舉槍炮，卻關乎國家的生死存亡。川普的回歸，是信仰與自由再次覺醒的號角。誰能守住初心，誰就能帶領美國回歸建國之路。

被吞噬的自由：人民為何反抗？

過去一百年，美國政府從「小政府、自由自治」逐步滑向「大政府、全面控制」。從1913年聯邦所得稅的通過，到羅斯福新政鋪設福利國家雛形，再到奧巴馬時期政府全面干預人民生活，聯邦政府的權力不斷膨脹。而這一切，在2020年以後達到頂點——疫情封

鎖、疫苗強制、言論審查、宗教聚會遭禁——人民逐漸發現，他們已經無法自由呼吸，昔日「自由的燈塔」竟變成了壓迫的巨獸。

尤其在2020年選舉期間，社交平臺集體封鎖異見，推特（X）、臉書（Facebook）、油管（YouTube）大規模刪除不同政見用戶，封殺時任總統的帳號，壓制關於「拜登家族醜聞」的報導，製造輿論一言堂。政府與媒體、科技巨頭的合流，使得真相被淹沒，人民被蒙蔽。選舉夜的統計暫停、大量郵寄選票爭議、選舉軟體故障，更讓數千萬美國人對民主制度產生深深懷疑。

而這一切，最終引爆於2021年1月6日。當天，數以萬計的美國公民走上國會山，要求對選舉結果進行質疑與審查。他們帶著美國國旗，高呼「停止竊選」，本是和平請願。但部分示威者進入國會大廈後，事情迅速被媒體定性為「叛亂」。自此，聯邦政府展開史無前例的政治打壓——上千名參與者被捕，多人至今被關押多年卻不審判，遭遇長時間單獨囚禁、精神摧殘、法律援助受限，憲法賦予的「快速審判權」、「人身自由權」被徹底無視。

後續調查逐步揭露出一系列令人震驚的內幕。根據國會山的監控錄影和部分證人的證詞，事發當天，至少有數十甚至上百名聯邦調查局（FBI）及其他執法機構的特工和線人混入人群中，更在關鍵時刻主動煽動示威者衝擊國會。

多段影像資料顯示，這些身份不明者不僅引導人群拆除路障、攀爬圍欄，甚至帶頭突破防線。而令人詫異的是，他們事後既未被起訴，也未被公開身份。

最具爭議的例子之一，是名為 Ray Epps 的男子。根據公開視頻，他在事件前一晚及當日多次鼓動人群「沖進國會」，周圍群眾當場質疑他是聯邦臥底，高喊「你是聯邦政府的人！」而他始終未予否認。1月6日當天，他被拍到與疑似其他聯邦線人耳語交談，並率先突破警戒線。

儘管他的行為遠超普通示威者，Ray Epps 卻在事件後的兩年內始終未被起訴。直到2024年，面對日益洶湧的輿論壓力，司法系統才象徵性地對其提起輕微指控，並最終予以輕判，毋需服刑。這一發現，讓「1月6日」被定性為「自發暴亂」的說法岌岌可危，而更像是一場政府默許甚至策劃的「釣魚執法」行動。本是一場和平示威，卻被有意引向失控，目的顯然是為後續的政治打壓和陷害川普尋找藉口。

而主導調查的「J6特別委員會」，不僅拒絕公開關鍵證據，更被曝光銷毀部分監控錄影和內部通訊記錄，企圖徹底掩蓋事件真相。根據眾議員巴里・勞德米爾克（Barry Loudermilk）2023年12月的指控，委員會未保存部分證人錄音和加密檔，這一行為被 X 平臺使用者批評為違反眾議院規則。

離譜的是，拜登政府在離任前，竟然提前對部分核心成員授予「預先特別赦免」。這是美國歷史上首次對尚未被起訴或定罪的人頒佈赦免令，等於默認他們涉有違法行為，提前為其免責。

這些愛國者，被稱為「暴徒」；但真正的暴政，卻戴著「正義」的面具。在這些人身上，自由與法治已被撕裂，這正是人民奮起反抗的根本原因。當合法抗議被定罪，當言論自由被封鎖，當信仰被壓制——人民除了反抗，別無選擇。

民主黨執政下的災難：民意為何倒向川普？

在民主黨的執政下，美國正經歷一場深刻的社會、經濟與道德危機。拜登執政四年，民眾不僅看不到「團結」與「復興」的希望，反而切身感受到生活成本飆升、社會秩序崩壞、價值觀被顛覆，連孩子都難以逃脫意識形態的洗腦。

拜登政府推行史無前例的高額赤字支出，短短三年內，美國國債激增至 34萬億美元。與此同時，大規模財政刺激，加上故意取消加拿大輸油管道等關鍵能源項目，導致能源成本飆升，通貨膨脹迅

速加劇。2022年，美國消費者物價指數(CPI)年增幅一度高達9.1%，創下四十年來新高。燃油、電費、日用品價格全面上漲，普通家庭的生活成本驟然加重。尤其是工薪階層與中小企業主，成為最大受害者，而政府所謂的「通脹削減法案」卻反而增加財政負擔，毫無實質緩解。

治安方面，民主黨推動「縮減員警預算」（Defund the Police）政策後，大城市治安惡化。2021年，全美謀殺案同比增長近30%，為1960年代以來最大漲幅。洛杉磯、芝加哥、紐約等民主黨控制的城市，持槍搶劫、入室盜竊、毒品交易屢見不鮮。街頭毒品氾濫，芬太尼（Fentanyl）致死人數在2022年突破10萬人。由於員警執法權威喪失，士氣低落，許多警員提前退休或辭職，治安局勢雪上加霜。

因為參與地方選舉，我結識了不少員警。他們對民主黨的政策普遍不滿，但礙於職業身份與政治環境，往往敢怒不敢言。許多人只能私下表達立場，悄悄支持我們這些草根候選人。

在意識形態領域，民主黨在教育體系全面推進「多性別」與「變性」議程。學校強制推行「多元性別教育」，鼓勵兒童「探索性別認同」，甚至在家長不知情下，批准兒童接受變性藥物和手術。加州法案AB957更規定，若父母不認同孩子的「性別取向」，可能被剝奪監護權。這種公然侵犯家庭與父母權利的政策，引發社會廣泛不滿。數百萬父母挺身而出，捍衛孩子，抗議性別極端化對家庭結構與兒童身心健康的破壞。

邊境安全方面，拜登政府廢除川普時代的「留在墨西哥」政策後，美國南部邊境陷入失控。2023年，僅通過南部邊境非法入境的移民就超過250萬人，創歷史新高。這些非法移民湧入大城市，擠佔住房、醫療和教育資源，嚴重影響當地居民生活。而聯邦政府不僅未加管控，反而建議為非法移民發放福利與駕照，令納稅人憤怒不已。國家主權與邊境安全正遭受空前威脅。

在這一背景下，川普再次成為捍衛民眾利益與傳統信仰的象徵。他提出的「Make America Great Again」不僅是經濟政策的號召，更是恢復信仰自由與民主自治的呼喚。

「讓美國再次偉大」背後的深意

「讓美國再次偉大」的核心，不僅是經濟的復興，更是對全球主義的全面抗爭。所謂「全球化」，早已不再是純粹的經濟合作模式，而是一場針對國家主權與民主制度的深層次侵蝕。

這一進程背後的操盤者，是一小撮跨國利益集團與意識形態精英。以世界經濟論壇（World Economic Forum, WEF）為代表，他們頻繁召集全球政商名流，推動所謂「重置世界秩序」的計畫。他們鼓吹「你將一無所有，卻會感到幸福」，試圖以氣候、健康、技術等議題為藉口，剝奪個人財產權與國家主權，建立一個不受選民監督、脫離憲法制衡的「全球政府」。

這與美國立國之初所確立的「地方自治、有限政府」理念背道而馳。歷史早已表明，權力越集中，腐敗越嚴重。全球主義的本質，不是自由貿易，而是通過超國家機構——如聯合國、WHO、WEF等——逐步瓦解民族國家的治理能力，讓普通民眾淪為技術官僚與跨國資本操控下的順民。

川普旗幟鮮明地反對這一潮流，正是因為美國若不堅守自己的憲政傳統與人民主權，終將淪為這場「全球重置」實驗的最大犧牲品。

全球主義對美國主權的蠶食

以跨太平洋夥伴關係協定（TPP）為例，它本質上將美國的貿易、勞工和環境政策交由國際委員會決定，一旦生效，美國國會和各州的法律將被跨國仲裁機構凌駕。這種制度設計，實際上將美國人民賦予的治理權交出，交給不受美國憲法約束的國際組織，這正是對人民主權的公然剝奪。

類似的,聯合國和世界衛生組織(WHO)等國際機構頻繁干涉美國內政。例如,WHO 在疫情初期接受極權政府操控,傳播虛假資訊,掩蓋病毒來源,卻試圖對美國政府的防疫政策指手畫腳。川普果斷宣佈退出 WHO,正是捍衛美國獨立決策權的重要一步。

氣候主義:全球控制經濟的工具

全球主義的另一面,是「氣候主義」——藉氣候變化之名,設立全球碳排放標準,強迫各國尤其是美國減排。巴黎氣候協定就是典型例子。該協定要求美國為發展中國家提供巨額「綠色資金」,大幅限制本國能源開發,如煤炭、石油、天然氣等傳統能源產業被打壓,數百萬美國工人失業,製造業成本飆升。而中國等高污染國家卻獲得「發展中國家豁免」,繼續擴張工業產能,廉價出口產品,蠶食美國市場。

這種「綠色控制」實質上成為獨裁政權的財富輸血機。美國納稅人的錢被用來補貼外國工業,換來的是本國工業的衰敗和中產階級的失業。全球氣候政策的背後,是對美國經濟主權的系統摧毀。

全球主義削弱美國經濟:財富轉移與產業空心化

過去30年,全球主義主導下的自由貿易政策導致大量美國工廠關閉,製造業外流,數千萬工人失去穩定收入,曾經繁榮的中西部淪為「鐵銹地帶」。而華爾街、矽谷精英卻通過資本運作大發橫財,貧富差距急速拉大。

在全球主義的經濟秩序中,那些低人權成本的國家成了「全球工廠」,提供廉價勞動力。工人被迫996(早9晚9,一周6天)。沒有政治權利、沒有言論自由,連最基本的勞動法都得不到保障。他們的血汗、他們的健康、他們的尊嚴,被換成一件件廉價商品,運往美國與西方世界。全球化經濟本質上是現代版的奴隸制經濟。

重建邊境:守護國家安全

非法移民問題,是川普美國優先政策的重點。

他推動修建美墨邊境牆，累計修復與新建邊境屏障超過450英里，顯著降低南部邊境非法入境人數。此外，川普推行「留在墨西哥」政策（Remain in Mexico），讓尋求庇護者在墨西哥等待審理，防止移民「入境即逗留」。這些政策有效減少了非法移民帶來的社會成本與安全風險，同時遏止了毒品如芬太尼的大量流入——該毒品至今已導致每年超過10萬美國人死亡。

維護生命：反對墮胎合法化

川普堅定反對墮胎，任命了三位保守派最高法院大法官：戈薩奇（Neil Gorsuch）、卡瓦諾（Brett Kavanaugh）和巴雷特（Amy Coney Barrett），形成保守派多數，最終在2022年推翻了近半世紀的「羅訴韋德案」（Roe v. Wade）。這項裁決將墮胎立法權交還各州，成為保守派和基督教信仰團體的重大勝利，也標誌著美國生命倫理政策的一次歷史性逆轉。當然，墮胎是一個複雜的議題，我們在第八章專門有一篇文章仔細展開分析。

減稅與經濟自由：支持工薪階層

川普在他第一屆任期通過了30年來最大規模的稅改——《減稅與就業法案》（Tax Cuts and Jobs Act），將企業稅率從35%降至21%，中低收入家庭減稅顯著，小企業主稅負減輕。2019年，美國失業率降至3.5%，創下半個世紀以來最低，黑人與拉丁裔就業率也達到歷史高位。這些成績並非富人獨享，而是直接惠及普通工薪階層，是自由市場與小政府理念的成果。

競選集會：人民覺醒的浪潮

川普的運動不是個人崛起，而是人民覺醒的浪潮。這不僅僅體現在投票箱裡，更體現在他那近千場的競選集會（Rally）中。無論是2016年、2020年，還是2024年選戰期間，他的每一場集會幾乎都是萬人空巷，從小鎮到大城，體育館爆滿，外面還有成千上萬的人冒雨排隊，只為聽他說一句話。統計資料顯示，川普自2015年以

第六章 重審美國歷史

來已舉辦超過800場集會，2020年疫情期間，他在短短數月內走遍數十州，點燃了數百萬美國人的希望。

這種場景，從未在任何美國總統身上出現過。不是因為他是名人，而是因為他敢說出人民的痛點，敢直面腐敗體制與全球主義的壓迫。他的崛起，是千千萬萬普通美國人發出的吶喊，是一場信仰與自由的覺醒運動。正因如此，他的 Rally 不僅是競選活動，更像一場場「和平抗爭」的聚會，是人民對華盛頓沼澤發出的不屈戰書。

川普的個性與政治迫害 —— 勇敢硬漢對抗華盛頓沼澤

在今天被高度戲劇化、操控化的美國政壇，川普幾乎成了最具爭議的政治人物。有媒體形容他「粗魯無禮」「口無遮攔」，有對手嘲笑他「不會裝優雅」，更有人指責他「不是傳統政客」。但正是這些被外界視為「弱點」的特質，恰恰成就了川普非凡的政治力量——他是真實的，是一個不被打倒的硬漢，一個不肯向腐敗體制低頭的人。

在這片我們習慣了政客假笑、外交辭令和虛偽承諾的土地上，川普的「直言不諱」讓他與傳統政治精英形成鮮明對比。他不修辭、不掩飾，說話不走稿、不打腹稿。他可以在Rally上大聲抨擊建制派，也可以用推文點名批評媒體虛假報導。他的大嘴巴，成為他的戰錘，他的「倔強」更是抵禦權力獵殺的盾牌。美國人民看得太多——那些在臺上道貌岸然、私下卻權錢交易的政客不計其數。他們需要的，

圖表 21：川普在集會上批評虛假媒體。

不是一個完美「包裝」的偶像，而是一個真誠、敢言、勇敢面對攻擊、且堅信自由的領袖。川普，正是這樣的人。

正因為如此，川普成為「華盛頓沼澤」（Washington Swamp）的頭號敵人。在他提出「排幹沼澤」（Drain the Swamp）的那一刻，政治精英、媒體巨頭、科技寡頭、國際資本立刻聯手，對他發起了系統性的「政治獵殺」。這一點，體現在多場重大事件中，尤其是「通俄門」調查。

2016年川普當選總統後，FBI主導了一場基於虛假情報——「斯蒂爾檔案」（Steele Dossier）——的「通俄門」調查。沒有實據，沒有證人，憑著媒體炒作和政治操弄，對川普團隊展開長達兩年的調查。最終特別檢察官穆勒（Robert Mueller）被迫承認「沒有發現川普通俄的證據」，但那場調查早已重創總統聲譽、拖累國家治理。這不是執法，而是權力系統試圖推翻合法選舉結果的政變陰謀。

緊接著，2022年，FBI居然突襲前總統川普位於佛州的私人住所——海湖莊園（Mar-a-Lago），並將他送上多項司法指控。這一舉動，在世界民主國家史無前例。與此同時，司法部（DOJ）對川普以外的政客卻「睜一隻眼閉一隻眼」——對希拉蕊·克林頓（Hillary Clinton）私設電郵伺服器置之不理；對拜登家族海外交易的腐敗醜聞壓案多年不查。司法制度已淪為「選擇性執法」的工具，對建制派放水，對川普窮追猛打。

而言論自由，更在這一時期被嚴重壓制。2020年選舉期間，推特（現X）、臉書（Facebook）、油管（YouTube）等社交平臺集體封殺關於「亨特·拜登筆記本門」的調查報導，並在毫無法律程式的前提下永久封禁川普的社交帳號。一個民主國家的現任總統，被科技巨頭直接「噤聲」——這是赤裸裸的政治審查，更是對憲法第一修正案的踐踏。

最讓人震驚的，是2020年選舉引發的系統性信任危機——大規模郵寄選票的混亂、Dominion 投票機的爭議、部分州的計票「神秘暫停」，以及「凌晨翻盤」等詭異現象。幾乎所有法律訴訟都被法院以程式為由駁回，媒體封鎖一切質疑聲音。人民無法查驗選舉的真實，無法追責任何問題——整個民主制度被黑箱化、密室化。數千萬美國人從此對選舉制度失去信心，認為國家已淪為政治精英的傀儡。

　　2021年1月20日，川普（Donald Trump）正式離開白宮，帶領家人回到佛羅里達州的海湖莊園（Mar-a-Lago）。那天晚上的晚餐，出奇地冷清。剛經歷了1月6日事件的政治風暴，整個華盛頓和媒體輿論如狂風驟雨般將他妖魔化。曾經的盟友紛紛背棄，身邊最信任的人也開始動搖，甚至勸他「認清現實」，不要再參選了。家人滿臉憂慮，氣氛壓抑到了極點。

　　川普沉默許久，據家人後來回憶，他緩緩抬起頭，堅定地說：「I will run again. I will return to the White House.」——「我會再次參選，我會回到白宮。」

　　川普的個性，正是這場戰鬥的武器。他的不服輸、硬碰硬、不怕深層政府的真實面目，這些都是人民渴望的品質。美國不需要「油頭粉面的政客」，而需要一個硬漢——敢為民請命，敢向權力說不，敢用生命捍衛自由的人。

　　正如川普所說：「他們不是在針對我，他們是在針對你，我只是擋在了他們和你之間。」這句發自肺腑的話，道出了川普與人民之間的真正關係。他不是一個完人，但他是一個願意為人民抗爭到底的領袖。他的存在，就是對腐敗制度的抗議，是自由人民的吶喊，是美國建國初心的迴響。

川普的回歸：守住初心，守住自由

2024年11月6日的那個凌晨，當最後一個關鍵州的選舉結果被宣佈，全國屏息凝視，見證了歷史的一刻。唐納德・川普（Donald Trump）以超過7,500萬張選票和所有搖擺州的勝利，再度贏得總統選舉，強勢回歸白宮。美國的「第二次獨立戰爭」終於迎來勝利的曙光。

在這場激烈的選舉中，無數華裔保守派愛國者與基督徒挺身而出，走遍城鄉，挨家挨戶敲門拜票，傳遞真相，喚醒良知。從麻塞諸塞州（Massachusetts）到賓夕法尼亞州（Pennsylvania），從德克薩斯州（Texas）到佛羅里達州（Florida），華裔美國人揮舞著「Make America Great Again」的旗幟，高舉「信仰、家庭、自由」的價值觀，成為競選戰場上一道亮麗且堅定的風景線。他們不再沉默，不再退讓，而是肩負使命，積極參與公共事務，為美國的未來奉獻心力。

自由從不廉價，這場「第二次獨立戰爭」的勝利，是無數平凡人的堅守與犧牲，是對建國初心的回歸與守護。而歸根到底，這勝利並不屬於某一個人或政黨，而是上帝的憐憫——對一個願意悔改、願意奮起、願意為真理而戰的民族的祝福。

第七章

經濟發展的三塊基石

「沒有財產權，就沒有正義。」

"Where there is no property, there is no justice."

——約翰・洛克（John Locke）（後人總結）

這句話不僅直接點出財產權的重要性，還隱含了自由、法治、經濟之間的根本聯繫。洛克作為現代自由主義之父，他的思想深刻影響了美國建國精神，也正是《全民弱智》整本書試圖喚醒的傳統之一。

今天許多所謂的經濟專家，擁有一堆公式和模型，卻缺乏對政治本質的洞察。他們看得見利率與通脹，看不清制度走向與計劃經濟陷阱。他們預測市場，卻忽視資本總是流向自由的地方。結果往往是——誤判形勢，方向錯誤，甚至南轅北轍。

本章將探討支撐經濟繁榮的三塊基石：信仰、產權與自由。信仰與道德構成經濟運行的上層建築，塑造了誠信與契約的文化土壤；私有財產權則是吸引資本、激勵創新的制度保障；而經濟自由度決定了市場能否真正釋放活力。這三者共同構成經濟繁榮的核心條件。

7-1
經濟基礎決定上層建築：你被忽悠了嗎？

談到政治如何影響經濟，我們首先要面對一個根本性的問題：究竟是經濟基礎決定上層建築，還是上層建築反過來塑造經濟基礎？按照傳統觀念，政治被歸入「上層建築」中，它主導著法律、道德、文化乃至民眾的價值取向。

我們這一代人大多耳熟能詳這個標準答案：「經濟基礎決定上層建築。」意思是，一個社會的經濟結構和物質利益，最終塑造了它的道德體系與政治制度。這個說法科學嗎？我們被忽悠了嗎？先來看一下這個命題產生的歷史。

「經濟基礎決定上層建築」的命題

「經濟基礎決定上層建築」是馬克思主義哲學中的核心命題，最早由卡爾·馬克思（Karl Marx）提出，系統表述見於1859年的著作《政治經濟學批判》的序言中。原文如下：「社會的經濟結構是現實的基礎，上層建築在此之上建立。法律的、政治的上層建築和與之相適應的社會意識形態不過是經濟基礎的反映。」

比如地主階級的經濟利益決定了封建社會的法律、宗教和道德體系，維護地主對農奴的剝削。資本家階級的經濟利益塑造了宗教、法制和意識形態，使其服務於資本積累。宗教被說成是「統治階級用來麻醉人民的工具」，契約、誠信也不過是為了更好剝削的幌子。

這是典型的唯物史觀（歷史唯物主義）核心觀點之一，強調物質（經濟）決定意識（思想、制度），也是馬克思用以批判宗教、道德和法律的理論依據之一——認為這些「上層建築」都是統治階

級為維護經濟利益的工具。下面我們從四個方面來重新思考這個命題。

一、理論缺陷：將人類簡化為經濟動物

馬克思主義認為，人類社會的一切——法律、道德、宗教、文化，乃至人的思想本身，都是經濟利益的反映。這等於把人降格為僅受經濟驅動的動物，抹殺了人的自由意志、道德選擇與屬靈價值。這種「物化人」的思維方式，奠定了現代極權制度的理論基礎——當人只是動物，就可以被隨意剝奪自由，被迫服從「集體利益」。

比如我們常聽到的話，「給老百姓吃飽飯」，「發展經濟是硬道理」，看似合理，實則本末倒置。實際上，政府和黨是靠老百姓養活的，而非老百姓靠他們施捨溫飽。公權力的存在，是為了保障人民的權利與尊嚴，而不是用「經濟發展」的名義凌駕於人民之上。

在極權體制下，只要宣稱「為了經濟發展」，就可以剝奪言論自由、宗教信仰，甚至犧牲人的生命和基本權利。這種將人工具化、集體利益至上的邏輯，正是源於馬克思主義將經濟因素絕對化、神聖化的根本缺陷。

馬克思主義無法理解的是，人有高於政府的自然權利，包括選擇的自由、思想的自由、言論的自由、創新的自由。而這些自由是一環扣一環的，它們構成了自由經濟發展的基礎。

相反，真正自由的社會承認人的價值遠高於物質。**人不是為了經濟而活，經濟是為了人的尊嚴而存在。**

人的行為不僅由物質利益驅動，更受信仰、道德、傳統與良知引導。托克維爾在《論美國的民主》中指出，美國社會之所以穩定，不是因為物質豐盈，而是因為人民敬畏上帝，尊重法律，有家庭、教會和社區支撐。這些上層價值不是「經濟基礎」的附庸，而是社會的靈魂與根基。

二、歷史悖論：經濟高度發達 ≠ 社會道德健全

若經濟基礎決定上層建築，那麼經濟越發達，社會制度理應越完善，道德也應越發進步。但歷史與現實卻恰好相反，反證了這種理論的局限。

古羅馬帝國在西元一世紀至二世紀間達到空前的經濟繁榮，羅馬控制了地中海周邊廣闊的領土，擁有約6000萬人口，占全球人口的四分之一，商業、建築、基礎設施高度發達。但在經濟繁榮的背後，社會道德卻迅速淪喪：奢靡成風、家庭瓦解、性放縱與暴力盛行，最終在西元476年西羅馬帝國滅亡，宣告一個文明的崩塌。

上個世紀的哲學家薛華對這段歷史有個精闢的解釋：**有多深厚的世界觀決定可以承載多大的財富**。換句話說，多深的地基決定多高的建築。這也是我們在第一部分討論過的問題，世界觀的深度在於對人性有一個透徹的認識。

納粹德國在二戰前已成為歐洲工業強國，1930年代德國鋼鐵、機械製造、化工產業居世界領先地位，失業率從1933年的30%降至1939年的1%。但在高效工業體系背後，卻隱藏著對人性的扭曲與道德的墮落。納粹政權發動侵略戰爭，系統性地屠殺600萬猶太人，淪為種族滅絕的暴政機器。

今日美國在科技與財富上冠絕全球，2023年美國 GDP 達26.9萬億美元，占全球近四分之一，擁有世界最先進的科技企業。但與此同時，社會道德卻面臨嚴峻挑戰：家庭離婚率高，近40%的兒童在單親家庭中成長，青少年抑鬱和自殺率逐年上升。

改革開放以來，中國經濟快速騰飛，GDP躍居世界前列，高樓林立，物質生活豐富程度超過歷史上任何時期。然而，在經濟空前發展的同時，社會道德狀況卻令人擔憂。例如，過去路上老人跌倒，扶一把是人之常情；如今卻出現了「老人跌倒無人敢扶」的尷尬局面，人們擔心做好事反而惹禍上身，甚至需要藉助監控視頻來澄清

自己。另一方面，官員們利用手中的權力謀取私利，甚至出現「塌方式」腐敗案件，嚴重侵蝕著社會的公平與正義。財富的增長本應帶來更清廉高效的社會制度，但現實卻顯示，腐敗不僅未隨經濟增長而減少，反而更加嚴重。

這些例子說明，經濟發展無法自發帶來道德與制度的進步。若失去信仰與德性，再高的經濟基礎恰好淪為腐敗的溫床，甚至成為壓迫與暴政的工具。

三、歷史案例：上層建築可以塑造經濟基礎

歷史上，上層建築，尤其是宗教信仰與世界觀，往往深刻塑造著經濟制度與發展模式，決定著一個社會能否真正走向繁榮與自由。

清教信仰：孕育現代市場經濟的土壤

最典型的例子，就是清教徒的新教倫理與資本主義精神之間的關係。德國社會學家馬克斯・韋伯（Max Weber）對此有深入研究。

17世紀，一批懷抱堅定信仰的清教徒登上「五月花號」，來到北美大陸。他們雖物質匱乏，卻憑藉堅守信仰與契約，建立起穩定的社會秩序。他們開拓農場，設立城鎮，創辦哈佛、耶魯等學府，強調個人責任和自由自治。清教徒的「天職觀」促使他們視勞動為神聖使命，把節省下來的財富再投資於生產。這種長期資本積累，為現代企業制度和市場經濟的興起奠定了基礎。

換句話說，並非經濟基礎決定了清教倫理，而是清教信仰孕育了現代經濟體系。這也解釋了為何北美，特別是清教徒紮根的新英格蘭地區，在短短兩百年內從荒原變為世界最強大的經濟體之一。這不是因為資源豐富，而是因為信仰文化的深厚。

英國廢奴：道德信仰引領經濟轉型

再看19世紀英國的廢奴運動。威廉・威伯福斯（William Wilberforce）等基督徒領袖，不是出於經濟考量，而是基於聖經的

「人人按上帝形象被造」理念，推動廢除奴隸制度。廢奴在短期內損害了英國龐大的奴隸貿易利益，但最終卻推動英國轉型為自由勞工經濟體，生產效率大幅提高，為日後工業革命和經濟繁榮創造了條件。信仰在這裡不僅是道德力量，更是引領經濟變革的先導。

現代案例：信仰文化引領國家興盛

這一邏輯在當今世界同樣適用。以色列國土貧瘠、資源稀缺，卻因猶太教傳統強調教育、創新與勤奮，成為全球科技與醫療創新的重鎮。2022年，以色列科技企業融資超過150億美元，人均創業公司密度全球領先。這些經濟奇蹟並非出自「經濟基礎」的自然演變，而是深層信仰文化的結果。

又如韓國，20世紀50年代經濟極為落後，但在基督教信仰廣泛傳播後，社會形成了誠實守信、刻苦自律、尊重智慧財產權的風氣，推動了現代企業制度和高科技產業的發展。2023年，韓國 GDP 位列全球第12，人均收入突破3.5萬美元。若無信仰文化的先行變革，這樣的經濟躍遷無法持續。

四、韋伯的新教倫理與資本主義精神

正如我們在第四章中所提到的，以私有產權和市場經濟為核心的資本主義制度，是人類歷史上最成功的經濟體系，為無數人帶來了脫貧致富的機會。然而，這一制度的興起，並非單純由物質條件決定，更深層次的推動力，來自於宗教信仰的力量。

馬克斯·韋伯在其名著《新教倫理與資本主義精神》中，深入剖析了資本主義經濟的文化根源。他指出，資本主義精神在西歐，尤其是宗教改革後的新教文化圈中最為興盛，這種現象絕非偶然，而是與新教倫理密切相關。

第七章 經濟發展的三塊基石

韋伯發現，在這些地區，清教徒（Puritans）所宣導的節儉、勤奮、責任與契約精神，並非源於經濟利益的驅動，而是出於他們對《聖經》的虔誠信仰。他們相信，人的每一項勞動、每一次交易、每一個契約，都是榮耀上帝的一種方式。這種信仰將經濟行為賦予了崇高的道德意義，也使誠信與契約成為商業交往的核心原則。

尤其在加爾文主義的影響下，這種觀念更加深入人心。加爾文主義強調「天職」（Calling）與禁欲精神（Asceticism），鼓勵信徒在世俗生活中通過辛勤勞作與節制消費，來實踐信仰，證明自己是蒙神揀選的子民。賺取財富本身不是目的，關鍵在於如何使用財富——再投資、再生產，而非奢靡揮霍。這種文化氛圍，為資本的積累和經濟的長期增長，提供了堅實的精神土壤。

圖表 22：《新教倫理與資本主義精神》

具體來說，韋伯認為新教倫理催生了以下幾種經濟行為模式：

勞動倫理：工作被視為榮耀上帝的方式，從而激發職業責任感，提高勞動效率和生產力。

理性資本積累：信徒被鼓勵節儉、儲蓄，並將所得財富再投入生產，以積累資本作為信仰見證。

契約精神：誠信和契約受到高度尊重，成為市場運作的基石，保障了交易的可預期性與社會信任。

以契約精神為例，經濟活動的可持續性，必須以誠實、公義與信任為前提，而這些，正是契約精神的核心。而契約精神的源頭，正是聖經中的「約」——神與人之間的神聖立約。

舊約和新約，不僅是信仰的見證，更奠定了西方法治與契約文化的根基。舊約中的「你們要守我與你們所立的約」（出埃及記 19:5），新約中的「這是用我的血所立的新約」（路加福音 22:20），都表明人與神之間的關係基於責任、信任與承諾。這種屬靈的契約觀念延伸到人類社會，形成了人與人之間的契約精神，使商業交易、法律制度乃至政府治理，都有了道德約束力。

正因如此，經濟的持續繁榮並非源於制度設計的巧妙，更不是資源稟賦的優越，而在於社會是否普遍尊重契約、守信用。這種精神文化，是經濟發展的土壤。沒有契約精神，市場無法長久；沒有信仰，契約也無從建立。

韋伯的研究打破了「經濟基礎決定上層建築」的觀念，強調上層建築——尤其是宗教信仰和道德價值——本身就具有塑造經濟基礎的強大能力。在重要的歷史時刻，它甚至成為推動經濟制度變革的決定性力量。

結語：信仰是經濟繁榮的第一塊基石

今天回望，正是這種以信仰為核心的文化力量，使西方社會走出封建，邁向現代化。而那些忽視契約精神、缺乏信仰基礎的社會，即使短期內制度模仿得再完善，也難以孕育出真正健康、可持續的市場經濟。因為，制度可以移植，信仰卻難以複製。

在本章前言中，我們提到支撐經濟繁榮的三塊基石：信仰、產權與自由。首先要強調的是，**上層建築，尤其是宗教與信仰，並非經濟的附庸，而是其靈魂。精神的力量，往往比物質更能決定歷史的走向**。正因如此，信仰成為經濟繁榮的第一塊基石。接下來，我們將聚焦第二塊基石：私有財產權。

7-2
從私有財產權看懂經濟的興衰

當我們試圖預測一個國家未來的經濟命運時，有許多指標可以參考：如 GDP 增長率、貿易順差、外匯儲備等。然而，這些都只是表像的「果」，而非決定性的「因」。更根本的原因，在於制度——尤其是對私有財產權的保障程度。私有財產權紮根于「自然權利」的核心原則，是個人在面對政府權力時最基本的獨立防線。

為何許多經濟專家常常誤判經濟走向？這往往與他們的政治智商有關。他們通常忽視或低估了財產權的重要性。財產權不僅是法律條文中的名詞，更是社會運行的基石。當一個社會能夠切實保障個人的財產權時，經濟活動便會充滿活力，資本得以積累，投資與創新受到鼓勵，市場交易日趨繁榮。反之，若財產權被侵蝕——無論是通過高稅負、過度監管，還是直接徵收和剝奪——經濟活力將迅速衰退，甚至走向崩潰。

歷史與現實證明：財產權的保障程度，是預測經濟興衰的關鍵指標之一。

現代私有財產權的起源

現代社會中的私有財產權制度，並非憑空誕生，更不僅僅是法律技術上的巧妙設計。它的背後，深深紮根於宗教信仰與文化傳統，尤其與《聖經》的世界觀密不可分。正是在聖經所強調的個人責任、產業繼承與不可侵犯的基礎上，近代思想家，尤其是英國的約翰·洛克，在新教文明的影響下，系統提出了私有財產權的理論，進一步將這一源自信仰的觀念，轉化為法律制度與政治原則。

「不可偷盜」：神聖不可侵犯的財產觀

私有財產權的觀念，並非現代文明的產物，而是深深紮根於宗教傳統中。早在《聖經・舊約》的《出埃及記》第20章中，「不可偷盜」便被列入十誡，作為神聖不可違的道德律法。這不僅是一條針對個人行為的戒律，更是對私有財產正當性與神聖性的公開確認。

在猶太—基督教傳統中，財產不是國家的賞賜，也不是社會的分配結果，而是人與神之間神聖契約的一部分。偷盜意味著對他人勞動成果的掠奪，也就是對上帝旨意的違抗。因此，保護財產權不僅是法律責任，更是道德義務，社會文明的基本表現。

另外，第十條誡命進一步強化了這一價值觀：「不可貪戀人的房屋；不可貪戀人的妻子、僕婢、牛驢，並他一切所有的。」這條誡命不僅禁止行動上的掠奪，也譴責內心中的貪欲——即使沒有實際偷盜行為，僅僅心生覬覦，也被視為道德上的敗壞。它清楚表明，尊重他人的財產，是從內心開始的敬畏，是對人與人之間界限的敬重，更是對創造主所設秩序的順服。

清教徒移民的教訓

17世紀的清教徒移民將基督教信仰帶到了新大陸，但他們最初的生活實踐卻並非建立在私有制之上。1620年「五月花號」抵達普利茅斯後，最早的一批清教徒根據集體主義理念，嘗試實行一種烏托邦式的「共同財產制度」——土地、工具和勞動成果都由集體統一管理和分配。

然而，這種「社會主義公社」制度迅速暴露出致命缺陷。由於人人都可以從公共倉庫中領取口糧，而與自己的勞作成果無直接關聯，許多人開始懶散怠工。勤奮的人無從受益，懶惰者卻有飯可吃，整個殖民地的生產效率急劇下降，甚至一度陷入饑荒，死亡率飆升。

根據普利茅斯殖民地總督威廉・布拉福德（William Bradford）的記載，在實行公有制度的1620-1623年中，「青年男

子抱怨他們必須花費時間勞作卻不能擁有自己的成果」;「婦女也抗議要為別人家的衣食勞作」;而「這一制度既造成了許多混亂和不滿,也扼殺了殖民者之間的情誼」。

面對生存危機,布拉福德在1623年果斷改革,將土地分配給家庭,讓各家各戶擁有自己的田地,自負盈虧。這一舉措迅速激發了居民的勞動熱情,糧食產量暴增,殖民地從瀕臨崩潰走向穩定發展。

從此,私有財產權不再只是神學上的原則,而成為現實中賴以生存與繁榮的制度基石。清教徒認識到,誠實勞動必須與個人所有權相結合,才能實現上帝所賜的祝福。

正如《箴言》第10章第4節所言:「手懶的要受貧窮,手勤的必得富足。」清教徒將這視為屬靈律法的體現。通過在美洲廣袤土地上辛勤勞作,他們建立了以私有制為中心、以家庭為單位的社會結構,發展出一套獨特的倫理經濟體系。

政治哲學視角:保障財產權是自由社會的前提

在大西洋的另外一邊,英國清教徒的後代,哲學家約翰·洛克(John Locke)在其劃時代的著作《政府論》(1689年)中,系統闡述了自然權利的理論。他明確指出:財產權不是政府賦予的,而是人類與生俱來的自然權利之一,與生命權、自由權並列,神聖不可侵犯。

洛克認為,在「自然狀態」中,每個人擁有自己身體的主權,而勞動正是人對自然施加主權的行為。他寫道:「人通過把自己的勞動與某物結合,從而將它從自然狀態中取出,使之成為他的財產。」這一「勞動創造財產」理論,首次為私有產權確立了道德與哲學基礎。

更重要的是,洛克提出政府的根本目的,不是為了統治,而是為了保護這些自然權利。如果政府越界,不僅未能保障生命、自由

與財產，反而成為侵犯這些權利的工具，那麼人民就擁有「起義」的正當權利，可以推翻舊政府，建立一個更正義的新體制。

這一思想不僅在英國掀起憲政革命的浪潮，更跨越大西洋，對北美清教徒移民及其後代產生深遠影響。美國的《獨立宣言》中，「生命、自由和對幸福的追求」實際上便是洛克所說的「Life, Liberty and Property」的延伸。

1787年制定的《美國憲法》進一步將財產權寫入法律。《第五修正案》明確規定：「未經正當法律程式，不得剝奪任何人的生命、自由或財產。」這一條款確保了私有財產權不受政府隨意侵犯，為美國經濟的長期繁榮提供了制度保障。從建國初期到19世紀，美國通過保護財產權吸引了大量移民和資本，推動了工業化和商業發展。

歷史經驗：財產權變化與經濟盛衰之間的因果關係

荷蘭與英美：財產權保障帶來資本積累與繁榮

歷史反覆證明，一個國家若想實現長期的經濟繁榮，財產權的保障必不可少。17世紀的荷蘭是這一路線的先行者。自《烏德勒支聯合宣言》（1579年）確立共和政體後，荷蘭強調契約自由與財產不可侵犯。政府不得隨意徵用私人財物，商人可以自由交易、投資、藉貸，從而吸引了大量國內外資本。這一制度環境孕育出現代金融制度的雛形，荷蘭東印度公司（VOC）成為全球第一家股份有限公司，阿姆斯特丹建立起世界上最早的股票交易所。至17世紀中期，荷蘭不僅在航運與貿易中佔據主導地位，其人均收入也居歐洲之首，成為「資本主義之母」。

英國與美國在18世紀承襲並發展了這一傳統。1688年光榮革命後，英國通過議會立法限制王權，並在《權利法案》（1689年）中確認了財產權的不可侵犯。這為資本積累和工業革命提供了堅實的制度保障。與此同時，美國建國者受洛克等人思想影響，在憲法中明確將「財產」列為核心權利之一，保障私人產業不受非法徵用。

這一法律環境吸引了全球移民與資本，催生了農業、製造業與基礎設施的飛躍發展。到19世紀中葉，美國已崛起為世界經濟強國，其根基便是在私有財產權之上的自由市場。

蘇聯與委內瑞拉：財產權的毀滅性崩潰

相反，忽視乃至摧毀私有財產權的國家，往往陷入經濟癱瘓甚至國家崩潰。蘇聯在1917年十月革命後實行全面國有化，土地、企業與銀行統統歸於國家控制。史達林時代更將農民土地強制集體化，取消自由競爭與市場經濟，導致農業生產效率大幅下滑。1932至1933年間，烏克蘭發生人為製造的大饑荒（Holodomor），約400萬人喪生，整個蘇聯陷入長期的經濟停滯。到1991年解體之際，蘇聯人均GDP僅為美國的四分之一，堪稱財產權崩塌帶來體制性失敗的典型。

委內瑞拉是另一個鮮活案例。1999年查韋斯上臺後推行「21世紀社會主義」，大規模沒收私人企業，特別是外國能源資產，並實施價格管制和出口限制，嚴重擾亂市場機制。其繼任者馬杜羅更進一步加劇國有化，掀起投資恐慌。資本迅速撤離，企業關閉，供應鏈斷裂。2018年，通貨膨脹率飆升至驚人的1000萬%，本幣玻利瓦爾省徹底崩潰，九成民眾陷入貧困。這一切，正是財產權遭系統性摧毀的直接後果。

中國的改革與反復：模糊產權導致經濟回落

中國的歷史軌蹟則展現出財產權變動與經濟走勢之間更為複雜但同樣清晰的關聯。1978年改革開放以來，中國通過恢復農民對土地的使用權、推動鄉鎮企業發展、城市住房改革等措施，初步確立了准私有制體系。這一階段釋放出巨大的經濟潛力，吸引外資湧入、內需迅猛增長，令中國成為世界第二大經濟體。1978年至2010年間，中國GDP年均增速接近10%。

然而進入2010年代後，房地產過熱與產權模糊的問題日益突出。政府依賴「土地財政」，通過人為控制土地供應推高房價，嚴重抬

高民眾購房成本。同時，「土地使用權70年到期」的制度設計引發產權不確定性，投資者信心受到衝擊。2020年起，房地產市場開始劇烈調整，恒大等巨型房企相繼違約，引發系統性風險。資本開始撤離，居民消費疲軟，外資流出顯著。根據國際金融協會資料，2023年中國經濟增速降至4.5%，外資淨流出達870億美元。

與房地產泡沫同步惡化的，是私營企業所面臨的制度性不安和權利邊界的收縮。過去十年，「國進民退」的趨勢愈發明顯。阿裡巴巴、騰訊、美團等一批原本蓬勃發展的民營科技巨頭，相繼遭到監管整頓。2020年，螞蟻金服上市被緊急叫停，隨即面臨反壟斷調查，馬雲一度「消失」數月。之後，滴滴出行被下架，教培行業被「一刀切」清除，位元組跳動不得不大規模裁員。這些行動並非源於企業違法，而是權力對市場空間的再次收編。

更為根本的問題在於——司法缺乏獨立性，私有財產失去終極保障。近年來大量企業家、富人因「涉嫌經濟犯罪」被「帶走」，在未經正當司法程式裁定的情況下，資產被凍結乃至充公。這導致資產階層的集體性不信任和資金外逃潮。根據瑞銀（UBS）與胡潤聯合發佈的資料，2022年中國有1.3萬名高淨值人士（資產超過3000萬美元）選擇移民或籌備轉移資產，為全球最多。2023年，中國個人境外購房資金規模創下歷史新高，香港、新加坡、迪拜成為最受歡迎的財富避風港。

國進民退，不僅扼殺了市場信心，更扼殺了社會上升通道與創新活力。私有財產得不到保障，資本只能用腳投票，而這個投票的方向，必然是走向更自由、更法治、產權更明確的社會。

美國近代對私有財產權的蠶食

稅收政策，是影響私有財產權最直接也最容易被忽視的手段。美國建國初期，聯邦政府並不徵收個人所得稅。整個19世紀，美國

財政主要依賴關稅與消費稅維持運轉，這一輕稅負制度為自由市場營造了健康生態，極大激勵了個人奮鬥、企業創新與資本積累。

美國的開國先父們對稅收問題極為敏感。他們深知，稅收不僅是經濟議題，更是自由與暴政之間的界線。正是由於對英國「未經代表即徵稅」的反感，才點燃了波士頓傾茶事件與獨立戰爭的導火索。湯瑪斯・傑弗遜曾警告：「政府一旦可以決定你應得多少，那它也就決定了你能留下多少。」他堅信，對財產的保護是自由的根基，而濫徵稅則是對自由的最大威脅。

詹姆斯・麥迪森同樣指出：「歷史告訴我們，政府對財富的侵犯，往往是以'公共利益'為名。」因此，美國憲法設計之初，就刻意將徵稅權交給民選的國會，以防止行政權力直接向人民索取財富，變相剝奪自由。

1862年，為支付南北戰爭費用，林肯政府短暫設立所得稅制，戰後隨即廢除。這一舉動體現了當時社會對「政府不得隨意干預個人財產」的憲政警惕。直到1913年，《第十六修正案》通過後，美國才正式確立聯邦個人所得稅制度，稅率僅為1%-7%，相對溫和。即便如此，當時人們仍將所得稅視為特殊時期下的「權宜之計」，而非常態政策。

稅負劇增：每一美元可能被徵收多達八次

然而，20世紀以來，隨著政府規模不斷膨脹、福利支出不斷加碼，美國稅負也迅速上升。如今，美國納稅人所承擔的稅種涵蓋幾乎所有財富形態。一筆收入可能被重複徵稅多達八次，包括：

- 聯邦與州所得稅
- 社會保障稅與醫療保險稅
- 銷售稅
- 財產稅
- 資本利得稅

- 遺產稅

以2023年為例，在加州，高收入群體的聯邦與州邊際所得稅率合計可達53％。再加上1.2％左右的房產稅與10％以上的銷售稅，這意味著一個人辛苦賺來的每一美元，可能有一半以上被稅收「吞噬」。稅收已從國家運轉的工具，變成削弱財產權的「隱形鐮刀」。

圖表23：每一美元被多次徵稅。

以加州為例，其企業稅率高達8.84％，聯邦企業稅為21％，兩者疊加幾乎達到30％。面對高稅收和加州的各種對企業苛刻的法規，企業與資本開始「用腳投票」。2020至2023年，大量企業將總部從加州、紐約等高稅高監管州遷往德州、佛州等商業友好型州。最具象徵意義的莫過於特斯拉將總部遷往德州，馬斯克直言：「我們已經無法在加州呼吸。」

據德州經濟發展局資料，僅2023年，該州便吸引了超過500家企業遷入，新增就業崗位超過20萬個。這種資本遷移潮表明，財產權的實際保障，不在於憲法條文，而在於稅制與制度環境是否穩定、可信。

當一個社會開始視「納稅人」為提款機而非公民，當稅收與監管成為「再分配」或政治鬥爭的工具，財產權便不再穩固，經濟也必然步入衰退。

國際財產權指數（IPRI）

正因為財產權是經濟發展的根本，所以量化它非常重要。國際財產權指數 IPRI 由總部位於美國華盛頓的產權聯盟（Property Rights Alliance）每年發佈，評估全球125個國家和地區的財產權保護狀況，涵蓋全球93.4%的人口和97.5%的GDP。該指數從以下三個維度進行評分：

法律與政治環境（Legal and Political Environment）：包括司法獨立性、法治水準、政治穩定性等。

物理財產權（Physical Property Rights）：涉及財產登記的便利性、產權保護的實際執行等。

智慧財產權（Intellectual Property Rights）：涵蓋專利、著作權、商標等的法律保護和執行力度。

每個國家的得分範圍為0到10分，分數越高，表示該國對財產權的保護越完善。

根據2023年《國際財產權指數》（IPRI）報告，全球財產權保障最完善的前十個國家主要集中在北歐及其他法治成熟的發達經濟體，依次為：芬蘭（得分8.1）、新加坡（8.0）、荷蘭（7.9）、丹麥（7.8）、紐西蘭（7.8）、挪威（7.7）、瑞典（7.7）、瑞士（7.6）、德國（7.5）以及加拿大（7.4）。這些國家的共同特徵在於司法體系獨立、政治環境穩定，且擁有歷史悠久的私有財產保護傳統。美國雖然依然位居前列，但其排名近年來有所下滑，目前處於第14位附近，主要受到政治兩極化與監管不確定性影響。而中國的整體得分處於中等偏低區間，在125個國家和地區中位居第64位元，反映出財產權制度建設尚不完善，尤其在司法獨立性與政策透明度方面仍有待提升。

值得一提的是，北歐國家實行高稅收政策。嚴格來說，稅收確實在一定程度上體現了國家對私人財產的佔有。然而，目前的《國

際財產權指數》（IPRI）並未將「稅收負擔」作為直接評價維度，而是更側重於法治環境、司法獨立、產權登記、政策穩定性與智慧財產權保護等指標。

因此，排名最末的十個國家主要集中在政局動盪、法治薄弱的非洲與拉美地區，分別是：委內瑞拉（得分1.9）、葉門（2.4）、海地（2.7）、剛果民主共和國（3.1）、查德（3.1）、蘇丹（3.2）、安哥拉（3.3）、辛巴威（3.4）、利比亞（3.5）以及中非共和國（3.6）。這些國家普遍存在政府對私有財產的隨意干預、法治執行力不足、產權制度不明確等問題，嚴重抑制了資本積累與長期投資。

IPRI報告還指出，財產權保障水準與經濟發展高度相關：得分位於前20%的國家，人均GDP是排名後20%的國家的19倍。此外，財產權指數與全球創業指數（相關係數0.90）及全球創新指數（0.88）呈高度正相關，顯示出私有財產權的強弱不僅關乎公平正義，也直接關係到國家的生產力與未來競爭力。

在全球資本日益流動、投資者風險意識增強的時代，IPRI指數正成為判斷一國制度健康與經濟吸引力的重要參考座標。

在這個全球動盪、通脹回潮、資本尋找避風港的時代，財產權的清晰與穩固，早已成為資本走向與國家命運的風向標。投資者用腳投票，歷史早已給出答案：資本只會流向尊重產權的土地，自由只會生長在制度可信的土壤。

7-3
從經濟自由指數預測經濟的走向

在上一章中,我們討論了私有財產權,作為自然權利的重要組成部分,是個體對抗國家權力、保障家庭財務穩定和推動經濟繁榮的第一道防線。然而,僅僅「擁有」財產是不夠的。一個人若不能自由使用、交換、投資和管理自己的財產,那麼所謂的「所有權」就只是名義上的權利,而非實際的自由。

自由使用財產,是自然權利的下一步。

因此,本章將進一步探討「經濟自由」這一關鍵概念。所謂經濟自由,指的是一個人能否在不受政府過度干預的前提下,自主使用其合法財產,自由地交易、雇傭、投資與創業。這並不僅僅是經濟政策上的技術安排,而是關乎政治哲學的根本問題——一個社會是否真正承認並捍衛個人作為「自由人」的道德地位與自然權利。

在全球化背景下,判斷一個國家經濟是否健康,光看 GDP 或就業率已經不夠了。我們需要一個更深層次的指標,來洞察一個社會是否真正鼓勵財富的創造與自由的交換,這就是我們要介紹的「經濟自由指數」。

經濟自由指數的結構與意義

經濟自由指數不僅反映市場機制的健康程度,更預示著一個國家財富的走向與經濟的命運。資本是聰明的,它總會流向自由的土地;而在政府高度干預的地方,不僅財富會逃跑,經濟發展也將受到威脅。

經濟自由指數（Index of Economic Freedom）由美國傳統基金會（Heritage Foundation）和加拿大的弗雷澤研究所（Fraser Institute）長期編制，是衡量全球各國經濟自由程度的權威指標。這個指標通過實證資料反映一個國家市場運作的健康程度。它從五大核心維度出發，全面評估政府與市場的關係：

第一，法治與財產權。包括司法獨立、產權保護和政府廉潔程度。沒有清晰的產權界限，就沒有真正的經濟自由；如果法庭不獨立，契約和財產就失去了保障。

第二，政府規模。涵蓋政府支出、稅收負擔和國有企業干預。如果政府掌控資源太多，必然壓制民間活力。用一句通俗的話說：政府的手越長，市場的手就越短。

第三，監管效率。包括企業註冊流程、勞動力市場的靈活度與價格控制政策。繁瑣的審批制度、不透明的勞動法規，往往成為扼殺創新的「隱形稅」。

第四，市場開放度。涉及貿易自由、外資准入、金融服務流通。自由貿易和開放投資是財富流動的「動脈系統」，而貿易壁壘、外匯管制則像血栓一樣危害經濟健康。

第五，貨幣穩定性與政策干預程度。如果一個國家貨幣政策反覆無常，政府干預匯率或利率過多，不僅會引發通脹，也會讓投資者失去信心。

這些維度共同構成了一幅國家「經濟自由」的畫像。而結論再清楚不過：得分越高，表示政府越尊重市場規律、干預越少、法治越健全；這樣的國家，越能吸引資本、技術與人才的彙聚。

經濟自由指數與《走向奴役之路》

奧地利學派經濟學家弗裡德里希·哈耶克（Friedrich Hayek）在1944年出版了他的名著《走向奴役之路》。這本書寫於第二次世界大戰期間，是對當時西歐國家廣泛推行的中央計劃經濟和社會主

義思潮的有力警告。他的核心觀點可以濃縮為一句話：「凡是政府干預過多的地方，自由便會死去，財富也會遠離。」

在哈耶克看來，經濟自由不僅僅是市場機制是否高效的問題，而是人類自由的制度基石。如果一個國家放任政府干預價格、管制企業、操控貨幣甚至「再分配」個人財產，那最終的後果不是平等，而是「溫和形式的獨裁」。當國家掌握了生產資料、壓制市場競爭、由官僚決定價格與資源配置，個人就不再擁有選擇的權利，社會也不再擁有進步的動力。

哈耶克稱這是一條「通往奴役的道路」。經濟自由指數的本質，就是測量一個國家是否已踏上「通往奴役之路」。每一項打分都能在哈耶克的理論中找到呼應：

財產權是否被清晰界定並有效保護？ 這是防止政府任意徵用和再分配的前提。

政府支出是否膨脹？財政赤字是否常態？ 意味著干預和依賴已取代市場與契約。

市場是否開放，貨幣是否自由流動？ 封鎖、配額、資本管制正是奴役之路的路標。

如今天中國、阿根廷、土耳其等國都出現了高通脹、資本外逃、政府干預頻繁等現象，正是經濟自由衰退後的自然結果。而在瑞士、新加坡、愛爾蘭等高分國家，政府對市場的「謙卑」換來了資本的青睞和財富的聚集。

綠色管控背後的政府權力擴張

氣候變化，尤其是「全球變暖」的說法，近年來被高度政治化。本是科學討論的議題，卻逐漸演變成一種「不可質疑的信仰」。在國際氣候組織、主流媒體和教育體系的共同塑造下，任何對氣候模型、溫室氣體因果關係，或政策效果提出質疑的聲音，往往會被打上「反科學」、「否認者」、「不負責任」的標籤，而不被理性

討論。這種現象，使氣候議題失去了應有的科學開放性，反而成為意識形態和政府干預的工具。

在這種氛圍下，政府便以「氣候緊急狀態」為名，推動一系列強制政策——從碳稅到能源管制，從限制汽油車到「綠色城市規劃」——不僅剝奪了個人的消費自由，也扭曲了市場的自然調節機制。環保由此不再是技術革新的目標，而成了「擴大國家權力」的幌子。

在美國加州，環保法規演變為高度的市場管制工具。該州強制推動電動車比例、關閉化石能源工廠、實施建築碳標準等，儘管這些舉措初衷良好，但由於行政主導、速度過快，大量中小製造業難以承擔成本被迫外遷。這種不顧市場回饋的「綠色計劃經濟」，正是哈耶克所警告的「以美德之名行專制之實」的體現。

德國的例子更為典型。在「去核化」和「全面能源轉型」的政策鼓勵下，德國大力發展風能與太陽能。然而由於能源成本居高不下，工業用電價格不斷飆升，德國製造業競爭力遭遇重創。2023年，德國經濟陷入技術性衰退，部分原因正是對市場調節的系統性忽視。

在經濟自由指數中，這種綠色干預大幅拉低了「政府規模」與「監管效率」兩項得分。一方面政府支出暴增用於補貼新能源，另一方面私營企業面臨更嚴厲的審查、審批與義務，勞動市場彈性降低，創新空間被壓縮。

最終，我們看到的不是「拯救地球」的勝利，而是自由市場機制被架空、個人經濟選擇被限制、全球產業鏈被扭曲的後果。環保本可成為市場創新的機會，但當它淪為政治控制的幌子時，其代價不只是電價上漲，更是自由的後退與經濟的停滯。正如哈耶克所警告的，政府常以道德名義（如氣候正義）為干預自由尋找藉口。氣候政策，正在成為21世紀最隱秘而廣泛的管控藉口。

一個國家，兩種命運

如果你想觀察政策差異對經濟的真實影響，美國本身就是一個「活體實驗室」。在同一個聯邦憲法下，不同州卻走出了截然不同的經濟路徑——這正是「經濟自由指數」在微觀層面最直觀的體現。

以麻塞諸塞州為代表的「藍州」（即民主黨執政州），普遍傾向於高稅收、高福利以及嚴格監管。在麻塞諸塞，個人所得稅較高，房價長期居高不下，環保與勞工法規日益繁複，嚴重壓縮了中小企業的生存空間，也打擊了創業者的積極性。許多技術人才與企業主因此選擇「用腳投票」，遷往更自由、成本更低的州份。

與之對比，德克薩斯和佛羅里達這類「紅州」（共和黨執政州）則走的是另一條路：低稅負、寬鬆監管、企業友好。德州沒有州所得稅，營商門檻低，土地便宜，電力價格也合理。這些優勢讓它成為企業遷徙的熱土——從特斯拉到甲骨文，越來越多的大公司將總部從「管控藍州」遷往「自由紅州」。

資料顯示，2021至2023年間，德州和佛州是全美人口淨遷入最多的州之一，而麻塞諸塞、加州、紐約等州則連續多年出現人口淨流出。這不僅是「搬家」，更是一場真實的制度投票——用腳投票、用資產投票、用未來投票。

這場「州與州之間的制度競賽」，已經悄悄地描繪出兩種美國的不同未來：一個靠自由吸引財富，一個靠管控驅逐資本。誰勝誰負，趨勢已明。

指數預視未來

2024年《經濟自由指數》提供了一張全球經濟健康的體檢報告。排名靠前的國家，包括新加坡、瑞士、愛爾蘭、臺灣和盧森堡，普遍具備小政府、低稅負、產權清晰、市場開放的特徵。這些國家不

僅經濟自由指數得分在80分以上，人均 GDP 也高居世界前列，往往是後段國家的7到10倍。

更關鍵的是，這些「自由經濟體」在新冠疫情後的復甦速度明顯更快：失業率迅速回落，外資回流強勁，創新能力保持旺盛。例如新加坡不僅吸引了穀歌、位元組跳動等跨國公司設立亞太總部，還成為全球資本避風港。

反觀排名墊底的國家，如朝鮮、辛巴威、委內瑞拉和古巴，則普遍陷入政府高度干預、資本管制、法治崩壞的泥淖。它們經濟自由指數常年低於40分，伴隨著高通脹、貨幣崩潰、投資萎縮與人口外逃。

美國在2024年經濟自由指數中的全球排名為25位，得分為70.1，與其歷史地位略顯不符。原因主要包括：政府開支龐大、債務高企、監管趨嚴，尤其在一些州如加州與紐約，過度管制與高稅收拖累了整體評分。但美國依然憑藉強大的法治體系和創新活力維持在「較為自由」的區間。

中國則排在150位（總共184國），得分僅為48.7，屬於「多數不自由」的國家。其評分較低的原因包括：國有經濟主導、財產權保障不足、資本流動受限、貿易壁壘與產業政策干預頻繁，此外，司法獨立性差也使得經濟活動的不確定性高漲。近年來，中概股退市潮、富人資金外流和外資減少正是對這一現狀的直接反映。

這一切說明，經濟自由指數並非紙上談兵的排名遊戲，而是現實中財富、人才、投資流向的晴雨錶。誰尊重市場，誰就贏得未來；誰濫用權力干預市場，誰就註定被市場拋棄。

在這個充滿不確定的時代，唯一能確定的是：尊重經濟自由的國家，會持續吸引資本、人才與技術，引領下一輪繁榮；而侵犯自由、執著管控的國家，只會在增長放緩、創新枯竭與財富外逃中步入衰退。

7-4
華人如何在中美貿易戰中自保？

過去幾十年，中美關係雖然波瀾起伏，但總體維持在「競爭中的合作」軌道。然而，自2018年中美貿易戰爆發以來，這一格局已被徹底打破。進入2020年代，兩國之間的摩擦早已超越貿易本身，延伸至科技、安全、意識形態等層面。美國將中國視為「最主要的戰略競爭者」，中國則加速推進「制度自信」與「科技自主」。這種深層次的結構性衝突，註定不會很快平息。

在這場大國博弈中，身處美國的華人群體正首當其衝地承受著前所未有的雙重壓力。一方面，制度性收緊與外交緊張使得學生簽證愈發難以獲得，許多中國留學生申請材料被反覆審查，簽證審批週期被大幅拉長；另一方面，新移民在職場上也面臨前所未有的困境——就業機會驟減、工作簽證更加緊縮，而通過正常管道將人民幣兌換成美元也愈發艱難，資金流動受限，進一步壓縮了他們的生存空間。

與此同時，那些已在美國生活多年的美籍華人也未能置身事外。在當前的政治氛圍中，華裔群體在族裔認同與國家立場之間日益撕裂。華人被裹挾進「政治正確」的風暴中，不得不在主流價值和自身文化認同之間左右為難。

無論是初來乍到的新移民，追求學術夢想的留學生，還是已經紮根本土數十年的美籍華人，他們都被不同程度地捲入這場文化與價值觀的衝突中。作為個體的我們，如何在道德、法律、財富與身份之間取得平衡？這篇文章將嘗試提供現實的建議與理性的判斷。

瞭解 WTO 的實質和精神

很多人可能聽說過 WTO（世界貿易組織），但對它背後的核心理念不甚瞭解。其實，WTO 的制度設計與前面我們講到過的諾貝爾獎經濟學家哈耶克的思想不謀而合。他強調自由市場、自發秩序，反對政府過度干預經濟。他認為，最有效率的經濟運作，不是靠政府計畫，而是讓市場參與者根據價格信號自由交易。

WTO 的設立，就是為了讓各國按照一套公開透明的規則來開展貿易，而不是靠政府間的「私下協調」或「權力較量」。WTO 試圖通過制定統一規則來限制國家干預，推動各國在「公平競爭」和「非歧視原則」下進行貿易合作。

具體來說，WTO 的基本規則建立在三個核心原則之上：

1. **非歧視原則**（最惠國待遇和國民待遇），即不得對外國商品設置不公平壁壘；
2. **市場准入原則**，即各國應逐步取消關稅、配額等進入壁壘；
3. **透明和可預見性原則**，即各國政府不得隨意干預市場，要為外國企業提供公平、穩定的營商環境。此外，WTO 還強調智慧財產權保護、公平競爭和反補貼政策，要求成員國杜絕國家干預帶來的不公平優勢。

WTO 的核心精神是限制國家對市場的過度干預，推動貿易在公平、透明、可預見的規則下進行。它不僅要求成員國逐步降低關稅，更強調**去除「非關稅壁壘」**——例如強制技術轉讓、行政審批歧視、補貼傾銷、國企特權、外資准入限制等。這些隱性干預措施雖未直接徵稅，卻實質上扭曲了市場競爭，違背了 WTO 宣導的「公平競爭」和「國民待遇」原則。

中美貿易戰的背景概覽

中美貿易戰並非川普「任性出招」的偶發衝突，而是全球多邊貿易體系逐漸失效的體現，是對 WTO 功能停滯的深刻反思，也揭示了一個不容回避的現實：中國式國家資本主義與美國傳統自由市場制度之間的根本衝突。

中國在加入WTO後，繼續沿用國家資本主義的管理方式：

第一，**國企補貼與政府干預**。中國至今仍維持大規模的國家產業補貼，尤其在鋼鐵、鋁、電動車、太陽能等行業，通過財政輸血、低息貸款、用地優惠、稅收減免等方式支撐國企和「冠軍企業」，對國際市場形成傾銷，沒有逐步取消國家對市場的干預。

第二，**市場准入嚴重不對等**。外國企業進入中國仍面臨行業限制、強制合資、技術轉讓要求，以及無法公平參與政府採購。相比之下，中國企業在美歐市場享有開放待遇，這種不對等被視為系統性的不公。

第三，**智慧財產權和透明度問題突出**。儘管中國名義上建立了智慧財產權法院，但執法力度有限，侵權成本低，司法不獨立，導致跨國企業多年投訴無門。此外，中國的經濟政策往往缺乏透明性，政府干預和「紅頭文件」主導一切，違背了 WTO 強調的透明和可預期的市場原則。

此外，中國在2001年加入 WTO 時曾承諾實現服務業開放、取消農業補貼、完善市場化匯率機制、推進國企改革。然而，20多年過去，很多關鍵領域依然停滯不前。

在服務業開放方面，金融、電信、保險等領域依然設有隱性壁壘，外資難以進入。比如，美國的 Google、YouTube、Facebook、Instagram 等平臺在中國長期被遮罩，無法開展正常業務，哪怕是學術搜尋引擎都受限；而中國的微信（WeChat）、抖音國際版 TikTok 卻能在美國自由運營、獲取使用者資料並開展

商業活動。表面上看，雙方都有科技公司，實際上開放程度與市場准入完全不對等。這種「雙重標準」的存在，正是美方在貿易談判中屢次指出的「結構性不公」。

在匯率機制上，人民幣仍受中央控制，未形成真正市場化的浮動匯率制度。國企改革更是名存實亡，所謂「混合所有制改革」只是形式上的資本引入，實質權力仍牢牢掌握在黨政系統手中。

從美方角度看，這些做法違背了 WTO 的基本規則，損害了公平競爭。川普政府發起貿易戰，正是要向中國施壓，迫使其回到規則之內。

最近，在倫敦的中美談判中，中方表示將進一步履行開放市場的承諾，包括放鬆稀土出口限制，川普政府則同意緩解對晶片設計軟體和乙烷的出口限制，並推遲加征新關稅，給予更多談判空間。雙方已於2025年6月簽署初步協議，並期望在後續會談中取得更多正面成果。這無論對兩國經濟，還是普通百姓生活，都是好消息。

華人的經濟風險：夾縫中的危機感

在中美關係持續緊張、全球供應鏈加速重組的背景下，華人所面臨的經濟風險不僅真實，而且具有深層的結構性。尤其是許多華人企業聚焦于跨境電商、進出口貿易或製造業供應鏈的中段環節，這些領域在中美貿易戰和技術封鎖中往往首當其衝。無論是受到出口限制、還是遭遇企業制裁，產品發不出去、貨款收不回來，原本穩定的商業模式一夜之間就可能變得灰色甚至高危。

與此同時，新移民家庭也常常在資產配置上出現嚴重失衡。許多人仍將大部分財產留在中國，投資管道也局限於熟悉的銀行、房產或親友企業，幾乎不瞭解美國本土的金融系統。退休計畫、稅務結構、保險配置大多是一片空白，401(k)、IRA、Roth帳戶這些美國人熟悉的概念，對不少華人來說卻完全陌生。在中美脫鉤趨勢日

益加劇、資金跨境流動受限的現實中，這種「中重美輕」的資產格局，未來恐將成為家庭經濟安全的隱患。

自保之道之一：經濟多元化與資產配置的再思考

華人必須清醒地認識到，中美之間曾經互為市場和工廠的高度互補格局正在瓦解，取而代之的是更加複雜的地緣競爭。這意味著，依賴中美之間套利的商業模式將難以為繼。要想保障家庭的長遠財務安全，就必須主動進行經濟多元化的佈局。這種多元化包括兩個維度：

一是地理多元化。除了美國本土，拉美、東南亞、印度等地正在因全球「去中國化」趨勢而迅速崛起，成為新的投資與產業機會所在。

二是產業多元化。不應再把所有資源押注在單一行業或單一供應鏈環節上，而應考慮向教育、醫療、綠色能源、本地製造等更具政策支援和抗風險能力的領域拓展。

同時，在資產配置方面也應回歸美國主流策略。如果選擇長期在美生活，就要學會使用本地的理財工具，如設立公司退休帳戶（401k）、個人退休帳戶（IRA）、購買低成本ETF、積累美元儲備，並通過合法方式進行稅務優化與通脹對沖。要盡可能避免將資產固化在中國、香港或難以自由兌換的金融灰區，因為那是潛在的高風險區域。

自保之道之二：順應政策方向，用好本土經濟機會

自川普政府上臺以來，他大力推動減稅和放寬企業監管，顯著改善了美國本土的投資環境。2017年通過的《減稅與就業法案》（Tax Cuts and Jobs Act）將企業所得稅率從35%降至21%，並允許企業在設備投資中使用「100%快速折舊」政策，這不僅激勵企

業擴大在美業務，也吸引了大量外資重新評估美國作為產業基地的戰略價值。

進入第二任期後，川普繼續強調減稅與減少政府壁壘，這使得美國成為全球資金的「避風港」。以科技為例，日本軟銀與美國 OpenAI 和 Oracle 合作發起的「星門計畫」（Project Stargate），計畫投資高達5000億美元，用於人工智慧基礎設施建設，顯示了 AI 在政策引導下的巨大潛力。

類似的還有：蘋果公司承諾投資5000億美元擴展美國製造與技能培訓，在德州新建工廠；英偉達宣佈將在未來四年投入同等規模資金打造本土 AI 超級電腦。這些巨額投入表明，美國不僅歡迎高科技企業，更在主動構建一個更當地語系化、更安全的創新生態。

然而，值得注意的是，高科技領域也正面臨更嚴格的國家安全審查與技術出口限制。出於對「戰略技術外泄」的擔憂，美國政府對半導體、AI、大資料等關鍵行業的對外投資、技術轉讓、供應鏈結構都設置了更多防火牆。這並不意味著 AI 不能投資，而是意味著：AI 必須是「美國製造」、「美國資料」、「美國控制」的 AI。

因此，真正的機會並非消失，而是從「全球供應鏈套利」轉向「本土戰略部署」。除了高科技，美國還重點扶持以下兩類產業：

其一，小企業與本地創業。政府通過稅收減免、低息貸款、簡化審批流程，為地方經濟注入活力，特別是在中部和南部傳統工業州；

其二，傳統產業的數字升級。在「陽光帶」等地，基礎設施建設、清潔能源、智慧物流、自動化製造等領域，正在迎來政策扶持和投資視窗。

在這樣的政策風向中，如果華人企業依舊固守舊模式，依賴跨境貿易和「中國工廠」，無異於逆風而行。真正的自保之道，是主動對接美國本地經濟，參與地方招標、融入商會、建立合規網路，從「華人企業」轉型為「美國本地企業」。這不僅是經營方向的調

整,更是身份的再定位,是從「生意人」走向「社區成員」的升級路徑。

三個轉型成功的案例

在風雲變幻的中美格局中,已經有一些華人企業邁出了轉型的步伐,逐漸脫離對中美跨境模式的依賴,成功融入本地經濟體系。

位於洛杉磯的華興食品,原本主營亞洲食品的進出口生意。中美貿易戰開打後,面對關稅上漲與通關延誤,企業於2024年轉向美國本土建設倉儲與批發管道,加入加州本地商會,積極參與社區美食節(如2025年洛杉磯華埠節)與學校捐款活動,逐步由「外來批發商」轉型為「社區熟人」。他們不僅保住了15%的利潤,還贏得了文化認同與政府合作資源。

另一邊,總部位於深圳的科技品牌影石(Insta360),則在美國市場建立了完整的運營與服務體系。他們於2024年10月在加州設立售後中心,2025年1月與 Amazon、BestBuy 簽署獨家分銷協定,組建50人當地語系化團隊,逐步擺脫對中國工廠和物流的依賴,穩住了品牌在北美的增長曲線(2024年占總收入30%)。

而在紐約,一家原本為中國工廠做代工設計的華人企業 NYC Silk Art,則趁勢自創品牌,將生產環節遷回美國。他們主打「東方美學+美國製造」,通過 Etsy 和2024年布魯克林手工藝展打入本地市場,參與文化創業孵化項目,如今成為 Etsy「Oriental Craft」品類的小眾爆款(2025年5月銷售額增25%)。

這些企業的共同特徵是:不再固守「中美套利」的舊模式,而是主動投身本地經濟,建立文化認同,走上合規、透明、可持續的發展道路。他們用行動證明,危機中確實存在新機會,前提是要敢於轉向、深耕本地。

結語：從「機會式移民」到「責任型公民」

不少華人來到美國，是為了抓住經濟機會，而非追求價值認同。但時代已經變了，如今的美國社會，不再歡迎僅把美國當成跳板的人，而更希望看到真正願意在此紮根、共建社區的責任型移民。

這意味著，華人不能再做沉默的大多數，或左右逢源的騎牆派。必須參與政治文化生活，在家庭價值、教育自由、宗教權利等議題上發出自己的聲音。政治參與不僅限於投票，還體現在社區建設中：加入學區會議、參與城市規劃、支持真正代表傳統價值的候選人。只有這樣，華人群體才能在制度中獲得真正的安全感與尊重。

我們正處於一個全球秩序重構、制度理念衝突的時代。在這樣的時代洪流中，華人必須選擇：是繼續做夾縫中的邊緣者，還是成為負責任的參與者與建設者？

歷史證明，唯有那些真正融入主流社會、勇於承擔公民責任的移民群體，才能為自己和後代贏得安穩與尊嚴。今天的華人也當如此。正如一句話所說：「哪裡有自由，哪裡就是我安全的家鄉。」真正的安全，不在於地理位置，而在於我們是否站在正確的價值根基之上——那根基，是自由、法治、誠信與歸屬感所共同築成的。

第八章

戰爭與外交

「若想和平,必先備戰。」
"If you want peace, prepare for war."
—— **羅馬諺語**

「若想和平,必先備戰。」這句羅馬諺語揭示了一個樸素而深刻的真理:和平不是自然的恩賜,而是通過實力與警惕來維護的成果。邪惡的存在使戰爭成為難以避免的現實,但戰爭的最終目的,必須是為了實現更持久的和平。

在這一章中,我們將介紹正義戰爭的12個原則以及美國外交政策的歷史演變。然而,我們的重點將放在保守主義外交思想的核心主張——以實力求和平上。

隨後,我們將探討新保守主義帶來的戰爭狂熱的興起,如何背離了這一原則,以及川普的反擊。最後,我們將以批判性的視角審視亨廷頓的「文明衝突」理論,並深入分析中東衝突的真正根源。

8-1
正義戰爭的十二個原則

當今世界，戰火不斷：以色列和哈馬斯打得不可開交，俄烏戰爭久拖不決，台海局勢同樣暗流湧動。而在全球華人圈裡，大家的立場也同樣分裂：支持哈馬斯的，支持以色列的；支持烏克蘭的，支持俄羅斯的，各自為戰，吵得不可開交，甚至有人因此反目成仇。

可在討論這些戰爭誰對誰錯之前，我們首先需要搞清楚一件事——什麼是正義戰爭。只有弄明白什麼是正義，什麼是邪惡，我們才不會在各種輿論、資訊和情緒中迷失方向。這不只是對戰爭的討論，更是一次關於正義和文明底線的較量。

正義戰爭理論簡史

正義戰爭理論的歷史可以追溯到幾千年前，從古羅馬的哲學家西塞羅（Cicero）開始，一直到今天的學者們，大家都在思考一個問題：戰爭在什麼情況下是正當的？又該如何進行？

在古羅馬，西塞羅提出了一個簡單的想法：戰爭只有在自衛或保護他人才是正當的。換句話說，只有當自己或家人面臨直接生命威脅時，為了消除危險才可以採取極端手段。

這個想法像一顆種子，後來被基督教思想家奧古斯丁（Augustine）澆灌。他進一步強調，戰爭必須有正當的理由和正確的意圖，比如為了和平而戰，而不是為了掠奪或報復。

到了中世紀，神學家阿奎那（Thomas Aquinas）把這顆種子培育成了一棵大樹。他提出了更系統的原則，比如戰爭必須由合法權威宣佈，必須是最後的手段，而且必須有成功的可能性。這些原

則就像樹幹，支撐起了正義戰爭理論的基本框架，而「枝葉」則象徵著這些原則在實踐中的具體應用，比如通過明確的國際法限制戰爭行為，或者制定道德準則指導戰爭後的重建工作。這棵大樹不僅紮根於歷史，也為未來的戰爭倫理提供了豐富的啟發。

進入現代時期，思想家們開始面對新的挑戰。比如，邁克爾·沃爾澤（Michael Walzer）在20世紀提出，戰爭不僅要考慮開戰的正義，還要考慮戰爭中的行為是否正當。這意味著，即使戰爭的理由是正當的，戰鬥中也必須遵守規則，比如不傷害平民，不使用不必要或過強的武力。

同時，學者們開始討論「戰後的正義」，也就是戰爭結束後如何重建社會，如何確保正義和和解。例如，在二戰結束後，美國實施了著名的馬歇爾計畫，向德國和日本提供了大量經濟和技術援助。這不僅幫助這兩個國家迅速恢復經濟，也通過引入民主制度和經濟改革，為兩國的社會穩定和長遠發展奠定了基礎。

以具體資料為例，德國在馬歇爾計畫實施後的十年裡，其工業產值增長了超過150%，被稱為「經濟奇蹟」；而日本在1945年至1955年間的經濟年均增長率超過9%，工業生產迅速恢復並實現現代化。這些成就展現了馬歇爾計畫作為戰後正義實踐的重要價值和深遠影響。

總的來說，正義戰爭理論的核心始終是：戰爭的起因、過程和結局必須是正義的，受到道德的約束。

正義戰爭理論現代著作

在正義戰爭理論的研究領域中，有一些重要的著作幫助我們理解這一理論的深刻內涵及其在歷史和現代社會中的演變。其中，《正義戰爭思想家：從西塞羅到21世紀》（Just War Thinkers: From Cicero to the 21st Century）是一部不可多得的經典之作。

這本書就像一部思想史，從西塞羅關於正義戰爭的早期論述出發，追溯到基督教神學家奧古斯丁（Augustine）和中世紀的阿奎那（Thomas Aquinas），最終來到當代學者如沃爾澤（Michael Walzer）的現代倫理探討。全書通過19位思想家的研究，展現了正義戰爭理論的演變、應用及其挑戰。

與《正義戰爭思想家》類似的書還有《戰爭的道德：理論與實踐》（The Ethics of War: Theory and Practice）。這本書深入探討了戰爭中的倫理問題，並且關注現代國際衝突的實際案例，如阿富汗戰爭和伊拉克戰爭。另外，沃爾澤的經典著作《正義與非正義的戰爭》（Just and Unjust Wars）則是現代正義戰爭理論研究的里程碑，書中通過大量歷史案例對戰爭的倫理底線進行了系統的分析。

在這些書籍的幫助下，我們不僅可以理解歷史中戰爭的複雜性，也能更好地應對現代世界中的戰爭倫理問題。這些作品提醒我們，無論戰爭多麼不可避免，它都必須受到道德的約束。正如沃爾澤所言，戰爭的規則不僅是約束，更是保護人類價值的最後屏障。

這些作品共同構建了一個理解正義戰爭理論的知識框架，為學者、政策制定者以及普通讀者提供了深刻的思考工具。我們在這裡總結一下這個知識框架下的十二個原則。

正義戰爭的十二個原則

現代正義戰爭理論可以分為三個階段：宣戰前、戰爭中和戰爭後，每個階段都有明確的原則來規範戰爭的正當性。

第一階段：宣戰前的六個原則

在決定是否發動戰爭之前，必須逐一考量以下問題：

1. 正當理由（Just Cause）

戰爭的理由必須經得起道德和理性的考驗。

比如，當一個國家遭遇入侵或無辜生命受到威脅時，戰爭才可以被視為正當。如果只是為了報復或者掠奪資源，那麼發動戰爭就毫無正義可言。

2. 合法權威（Legitimate Authority）

戰爭的決策必須由合法的政府或被國際社會承認的機構作出。個人或團體無權擅自發動戰爭，否則將導致混亂和無序。比如，聯合國安理會批准的國際行動往往被視為具備合法權威。

3. 正當意圖（Right Intention）

發動戰爭的目的應該是為了實現正義，而非追求私利或復仇。比如，1991年海灣戰爭中，多國部隊的意圖是解放被入侵的科威特，而不是為了掠奪石油資源。

4. 勝利可能性（Probability of Success）

戰爭的發動需要考慮實際的成功可能性。如果戰爭只會導致無謂的犧牲而看不到勝利的希望，那就是不負責任的行為。例如，面對遠超自己力量的敵人，魯莽開戰可能會帶來更大的災難。

5. 最後手段（Last Resort）

只有當所有的和平解決手段都嘗試過並失敗後，戰爭才可以作為最後的選擇。這一原則強調戰爭應被視為極端情況下的迫不得已。

6. 比例性（Proportionality）

戰爭帶來的好處必須超過它可能造成的傷害。如果一場戰爭的代價過於高昂，無論其理由如何正當，都不應繼續。例如，在討論對某個國家實施軍事干預時，必須仔細權衡其對平民的潛在影響。

第二階段：戰爭進行中的三個原則

當戰爭開始後，這一階段的原則確保戰爭的行為仍然符合道德。

7. 區分原則（Distinction）

戰鬥的目標必須是敵方的軍隊和軍事設施，而絕不能針對平民或非軍事人員。例如，在現代戰爭中，精准制導武器的使用就是為

了儘量減少平民傷亡。違反這一原則的例子包括二戰中的一些轟炸行動，如對德國德累斯頓的空襲，導致大量無辜平民死亡。

8. 比例性原則（Proportionality）

所使用的武力必須與軍事目標相匹配，避免造成不必要的破壞。舉例來說，如果為了摧毀一個敵方哨所卻炸毀整座城市，這顯然違背了比例性原則。相反，美國在軍事行動中儘量通過精准空襲來達成目標，便是符合這一原則的努力。

9. 軍事必要性（Military Necessity）

所有軍事行動都應有明確的戰略目標，而不是為了單純製造恐懼或痛苦。例如，在海灣戰爭中，盟軍的目標是解放科威特，而不是無端攻擊伊拉克的非軍事目標。軍事必要性要求行動必須具有清晰的目的，而非隨意破壞。

第三階段：戰爭後的三個原則

戰爭結束後，並不意味著一切都完結了。這個階段的原則確保和平能夠得以維持，並為受戰爭影響的地區提供公平的機會重新開始。

10. 公平的和平協議（Fair Peace Agreement）

勝利的一方在達成和平協議時，不能趁機對戰敗國施加過度的懲罰，比如要求過高的戰爭賠償或簽訂不公正的條約，因為這樣可能會導致新的衝突。例如，一戰後《凡爾賽條約》的過高賠償要求被認為是二戰爆發的一個誘因。而二戰後對德國和日本的處理則相對公平，避免了過度壓迫，促進了和平的長期穩定。

11. 戰後重建（Post-War Reconstruction）

戰後的國家和地區往往需要全面的基礎設施和社會秩序重建。例如，二戰後的馬歇爾計畫不僅幫助歐洲各國恢復了經濟，還穩定了社會，為持久和平奠定了基礎。戰後重建的關鍵是幫助受戰爭摧殘的國家恢復元氣，而不是讓它們陷入更深的貧困。

12. 追究戰爭罪行（Accountability for War Crimes）

那些在戰爭中犯下嚴重罪行的人必須被追究責任。例如，紐倫堡審判和東京審判為那些在二戰中犯下戰爭罪行的個人提供了公正的審判。這不僅是對受害者的尊重，也為未來樹立了對戰爭罪行「零容忍」的基準。通過追究責任，可以讓人類更好地警惕戰爭的殘酷，減少類似悲劇的再次發生。

通過這十二個原則，正義戰爭理論不僅幫助我們判斷一場戰爭是否正當，還提醒我們，即使在最黑暗的時刻，也應該保持對道德的堅持。戰爭並非沒有底線，而這些原則正是人類在衝突中尋找正義的努力體現。

美國獨立戰爭：正義戰爭的典範

美國獨立戰爭是一場在歷史與道德層面上都具有高度正當性的戰爭，其過程和結果體現了正義戰爭理論的諸多核心原則。從戰爭爆發前的動機，到戰爭進行中的行為規範，再到戰後的政治建構，這場戰爭不僅是一場爭取主權的革命，更是一場在正義與信仰框架內展開的自由鬥爭。

在戰爭爆發前，北美殖民地曾多次嘗試通過和平手段爭取基本權利。殖民地既無議會代表權，卻被強行徵稅，其貿易自由和地方自治亦被層層剝奪。《印花稅法》、《強制法案》等苛政引發民怨，而《橄欖枝請願書》的遭拒則宣告和平已無可能。大陸會議作為人民代表機構，展現了合法權威，而《獨立宣言》清晰表達了正義的出發點——「生命、自由與追求幸福的權利」源於造物主，不容侵犯，並逐條列出英王的三十余項暴政罪狀。

在戰爭過程中，大陸軍努力遵守戰爭道德。喬治‧華盛頓強調軍紀與克制，嚴令禁止攻擊平民和無差別破壞，體現了「區分原則」與「比例原則」。1776年德拉瓦河戰役便是一次精准打擊的典範，

既有效打擊敵軍，又避免無謂犧牲。這種以道德自律為邊界的軍事行動，不僅提升了士氣，也贏得了國際支持。

戰後，美國通過《巴黎條約》實現合法且穩定的和平，英國正式承認美國獨立，並劃定疆界。隨後，《邦聯條例》和《美國憲法》確立了民主政體，為自由世界奠定制度基石。儘管戰後面臨財政與社會重建的挑戰，美國並未滑入暴政或軍人干政，反而堅定邁向憲政與法治。

歷史上有一則未被證實但廣為流傳的軼事，二戰期間邱吉爾訪問美國時，一位元記者半開玩笑地問他：「首相先生，作為英國人，您怎麼看待美國獨立戰爭？那不是反叛嗎？」邱吉爾一笑作答：「若我生在十八世紀的美國，我一定會站在華盛頓一邊。」

正義戰爭理論：美國軍事倫理的基石

如今，正義戰爭理論成為了美國西點軍校等軍官學校的正式課程內容。在「軍事倫理」、「領導哲學」和「戰爭哲學」等課程中，學員系統學習正義戰爭的五大核心標準：正當理由（Just Cause）、合法權威（Legitimate Authority）、正當意圖（Right Intention）、最後手段（Last Resort）以及區分原則（Discrimination）。西點認為，一個真正的軍官不僅要懂得如何作戰，更要知道「為何作戰」、「是否該戰」。

這種教育目的在於不是教軍人迷信國家意志，而是讓他們在良知和正義的邊界內行動。士兵可以被命令去殺敵，但不能放棄道德。

外交政策背後的「倫理默契」

雖然正義戰爭理論並不是美國憲法的組成部分，它卻是美國總統和國務卿在向公眾解釋戰爭時反復使用的道德語言。

例如，1991年海灣戰爭時，布希總統強調多國部隊是在「阻止侵略、保衛無辜」；這明顯呼應了「正當理由」與「正當意圖」

的原則。而2003年伊拉克戰爭在道義上飽受批評，正是因為不少人認為它缺乏「最後手段」的證明，也未經過明確授權（無安理會明確許可），違反了「合法權威」的標準。

換言之，正義戰爭理論構成了一種「非書面憲法」：不寫在條文裡，卻約束著美軍的正當性邊界。

美軍制度中的倫理軌蹟

美國軍人不僅接受這套理論的教育，也在制度中踐行它。諸如《統一軍事司法法典》（UCMJ）、《交戰規則》（Rules of Engagement）等規章制度，雖不直接引用正義戰爭理論，卻在比例性原則、非戰鬥人員保護、必要性判斷等方面體現出相通的精神。美軍的「士兵守則」中，也反覆強調對「合法命令」的服從與「非法命令」的抵制義務——這些理念，正出自正義戰爭傳統。

正義戰爭和恐怖主義

在當代國際關係中，恐怖主義的蔓延和「正義戰爭理論」的衝突，構成了現代戰爭倫理中最複雜而尖銳的問題之一。恐怖主義的興起——尤其是基地組織、伊斯蘭國（ISIS）、哈馬斯等非國家行為體的暴力手段——打破了這一框架。他們通常不代表任何主權國家，也不承認國際法秩序，而是以宗教、族群、歷史復仇等理由發動襲擊，直接針對平民，製造恐懼。這種行為從根本上違背了正義戰爭的基本倫理。

2023年10月7日，哈馬斯對以色列發動了血腥恐怖襲擊。事後，以色列軍方組織國際記者、外交人員觀看由哈馬斯武裝分子體攝像機、保安錄影和現場錄影彙編而成的視頻。錄影揭示了恐怖慘狀：受害者被綁縛後燒死，屍體肢解嚴重，有的被投入垃圾桶。許多記者在觀看後情緒失控。

這不再是軍事衝突或政治爭端，而是赤裸裸的邪惡。對無辜婦孺下手、將嬰孩殺戮的暴行，不是出於「抗爭」，而是出於撒旦般的殘忍。沒有信仰、沒有良知、沒有底線的人，才幹得出這樣的事。

恐怖主義不是中立的，它是邪惡本身。

那些試圖將哈馬斯的暴行合理化的人，無論是左翼知識份子、主流媒體評論員，還是在大學校園裡舉起「反殖民主義」標語的學生，他們或是無知，或是被意識形態洗腦。這是我們這個時代一個令人痛心的現實。

更令人震驚的是，哈馬斯等恐怖組織不僅在居民區設立武裝陣地，而且在醫院、學校等人道設施中部署火箭發射平臺。甚至有情報指出，一旦空襲警報響起，他們便將婦女兒童帶入最危險的區域，蓄意作為人肉盾牌。而一旦傷亡發生，恰恰成為他們操控輿論的籌碼，好配合主流媒體早已預設的敘事結構——渲染以色列「濫炸平民」。哪怕以色列提前發出警告、留足撤離時間，這種策略依舊讓道德與戰爭的界限變得模糊。

其結果是，「正義戰爭理論」中原本保護無辜的「歧異性原則」（即在戰爭中區別戰鬥員與非戰鬥員的義務），在現實中幾乎演變為一種道德陷阱：若不出擊，則國家安全難以保障；若果斷打擊，則反被指控「侵犯人道」。恐怖分子蓄意違背規則，卻讓守規則的一方陷入困境。

當美國背離了正義戰爭精神

另一方面，近幾十年來，美國本應作為正義燈塔的國家，卻逐漸偏離了自己的道德指南。新保守主義者（Neocon）在冷戰結束後迅速崛起，他們主張在全球範圍內「推廣民主」，但實際操作中，卻演變為一場又一場毫無節制的干預戰爭。

請繼續閱讀下一篇文章：《新保守主義與戰爭狂的崛起》。

8-2
新保守主義和戰爭狂的興起

「美帝國主義」是一個情緒色彩濃厚、帶有強烈政治意味的詞彙，通常用來形容美國通過軍事、經濟和文化影響力，在全球範圍內進行干預和擴張的行為。在許多批評者看來，新保守主義正是這一稱號背後的重要推動力之一。

如果你最近關注2024年美國總統大選，你可能經常聽到一個詞：「Neocon」。在川普和小羅伯特・甘迺迪等人的言論中，「Neocon」已成為一個帶有貶義的標籤，用來指代那些熱衷戰爭和海外干預的建制派政客。這個詞是「Neo-Conservatism」的縮寫，中文譯為「新保守主義」。要理解美國的戰爭史與外交政策，我們必須首先回顧美國的傳統保守主義思想，然後再深入認識新保守主義的異變。

美國傳統的保守主義外交思想

在第五章中，我們已經探討了保守主義思想的起源及其核心原則（如對傳統和道德的保守等）。美國的內政理念長期以來便深深植根於這些保守主義原則之中。而這一思想，同樣深刻地塑造了美國的外交政策。

其核心精神可以概括為：以道義約束權力，以實力守護和平。這一理念並非近代才有的產物，而是自建國之初便已萌芽，深受清教徒信仰與自然法思想的滋養。它強調：正義必須有力量捍衛，而力量必須受道德規範的節制。

喬治・華盛頓在告別演說中勸誡國人「避免永久的外國聯盟」，強調道德自主與戰略獨立。這種早期的孤立主義，並非出於怯懦，而是一種源於謙卑與責任感的自我克制。美國被視為「山上之城」，其使命是以德行為世人示範，而不是貿然干預全球事務。

隨著國家的成長，保守主義外交逐漸確立了三大支柱：

國家主權優先：反對極端的國際主義，主張每個國家應有獨立決策權；

以實力求和平：「Peace Through Strength」（以強制和平）成為戰略核心，強調以實力威懾敵對勢力，維護和平；

道德與現實並重：既追求正義與秩序，也尊重戰略現實與國家利益。

保守主義外交並非冷酷的現實主義，而是一種有信仰根基的現實主義。它既反對盲目的擴張主義，也警惕犬儒式的孤立主義。擴張主義常常藉口「傳播民主」，將國家拖入無休止的戰爭泥潭；而犬儒孤立主義則完全退回國門，認為「世界事不關己」，對他國命運冷漠無感，只講利害得失，不問善惡是非。

例如在二戰爆發前，一些美國政客面對納粹德國的擴張便持犬儒立場，認為那是「歐洲的事」。即便在納粹大屠殺的消息傳來後，仍主張觀望。這種回避最終導致邪惡勢力坐大，美國也不得不付出更大代價來阻止災難蔓延。

保守主義的外交主張正是在這兩種極端之間尋找平衡：在信仰與道義的指引下，節制而有責任地使用國家力量，為自由與和平守望。它既不盲目干預，也不逃避責任，而是基於對人性墮落的洞察與對真理公義的堅持，在合宜的時機採取恰當行動。這種平衡在冷戰時期雷根提出的「以強制和平」戰略中展現得尤為清晰，構成了美國外交政策中獨特且穩定的傳統。

然而，冷戰的結束不僅重塑了全球政治格局，也深刻動搖了美國的文化與意識形態。在這一轉型期，美國基督教信仰的社會影響

力顯著衰退。這不僅體現在宗教參與率的下降，更反映在社會對人性罪性的認識淡化、對傳統保守主義價值的忽視，以及對有限政府理念的遺忘。

與此同時，新保守主義（Neoconservatism）的崛起與工業軍事複合體（Industrial Military Complex）的膨脹，使美國的外交政策逐漸背離了基督教所宣導的謙卑、公義與克制，使國家更容易滑向激進、干預與戰爭的道路。

20世紀的新保守主義（NeoCon）

在2000年前的幾十年，美國已開始將「推進民主」作為外交政策的核心。這不僅體現在軍事干預上，也包括藉助大規模機構推動的選舉機制與制度改革，可視為新保守主義推動「全球民主擴張」的前奏。以下是一些代表性案例：

拉丁美洲與中美洲（1980年代）

在尼加拉瓜、薩爾瓦多、瓜地馬拉等地，美國通過1979年的《中美洲特別援助法案》（Special Central American Assistance Act）提供經費、訓練與武裝支持，資助反共勢力並推動形式上的民主進程。同一時期的「雷根主義」通過CIA和特種部隊援助反共武裝，是新保守主義「政權扶植」策略的典型實踐。

東歐與蘇聯解體國家（1990年代）

1992年，《支持自由法案》（Freedom Support Act）為俄羅斯和獨聯體國家提供近150億美元援助，推動其市場化與民主化。美國國家民主基金會（NDI）和國際共和研究所（IRI）也在智利、菲律賓、波蘭等國積極介入選舉，為其提供技術、資金與監測支持。

巴爾幹與海地的軍事介入

1994年，美國發動「維持民主行動」（Uphold Democracy），出兵海地推翻軍政府，恢復民選總統阿裡斯蒂德。在波士尼亞內戰

中，美國領導北約實施關鍵性軍事干預，並促成戰後選舉與民族和解機制的確立。

這些案例體現了新保守主義的核心理念：通過軍事手段與民主援助，輸出美國價值，重塑全球格局。新保守派認為，美國負有道義與歷史責任去「引導世界走向自由」，特別是在蘇聯解體後的地緣空白中尤為明顯。

然而，這些實踐也暴露出嚴重問題：

- 多數「民主轉型國家」治理混亂，民主退步嚴重；
- 缺乏文化基礎與制度準備，外部強行植入制度反致國家動盪；
- 美國承受巨大的財政、道義與國際聲譽代價，國內也引發持續爭議。

早期新保守主義代表人物

第一代新保守主義者，如歐文・克裡斯托（Irving Kristol）、諾曼・波德雷茨（Norman Podhoretz）等，最初為民主黨人，甚至接近社會主義陣營。他們因1960年代左翼激進化（性解放、反戰、文化馬克思主義）而感到幻滅，對美國外交的軟弱也深表擔憂，逐漸右轉。

1980年代雷根執政，為新保守主義提供舞臺。儘管雷根本身更偏傳統保守主義，但其政府內部已有新保守主義的聲音。到了2000年代，小布希政府徹底將其作為外交指導思想，伊拉克戰爭的「自由擴張主義」便是代表。

值得注意的是，新保守主義雖起源于民主黨知識份子群體，但最終在共和黨內落地生根，尤其在外交政策與國家安全議題上。然而，在文化、道德與信仰方面，他們與共和黨內的宗教保守派存在張力。

換句話說：新保守主義者多是「思想右轉」的自由派，而非「信仰右轉」的基督徒。這也解釋了為何許多基督徒保守派日後對

新保守主義持批判態度——正如我們前文所強調，真正可持續的民主必須從內在的文化信仰與公民秩序中生髮，而非由外力強行植入或武力干預得來。

21世紀的新保守主義

進入21世紀，無論是在布希、奧巴馬時期，乃至更以後的階段，新保守主義（Neoconservatism）仍持續發揮影響力，主張以「民主輸出」為口號，通過軍事干預推動全球重構。以下是幾項標誌性的外交行動：

2003年伊拉克戰爭

2003年，在「新美國世紀計畫」（Project for the New American Century, PNAC）等政策智庫的推動下，美國發起了對伊拉克的軍事行動。戰爭的主要理由是防止薩達姆政權擁有並使用大規模殺傷性武器（WMD），但戰後並未發現核武證據。雖然薩達姆政權被迅速推翻，但戰爭導致伊拉克社會陷入大規模的人道危機，加劇了宗教與族群衝突，並間接催生了「伊斯蘭國」（ISIS）等極端勢力。其長期後果至今仍是國際政治爭議的核心之一。

阿富汗戰爭與「反恐代理戰」

2001年「9・11」事件後，新保守主義迅速佔據美國外交核心，主張通過軍事干預維護國家安全與全球自由秩序。在阿富汗，美國發動戰爭打擊塔利班與「基地組織」，獲得國內外初步支援，並持續多年。

奧巴馬政府雖在語言上弱化「全球反恐戰爭」的提法，實際上卻繼續擴大無人機空襲、特種作戰等手段。在敘利亞和伊拉克，美國在新保守主義影響下支援部分反對派，以「人道主義干預」為名介入戰局，同時通過協力廠商管道為一些團體提供物資與軍事支援。

2011年利比亞干預

在「保護平民」與推進民主轉型的名義下，新保守主義傾向的政策團體倡議美軍與北約對卡紮菲政權採取軍事行動。干預在短期內阻止了針對平民的鎮壓，但也導致利比亞政權迅速垮臺，國家陷入權力真空與長期混亂，班加西恐襲等事件接連發生，引發國際社會對軍事干預後果的廣泛反思。

總體來看，新保守派始終堅信「美國力量可以推動民主」，但從伊拉克混亂到敘利亞代理戰爭、再到利比亞失控，事實表明：武力無法創造秩序，民主無法強行移植。正如歷史學家們的批評所指出的那樣，新保守主義鼓吹全球軍事主導，卻往往帶來代價高昂、難以終結的「永遠之戰」。

工業軍事複合體和深層政府

推動這種意識形態的背後，是工業軍事複合體（Military-Industrial Complex）的持續膨脹。這一概念由艾森豪總統在1961年告別演說中首次提出，並鄭重警告：「我們必須警惕工業軍事複合體對自由與民主構成的潛在威脅。」

所謂工業軍事複合體，是軍工企業、五角大樓及政界高層之間形成的共生結構。它通過遊說、政治捐款和「旋轉門」（政商之間互換職位）機制，不斷推動戰爭政策，以維持龐大的軍費預算。

冷戰結束後，儘管蘇聯解體，美國依然維持甚至增加國防開支：1997年美國國防預算為2,660億美元，2010年，在伊拉克與阿富汗戰爭高峰期增長至7,200億美元。到2024年，這一數字已達8,160億美元，占全球軍費近40%。

大量資金流向「五大軍工承包商」：洛克希德·馬丁、雷神技術公司、波音、諾斯羅普·格魯曼和通用動力。這些公司不僅生產武器，更在政策制定中發揮遊說作用。2022年，它們在華盛頓的遊說支出超過8,600萬美元，雇用大量前議員、退役軍官與國防顧問，構建出事實上的「影子政府」。

伊拉克戰爭中的利益交易

以伊拉克戰爭為例，政治經濟的糾纏極為明顯。

時任副總統迪克・切尼（Dick Cheney）曾擔任哈利伯頓公司（Halliburton）CEO。該公司在戰爭中獲得超過390億美元的重建合同，許多並未公開招標，廣受詬病為「裙帶資本主義」的典型。戰爭初期，哈利伯頓股價暴漲，切尼雖設立信託基金規避直接持股，但仍遭輿論質疑「以權謀私」。

布希政府也被批評利用「9・11」事件煽動恐懼、擴張行政權力，在缺乏確鑿證據證明對方擁有大規模殺傷性武器的情況下出兵伊拉克。據布朗大學「戰爭成本項目」統計，此役共造成超過46萬人死亡，戰爭總支出超過2.4萬億美元。

此外，媒體還揭示布希家族與卡萊爾集團（Carlyle Group）之間的密切聯繫。該集團為私募投資巨頭，曾持有多家軍火企業股份，股東包括沙特王室，布希家族曾直接參與其事務。外界普遍質疑：戰爭背後是否還有巨大利益網路在運作。

新保守主義是對傳統保守主義的背叛

傳統保守主義並不是頑固守舊，而是一種基於人性真相與社會現實的政治哲學。它深植于基督教文明，對人性有深刻認知：人是墮落的，理性無法完美塑造人類社會。

因此，傳統保守主義主張限制政府權力，因為人性不可完全信賴；主張非干預主義的外交，因為戰爭往往是人類悲劇的源頭，只有在極端必要時才應動用武力；強調國家主權，反對全球主義與所謂「世界政府」，警惕將美國價值觀強行輸出到他國。

這正是雷根提出的「以實力求和平」（Peace through Strength），也是喬治・華盛頓在告別演說中的忠告：「遠離他國的糾紛」。

與此形成鮮明對比的是，新保守主義雖然披著「保守主義」的外衣，實則推動一條激進的帝國主義路線。它背離了傳統保守主義的初心，以「輸出自由與民主」為名，積極推動戰爭、政權更替與軍事干預；以維持美國全球霸權為目標，實則服務於工業軍事複合體與跨國金融利益集團。正如那句警世格言所言：「絕對的權力導致絕對的腐敗」，新保守主義正是陷入了這種權力膨脹的陷阱。

在這種理念主導下，伊拉克戰爭、阿富汗戰爭、敘利亞干預、利比亞政變等都被包裝成「捍衛自由」的正義行動。然而，現實結果卻是：數萬美國士兵的犧牲、數萬億美元的納稅人支出、無數平民的流離失所，以及由此帶來的恐怖主義擴散和難民危機，一波未平、一波又起。

川普的反擊：保守主義的回歸

川普的崛起，代表著民意的覺醒，是對建制派新保守主義的一次歷史性反擊。他明確反對無休止的海外戰爭，提出「美國優先」（America First）綱領，主張國家的首要職責是服務本國人民，而非在全球維穩或輸出價值觀。他認為，美國士兵的生命不應犧牲在遙遠的中東沙漠，而應當守護自己的家園與社區；美國納稅人的血汗錢，不應流入軍火商和承包商的腰包，而應投入教育、製造業與基礎建設這些真正造福國民的領域。

這種「川普主義」本質上是對傳統保守主義的回歸。它繼承了華盛頓的中立主義、傑弗遜的有限政府理念、林肯的聯邦憲政精神與雷根的經濟保守主義。它強調：自由必須紮根於信仰，與責任同行，並受制於一個受限的政府結構。而恰恰是那些權力氾濫、濫用武力、推行全球干預的行為，才是真正危害自由的陷阱。

從2024年的總統競選中就能看出，美國人民已經對新保守主義主導的戰爭路線感到疲憊和反感。這一點從軍隊招募的熱情可見一斑：拜登任期內，軍隊招募持續低迷，不得不放寬身體和教育標準，

靠高額獎金吸引應徵，甚至被輿論稱為「沒人願意當兵」，軍隊形象瀕臨崩塌。

而川普在2025年重新執政後，軍隊士氣迅速回升，招募熱情顯著增強。2025財年，美軍設定的徵兵目標為61,000人，卻在年中就提前完成，展現出軍隊威望的恢復和社會信心的回歸。

川普政府重申「以實力求和平」的傳統戰略，減少無必要的海外干預，強化國防備戰，同時通過外交與經濟手段維護地區穩定。他強調軍人榮譽，重建國防信心，並以傳統價值觀為基礎，喚起人民「願為國家而戰」的愛國情懷。

美國全球責任與「美國優先」的平衡

總結一下，美國在世界舞臺上的角色，始終遊走在兩個張力之間：一邊是「全球責任」，另一邊是「美國優先」。這一張力的根源，既在於美國的實力，也在於美國的信仰與理念。

作為世界最強大的國家之一，美國在兩次世界大戰與冷戰中發揮了關鍵作用，扶持民主、重建秩序、遏制極權。這段歷史塑造了「全球責任論」——即美國應主動維護國際正義與穩定。然而，這種責任一旦被過度擴張，極易落入一個危險的陷阱：絕對的權力，帶來絕對的腐敗。

而「美國優先」（America First）並不是一種狹隘的民族主義，而是對國家本職的正當強調。政府首先應保護自己的人民、邊界、產業和文化，不應為他國混亂長期買單。人民的納稅錢與子弟兵的生命，不是全球社會實驗的代價。

真正的智慧在於平衡。美國不應完全退縮為孤立主義者，更不能墮落為霸權主義的帝國。保守主義的外交傳統早已給出答案：有限的力量，節制的責任，強大的國防，克制的出手。

8-3
亨廷頓錯了：文明之間沒有衝突

薩繆爾・亨廷頓（Samuel P. Huntington）是20世紀末最具影響力的政治學家之一。他在1996年出版的《文明的衝突與世界秩序的重建》（The Clash of Civilizations and the Remaking of World Order）聞名了學術界和國際社會。這本書源於他1993年在《外交事務》（Foreign Affairs）雜誌發表的文章，在冷戰結束的背景下，亨廷頓提出了一個大膽而富有爭議的觀點：未來的全球衝突，不再是意識形態或經濟主導，而是不同文明之間的文化和宗教差異引發的碰撞。

然而，亨廷頓並未真正觸及問題的核心。他過於強調不同文明之間的對立，卻低估了各個文明內部的張力與裂變。他將「文明」視為一個穩定而封閉的整體，忽略了其中所蘊含的多樣性和動態演變。例如，今日中國大陸所呈現的文化面貌，實際上早已深受西方馬克思主義的衝擊與改造，許多傳統文化精髓被破壞殆盡。相較之下，中華文明的正統脈絡在臺灣卻得以相對完整地保存。

同樣地，西方文明也並非鐵板一塊。近年來全球主義與文化馬克思主義的興起，與以傳統基督教價值觀為代表的西方保守主義之間，形成了激烈的內部張力。這些衝突並不亞於所謂「文明衝突」，反而是塑造當今世界秩序變化的重要驅動力。

亨廷頓雖然是一位溫和的保守派，作為一名中間偏左的民主黨人，他在許多問題上比激進自由派更為謹慎。但即便如此，在對文明演變路徑的整體把握上，他未能預見到這些內部分化與衝突的深遠影響，這也成為他理論的一個關鍵局限。

亨廷頓到底講了什麼？

《文明的衝突與世界秩序的重建》是一本圍繞「文明衝突」這一核心概念展開的著作。亨廷頓在書中提出，隨著冷戰的結束，全球格局發生了根本性變化：意識形態之爭（如資本主義與共產主義）已成為歷史，取而代之的是文明之間的矛盾成為國際關係的主導因素。

亨廷頓將「文明」定義為文化與宗教認同的集合體，並將世界劃分為多個文明區域。他認為，文明認同比國家認同更根深蒂固，因此，未來國際政治的焦點將是不同文明之間的摩擦與碰撞。

亨廷頓預測，西方文明與伊斯蘭文明、中華文明之間將形成最持久、最危險的對抗。他認為，西方試圖將自身的價值觀和制度模式推向全球，但這種做法往往與其他文明的文化傳統和價值體系發生衝突，這種衝突是不可避免的。

亨廷頓的這一預測確實有一定的前瞻性，但他忽略了一個更深層的現實：所謂的「文明衝突」，在某些情況下不過是利益集團精心策劃的棋局。這正是我們在上一章提到的新保守主義與美國的戰爭機器——它打著「民主」的旗號，實際上卻是在通過戰爭攫取經濟與地緣政治利益。

亨廷頓還提出了「伊斯蘭之血」（Islam's bloody borders）的理論，認為伊斯蘭文明有一種「邊界衝突」的天然傾向，在與其他文明的交界地帶，暴力衝突往往頻繁發生。然而，這一觀點雖然有一定的歷史依據，卻忽視了一個關鍵問題：不是所有的伊斯蘭國家都有這樣的血腥邊界。這些衝突的背後，不僅僅是宗教和文化的摩擦，更是不受制約的政教合一的野蠻權力。

亨廷頓還對中華文明的復興做出了預測。他認為，隨著中國的崛起，西方將面臨來自中華文明的挑戰，而這種挑戰不僅僅局限於經濟或軍事層面，更是文明價值觀與政治秩序之間的根本對立。

但亨廷頓在這一點上顯然存在誤判。中華文明真的相信零和博弈嗎？今日「保存最完好的中華文明」其實在臺灣，而大陸的「儒家文化」早已被西方輸入的馬克思主義意識形態掏空殆盡。

亨廷頓將集體主義（儒家文化）與西方個人主義之間的對立視為文明衝突的根源，但他的分析僅僅停留在表面。真正的問題在於：**沒有自由與法治的集體主義，最終會淪為極權；缺乏道德約束的個人主義，則會滑向無序與混亂。**文明真正的危機，往往不是來自外部，而是源於其內部的崩塌與腐蝕。問題的關鍵在於如何讓政府的權力受到制約。

亨廷頓的偏差

雖然亨廷頓為人們提供了一種解讀全球動盪的視角，將「文化和身份」納入國際事務的核心討論中。他的理論存在一些明顯的缺陷和偏差。

一是過度強調文明衝突，忽視內部矛盾。亨廷頓將國際衝突歸結為文明對立，但許多全球危機的根源其實是內部的政治腐敗、權力鬥爭和政府失能，而非文明之間的不可調和。例如，敘利亞內戰、利比亞動盪以及阿富汗的長期混亂，並非簡單的「文明衝突」，而是極權政府、腐敗精英和宗教極端主義聯手製造的悲劇。

二是忽視極權政府對文明的操控。亨廷頓沒有深入剖析極權政府如何利用文明衝突作為轉移內部矛盾的工具。例如，共產主義國家今天仍然利用民族主義和「外部威脅」來維持權力，這種手法與亨廷頓提出的「文明衝突」並不直接相關。

三是忽略人民的共同價值與抗爭。亨廷頓將文明割裂為對立的整體，卻忽略了不同文明中的人民其實有著共同的價值追求。伊朗、埃及、香港等地的民主運動證明，即便是在文化和宗教背景截然不同的地區，人們對自由、尊嚴和公正的渴望依然是普世的。文明並

非不可跨越的鴻溝，真正的衝突往往是人民與不受制約的權力之間的較量。

文明之間真的有衝突嗎？

亨廷頓的最大錯誤是把文明之間的差異視為無法調和的矛盾。他的理論暗示，不同文明之間必然會發生衝突，因為它們的價值觀、歷史記憶和社會組織方式不同。然而，事實並非如此。文明之間並不必然對立。以美國人民和中國人民為例，儘管他們的文化、語言和生活習慣截然不同，但普通人骨子裡都渴望和平和安定。幾百萬華人在美國安家立業，貢獻社會，和美國鄰居和睦相處。

同樣，美國與伊斯蘭文明的關係也並非完全敵對。我的一位穆斯林鄰居溫和友善，我們常一起聊天氣和孩子，他在美國生活幾十年，從沒表現出亨廷頓所說的「文明敵意」。事實上，大多數穆斯林也是愛好和平的普通人，他們想要的無非是一個安穩的生活，而不是與西方展開衝突。無論是紐約的白領，還是迪拜的商人，或者上海的工程師，他們的日常生活方式越來越相似，都希望社會穩定、經濟繁榮、家庭幸福。這種現實與亨廷頓所描繪的「文明衝突」形成了鮮明對比。

真正的衝突並非發生在人民之間，而是存在於政府之間，更確切地說，是不受制約的野蠻權力之間的博弈與衝突。亨廷頓將「文明」視為鐵板一塊，卻忽略了一個關鍵的事實：人民與權力之間的天然分隔。無論來自哪個文明，普通人的共同願望是安居樂業、家庭安穩，而戰爭與衝突往往是掌權者出於政治利益或權力野心而挑起的，而非民心所向。

的確，有一個不容忽視的事實：某些文明（如集體主義文化或伊斯蘭文化）在歷史與制度演變中，更容易催生極權政府，而某些文明（如崇尚個人自由的西方文化）則在建立極權政權方面相對困難。然而，這種傾向並不意味著極權就絕對不會在其他文明中出現。

即便是看似民主與自由紮根的社會，也未必能完全抵禦「軟極權」或「深層政府」（Deep State）的滲透與操控。

真正的衝突是不受制約的野蠻權力之間的衝突

文明之間的衝突並不是天然的，而常常是極權政府和腐敗政權製造的。他們為了鞏固自己的統治，不惜製造外部敵人，將自身的失敗歸咎於外部文明。

冷戰是典型的「文明衝突」的樣本：蘇聯代表「共產主義陣營」，美國代表「自由世界」，兩者在意識形態和全球影響力上展開了長達半個世紀的對抗。但問題是，這場衝突真的是蘇聯文明與美國文明之間的敵對嗎？

答案是否定的。

蘇聯人民從來沒有投票選擇「對抗美國」，他們的日常生活並不希望與世界隔絕，也不渴望將自己的生活方式強加給別人。真正推動衝突的，是蘇聯共產黨這個不受制約的極權機器。蘇聯政府壟斷了所有資訊管道，通過控制媒體、教育和輿論，不斷向人民灌輸「美國是帝國主義敵人」「資本主義腐朽墮落」等思想，從而製造一種「全民敵意」的幻象。

但事實上，蘇聯人民並沒有選擇這條道路。他們沒有自由的選票，沒有獨立的媒體，甚至沒有選擇領導人的權利。正如前蘇聯持不同政見者索爾仁尼琴所說：

> 「人民只是在極權機器下的沉默多數，他們沒有辦法決定國家的方向，只能忍受來自政府的命令。」

蘇聯政權製造與西方的敵對，目的並非維護國家利益，而是維護統治精英的權力。極權政權最害怕的不是外部敵人，而是內部人民的覺醒。他們深知，一旦人民意識到外面的世界更自由、更繁榮，

極權的統治就會岌岌可危。因此，蘇聯不斷塑造外部威脅，以此來轉移國內的不滿情緒：

經濟失敗？歸咎於西方的「封鎖和遏制」。

糧食短缺？怪罪資本主義國家「阻止蘇聯發展」。

社會動盪？甩鍋給「西方勢力策動分裂」。

正如雷根總統所言：

「我們與蘇聯人民沒有衝突，我們的敵人是那個把人民囚禁在極權體制中的政權。」

亨廷頓天真地認為冷戰以後這種衝突就沒有了。其實歷史總是在不斷重複，今天的共產主義國家都有同樣的制度基因，並且現在權力的腐敗程度，高科技的應用和對自由世界的滲透已經遠遠超過了前蘇聯。

伊斯蘭極端主義：另一種不受制約的野蠻權力

在當今世界，「伊斯蘭極端主義」常常成為西方媒體報導中的焦點。從9・11事件到伊斯蘭國（ISIS）的恐怖襲擊，這種極端思想似乎成了西方與伊斯蘭世界對立的象徵。然而，這種「文明衝突」的敘述，忽略了一個關鍵事實：伊斯蘭文明並不是天生與西方對立，穆斯林世界也不天然地敵視自由與繁榮。

相反，絕大多數穆斯林，無論是生活在中東、北非，還是在東南亞的印尼、馬來西亞，甚至在西方國家的穆斯林移民，他們的追求與全世界人民沒有區別：他們渴望自由、和平、發展與穩定的生活。那麼，為什麼在一些伊斯蘭國家，反西方的極端思想卻大行其道，甚至成為政府意識形態的一部分？答案可能在於——宗教被極權政府操控，成為鞏固統治的工具。

在一些伊斯蘭國家，尤其是中東地區，腐敗的政府和權力精英將宗教工具化，用極端思想塑造民眾的世界觀，以便將外部敵人當作內部問題的替罪羊，從而掩蓋自身的失敗與腐敗。他們通過官方媒體、學校教育和清真寺的佈道，向民眾灌輸一種「西方是異教徒，穆斯林必須與之鬥爭」的觀念，把政治統治包裝成「捍衛伊斯蘭信仰」的神聖事業。

在這些國家，任何試圖進行宗教改革、宣導寬容與自由的聲音，都被極端政權打壓、汙名化。例如，伊朗的異見者和溫和派學者常常遭受監禁或處決，沙烏地阿拉伯等國也對自由主義知識份子實行嚴厲打壓，這讓溫和與寬容的聲音在穆斯林世界難以生根。

除了政治因素以外，伊斯蘭世界中頻繁出現恐怖主義現象，這背後有其複雜的歷史和宗教根源。至於其成因與內在機制，我們將在下一篇文章中作更詳細的探討。

自由世界裡的衝突：天賦人權沒有了「天」

自由世界曾建立在「天賦人權」的信仰之上，這一理念認為人的權利來自上帝，而非政府的恩賜。然而，當「天」被逐出公共領域，天賦人權失去信仰的根基時，自由世界迅速走向極端主義與腐化的深淵。這種衰退所帶來的衝突，正體現在兩個層面：意識形態的撕裂和大政府與軍工複合體推動的全球動盪。

首先，自由派與保守主義者之間的對立愈演愈烈。保守主義者堅持基督教傳統，反對墮胎、同性婚姻和非法移民，維護神聖的道德秩序。但自由派已不再是寬容的宣導者，而是推動極端主義的力量。他們將墮胎視為「女性選擇」的絕對權利，將身份政治和覺醒文化變成打壓異見者的工具，削弱了自由世界的共同道德價值觀。這種撕裂讓美國乃至整個西方社會陷入了內部分裂和文化戰爭。

其次，大政府與軍工複合體的操控，將自由世界拖入永無休止的戰爭與動盪。深層政府、情報機構、跨國資本和軍火巨頭共同操

縱選舉、製造戰爭，將民主變成金錢和權力的工具。伊拉克、阿富汗和烏克蘭的戰爭，背後都有軍工企業獲取暴利的影子。甚至恐怖主義的滋生，也與西方對某些極端勢力的扶持有關。自由世界一面高喊「反恐」，一面在背後扶持極端組織，為自身利益服務，導致全球陷入持續混亂。

結語

　　文明之間並不存在天然的衝突，真正的衝突來自於不受制約的野蠻權力。這種權力可以以各種形式存在——它可以是極權主義的共產政權，也可以是濫用武力的國家恐怖主義，甚至可以是美國的深層政府。這些形式雖然不同，但它們有一個共同點：政府凌駕于公民之上，將權力擴張置於自由與權利之上。當權力不受制約時，不論在哪種文明中，都必然導致壓迫、腐敗和暴力。

　　真正的文明，不是用權力征服他者，而是保障人的自然權利，賦予每個人思想、言論、宗教信仰的自由，並讓政府受到民眾的制衡和管理。當這樣的秩序得到維護，不同文明之間就不會發生不可調和的衝突，因為人性深處的渴望——自由與尊嚴，是超越文明邊界的共同價值。例如韓國、日本等東方國家，雖屬於集體主義文化傳統，但與美國之間並不存在本質衝突，正是因為它們採納了尊重和保障自然人權的文明體系。

　　亨廷頓的「文明衝突」理論忽視了這一根本真理。他的視角局限於人文主義的高度，未能洞察權力失控才是世界動盪的真正根源。正因為缺乏信仰的深度，他無法預見到今天世界的混亂，更無法理解，自由與秩序的失衡，才是世界真正的衝突之源。只有當權力受到約束，人類才能超越衝突，建立真正的和平。

8-4
誰在給恐怖主義輸血：中東問題的出路

從加沙火箭戰、耶路撒冷的自殺式恐怖事件、黎巴嫩真主黨的軍事襲擊，到911恐襲、ISIS崛起，再到如今以色列與伊朗的公開交戰——中東問題從未真正遠離全球輿論的聚光燈。戰爭、恐怖主義、宗教衝突、難民潮此起彼伏，接連不斷。每當人們以為局勢或將緩和，新的衝突卻迅速爆發。以色列與伊朗如今的軍事交火，已不僅是代理人衝突，而是國家之間的直接軍事對抗，標誌著中東局勢再一次全面升級。

許多人習慣性地將中東的混亂歸因於宗教紛爭、資源爭奪或領土矛盾，認為這是一個無解的歷史死結，和平幾乎沒有希望。然而，我們必須回到一個更根本的問題：恐怖主義，本身是一種徹底反人性的邪惡。誰天生願意成為「人肉炸彈」？是誰教導孩子去砍頭、肢解屍體、實施強暴，並把這些行為視為「道德」與「榮耀」？這種非人性的暴力行為背後，離不開從小灌輸的仇恨教育與系統洗腦。

恐怖主義如同癌細胞，它的擴散並不全依靠自我繁殖，而依賴於外部的「能量供應」。就像癌細胞依賴葡萄糖才能擴張生存，恐怖主義也依賴輿論庇護、金錢資助、媒體美化與制度性縱容。只有「切斷供應」，它才能真正枯竭。

本篇文章試圖從一個關鍵視角切入：誰在為恐怖主義輸血？換句話說，中東要走出混亂，首先必須追問——誰在養活這場邪惡？正視這一問題，也許才是邁向和平的第一步。

中東問題的宗教根源：從亞伯拉罕開始的分歧

要理解中東衝突的起點，我們必須回到幾千年前的一位歷史人物——亞伯拉罕（Abraham）。這位生活在古代美索不達米亞的遊牧族長，被猶太教、基督教和伊斯蘭教共同尊為「信仰之父」。然而，正是他家庭生活中的一段插曲，成為今日宗教紛爭的根源之一。

根據《聖經・創世記》的記載，上帝應許亞伯拉罕將成為「多國之父」，他的後裔將如天上的星、海邊的沙。然而，他年老無子，其妻撒拉不能生育，於是他聽從妻子的建議，與使女夏甲（Hagar）生下了以實瑪利（Ishmael）。之後，撒拉在神蹟中生下以撒（Isaac）。以撒成為上帝應許之約的承繼人，其後裔發展為以色列民族；而以實瑪利則被視為阿拉伯民族的祖先。神的應許沒有落空，但亞伯拉罕因一時的不信與偏行己意，也埋下了人類歷史中深遠的宗教衝突。換句話說，中東的宗教對立，從一開始就是人與神之間關係破裂的延伸。

兩種詮釋：猶太人與穆斯林的分歧

在猶太教與基督教傳統中，以撒被視為「應許之子」，承接上帝與亞伯拉罕之間的聖約。他的兒子雅各後改名為「以色列」，其後裔成為今日猶太民族。耶路撒冷因此成為信仰中心，是聖殿之地，也是彌賽亞再臨之處。

而在伊斯蘭教傳統中，穆斯林認為以實瑪利才是亞伯拉罕的長子，也是信仰的真正傳人。他被視為阿拉伯民族的始祖，穆罕默德則自稱是其後裔。麥加與麥迪那因此成為伊斯蘭最神聖的城市，而耶路撒冷則因穆罕默德「夜行登霄」的神蹟被奉為第三聖地。

這兩種傳統，體現了兩種神聖地理與民族身份的差異。一方強調「揀選與應許」，一方強調「順服與傳承」。這不是簡單的歷史誤解，而是兩種文明從根本上路徑分歧。

宗教對立的現代延續

這種古老的宗教分歧,在現代國家政治中被放大與固化。猶太人將以色列複國視為神的應許成就,而許多穆斯林則認為這是對巴勒斯坦土地與信仰的冒犯。尤其是對耶路撒冷的控制,常常點燃宗教情緒與政治衝突。這不只是領土之爭,更是關於「誰擁有神的應許」的衝突。

現代恐怖主義的興起

二十世紀見證了現代恐怖主義作為政治工具的興起,從零星的無政府主義攻擊,逐步演變為有組織的意識形態、宗教或民族主義運動。雖然恐怖主義並非某一意識形態所獨有,但二十世紀末標誌著伊斯蘭主義與恐怖主義的顯著崛起,其驅動力來自對激進伊斯蘭教義的解讀。1979年的伊朗革命是關鍵轉捩點,建立了一個成為全球恐怖主義資助者的神權政權。伊朗伊斯蘭共和國透過其革命衛隊(IRGC),資助並訓練了真主黨、哈馬斯以及後來的胡塞武裝等組織,構築起一個輸出革命意識形態的代理網絡。

到1980年代與1990年代,基地組織與「伊斯蘭聖戰」等極端團體將「聖戰」推向全球,不再侷限於本地衝突,而是將攻擊目標擴展至「西方與以色列的利益」——包括其公民生命、海外使領館、駐軍、企業、基礎設施,乃至承載國家權力、財富與影響力的象徵性建築。

哈馬斯作為一個被美國、歐盟等認定為恐怖組織的團體,正是在此背景下崛起,融合了巴勒斯坦民族主義與伊斯蘭主義意識形態。伊朗作為恐怖主義的重要資助國,本身是幕後最大的金主。據估計,伊朗每年向哈馬斯提供約1億至3億美元的資金支持,並同時提供武器與軍事訓練。這些援助直接促成了2023年10月7日的攻擊行動,其中所使用的火箭與戰術手段,在很大程度上依賴伊朗的支持。國

家層級的伊斯蘭主義與恐怖主義在此交會，構成持續性的安全威脅，並透過煽動意識形態認同，為暴力行為尋找辯護。

極端的伊斯蘭國家與組織

在以色列與伊斯蘭世界的衝突中，表面看似民族與領土之爭，實則往往根植於深層的神學分歧與意識形態衝突。這種衝突不僅存在於戰場和邊境上，更深深植根於許多伊斯蘭國家的政治體制、教育體系、媒體敘事和文化心理中。

以哈馬斯為例。作為加沙地帶的實際統治者，哈馬斯在其1988年憲章中就明言「以色列將繼續存在，直到伊斯蘭將其徹底摧毀」，徹底否定以色列的合法性，主張通過「聖戰」手段收復全部巴勒斯坦領土。在哈馬斯統治下，教育與媒體完全受審查和控制。從小學起，教材中即灌輸「以色列是非法國家」、「殉教者將進入天堂」等觀念，宣揚暴力作為榮譽之舉。對平民的襲擊被包裝成「神聖的回報」，而實施襲擊者的家屬則獲得金錢與社會尊榮。

在伊朗，反猶情緒更上升至國家意識形態的高度。最高領袖哈梅內伊曾多次稱以色列為「癌症腫瘤」，必須「從地球上抹除」。這一國家不僅在外交層面否認以色列存在，還直接資助並武裝多個代理組織，如黎巴嫩真主党、哈馬斯和葉門胡塞武裝，對以色列形成持續性軍事威脅。伊朗國內幾乎沒有真正的言論空間，社交平臺如 Twitter 與 Facebook 被長期封鎖，僅限官方機構使用。教育與媒體由宗教與政府聯合管理，網路設有「伊斯蘭防火牆」，青少年從小便被教導「以色列是惡魔國家」，並鼓勵參與「反猶日」等極端活動。

黎巴嫩的真主党則是伊朗在地中海方向的「代理人」。這一什葉派武裝組織掌控黎巴嫩南部，其黨綱公然宣稱「摧毀以色列國家、解放耶路撒冷」為終極目標。它長期向以色列北部發射火箭彈，其

宣傳片和清真寺講道充斥著赤裸裸的反猶主義，致力於塑造下一代「聖戰者」。

敘利亞歷屆政權從未承認以色列合法性，與以色列爆發過多次戰爭。該國媒體完全國有化，學校教育強調「復仇正義」，將以色列描繪為西方帝國主義的前哨。

葉門胡塞政權亦是伊朗扶植的代理武裝，其標語就包含「詛咒以色列，詛咒美國」，控制區幾乎無言論自由可言。

在伊朗、敘利亞、黎巴嫩及葉門胡塞控制區，任何以色列人乃至公開身份的猶太人都將面臨嚴重威脅。這些地方不僅幾乎完全沒有猶太社區的存在，甚至有些地區設立「無猶區」標誌，教育體系則普遍將猶太人妖魔化。

在哈馬斯控制的加沙，乃至一些巴勒斯坦城市，殺害以色列人的襲擊者被稱為「烈士」，其家屬獲得「烈士撫恤金」，由巴勒斯坦權力機構發放。伊朗政府同樣為此類襲擊行為提供財政支持，用於獎勵自殺襲擊者的家庭。

由此可見，在這些極端的伊斯蘭國家與組織中，反猶主義不僅是群眾情緒，而是被制度化、宗教化、政治化的意識形態武器。這種體制化的仇恨教育不僅不斷激化衝突，更徹底扼殺了任何和平的可能性。而必須正視的核心問題是：一個將「殺死另一族群」寫入憲章的政權，是否能夠參與現代國際秩序的建設？是否真正承認每一個人不可剝奪的尊嚴？這正是我們必須直面並回答的問題。

溫和的伊斯蘭國家與組織

儘管中東地區充斥著激烈衝突和敵對言論，但並非所有伊斯蘭國家都以仇恨和極端為行為基礎。在伊斯蘭世界中，也存在一批更為務實、克制，甚至傾向合作的「溫和派」成員。這些國家在處理以色列問題時，展現出更高程度的現代化、世俗化與制度理性，提醒我們：伊斯蘭信仰本身並不必然導向仇恨與暴力。

沙烏地阿拉伯長期以來因向伊斯蘭世界各地傳播瓦哈比派教義，並資助許多清真寺與宗教學校而受到廣泛批評。瓦哈比派是一種源自18世紀的伊斯蘭復興運動，主張回歸最原始的伊斯蘭教義，強調字面遵守《古蘭經》和聖訓，對異教徒與教內異端持極端排斥態度。這種排他性與激進色彩，使得瓦哈比主義被認為是許多現代極端組織的思想根源之一。

但在王儲穆罕默德・本・薩勒曼（MBS）主導下，國家政策迎來重大轉型，以「願景2030」為藍圖的改革推動其吸引投資、發展旅遊、遏制極端思想。雖然沙特尚未正式建交以色列，它已在情報、安全、反伊朗事務上與以色列展開幕後合作，還討論共用科技和投資專案。教育和媒體領域也出現調整，曾經將猶太人形象妖魔化的教材正逐步清理，宗教節目主導權轉移至國家控制。

埃及與約旦則是阿拉伯國家與以色列和平共處的先驅。埃及於1979年簽署《大衛營協議》成為第一個與以色列建交的阿拉伯國家，約旦隨後于1994年達成和平協議。儘管兩國國內輿論仍對以色列存在抵觸，政府層面卻維持持久的合作，尤其在安全、能源和水資源領域。埃及與約旦的宗教傳統以蘇菲派與溫和遜尼派為主，強調內心修養、社會穩定與協作關係。它們雖保留較為保守的資訊控制，但並不將反猶主義寫入國家行為邏輯，相較於激進勢力更關注國家治理和實際利益。

為什麼這些國家能夠保持相對溫和？關鍵在於其宗教觀更多強調「仁慈、秩序與責任」，而非極端的「復仇或殉教觀念」。在政治實踐中，它們更重視經濟發展和國際聲譽，而非意識形態對抗。在媒體與網路管理方面，它們相比伊朗或加沙更為開放，允許一定程度的不同意見在社交平臺上流通，同時致力於將青年引導到技能培訓與經濟建設領域。

這也意味著和平並非空想。2020年在沙特默許下，以色列與阿聯酋、巴林、摩洛哥達成川普開啟的《亞伯拉罕協定》，標誌著溫

和派國家願意尋求現實利益，而非繼續為抗爭犧牲本國未來。這些國家所展現的外交務實和現代伊斯蘭態度，提醒人們伊斯蘭並不等同于哈馬斯、ISIS式極端，它可以與現代價值相融共生。

以色列的憲政實踐與穆斯林的公民權利

中東戰火紛飛，仇恨似乎無處不在。但在衝突的另一端，也存在一片土地，其中猶太人與穆斯林、基督徒和其他少數族裔在法治與自由的體制下共同生活、展開合作——這就是以色列。

一個猶太國家，保障普世權利

以色列作為猶太民族之國，確立了猶太教文化為國家認同的核心。然而，其憲政體制建立在自由民主基礎之上，承認並保障所有公民的基本權利。以色列擁有多党民主制度、獨立司法系統、言論自由的媒體環境，以及嚴格保護的基本自由。這些權利不僅適用於猶太群體，也包括該國約200萬阿拉伯裔公民，占總人口約21%。他們是真正在以色列享有選舉權、言論自由和宗教自由的中東少數民族之一。

這些阿拉伯裔公民中包括穆斯林、基督徒與德魯茲人。他們擔任國會議員、出任高等法院法官，在各大高校、醫院、科技公司任職。即使在以巴衝突最激烈的時刻，他們的基本權利依然得以保障。在以色列大學的阿拉伯裔學生人數逐年增加，許多醫院中也有阿拉伯籍醫生和護士與猶太同事並肩工作。

即便是居住以色列控制區之外的巴勒斯坦人，也能在以色列社會中找到就業機會。每天約有十萬巴勒斯坦勞工合法進入以色列，參與建築、農業、清潔和醫療等行業，從事薪資和福利均高於加沙與約旦河西岸的勞動工作，他們的收入往往成為家庭的經濟支柱。這種和平共處現實已持續多年，僅在極端情況發生後才會暫時收緊安全檢查。

從自治到恐怖主義：加沙的沉淪

回看歷史，2005年時任總理沙龍下令全面撤出加沙，拆除所有定居點，並將當地交由巴勒斯坦人自治。以色列還留下現代農業溫室、工業設施與基礎配套，以支援該地區的經濟起步。然而，這一機會在2007年被哈馬斯政權奪控後被徹底錯失。哈馬斯將加沙變成恐怖主義溫床，興建地下隧道、製造火箭彈、設立兒童軍事訓練營、宣傳「殉教教育」。原本供農業與工業使用的溫室和廠房多數被改造用於武器製造，經濟發展被極端化取代。

在以色列，網路自由暢通，媒體持開放態度，多種聲音並存並受法律保護。阿拉伯媒體正常運行，教育體系鼓勵尊重多元與個人權利。相比之下，加沙在哈馬斯統治下，網路和媒體被嚴格控制，兒童從小學階段就接受反猶教材——在這裡，他們學到的不是現代文明，而是「為真主殉教是最高榮譽」。

文明與野蠻有區別

事實勝於雄辯。在以色列這片土地上，不同宗教與族群的人們正在法治與制度保障下努力共處。即便是那些對以色列實施恐怖襲擊的加害者，如果在行動中受傷或被捕，也會在以色列醫院中接受與普通人一樣的救治與人道待遇。這不是妥協，而是對「每個人都有尊嚴」信念的實踐，是一個文明社會的基本底線。

當然，我們並不是說以色列政府所作所為都是正確的。它同樣需要被監督，也並非沒有爭議——歷史上一些重大恐襲事件也曾有猜測指向以色列特種部隊可能參與其中，並試圖嫁禍阿拉伯世界。然而，關鍵的區別在於：以色列擁有相對自由的媒體和言論空間，這使得對政府的監督成為可能，歷史的真相有機會被揭示，正義有可能見光。

而在許多極權或恐怖主義勢力主導的社會中，媒體被徹底控制，言論被嚴密封鎖，任何揭露真相的嘗試都會被打壓，甚至招致生命

危險。正是在這種制度性的封閉之下，暴力得以被美化，仇恨得以被灌輸，歷史被扭曲。這正是文明與野蠻的根本區別。

誰在給恐怖主義輸血？

在許多西方左派眼中，中東衝突被簡化為「殖民者與被壓迫者」的對立。他們將以色列描繪為帝國主義前哨，將哈馬斯、伊朗等組織包裝成「反抗壓迫的自由戰士」。這種敘事不僅在輿論上為恐怖行為開脫，還通過政策與資金層面對這些組織進行支援。奧巴馬政府在2015年簽署伊朗核協議，解凍了超過1000億美元資產，並釋放數十億美元現金。然而，這些資金並未改善伊朗民眾的生活，反而被用於支持伊斯蘭革命衛隊和中東代理戰爭。拜登政府上臺後進一步放寬對伊朗的制裁，間接助力黎巴嫩真主党、葉門胡塞等代理組織。

同樣的問題也出現在對巴勒斯坦的援助中。長期以來，美國、歐盟等西方國家每年通過聯合國近東巴勒斯坦難民救濟和工程處（UNRWA）向巴勒斯坦提供大筆人道援助，僅2022年，美國就向UNRWA提供了約3.4億美元的資助，歐盟則長期維持在2.5億至3億美元之間。若按人口比例計算，這意味著每一位加沙居民平均每年可獲得可觀的國際援助，遠高於全球其他難民群體的平均水準。

但這些資源並未真正用於改善民生，而是頻繁被挪用於極端主義活動。UNRWA早已被多方曝光與哈馬斯勾結：不僅多所由其資助的學校被用作火箭發射基地，教材中也公然出現反猶內容與「烈士精神」讚頌，甚至被發現有相當一部分職員為哈馬斯成員，其中部分人直接參與了2023年10月7日對以色列的恐怖襲擊。

援助資金也往往通過親哈馬斯的NGO管道流轉，用於挖掘地下隧道、製造火箭彈、策劃襲擊行動，以及製作宣傳「殉教英雄」的媒體內容。這些所謂的「人道組織」在國際舞臺上以義工、難民工作者自居，實際上卻成為恐怖主義的灰色金融網路。

與此同時，西方左派媒體與學界卻對這些事實選擇性失明。他們對哈馬斯在教育體系中灌輸仇恨、壓迫婦女、迫害宗教少數群體的行為保持沉默，卻在以色列進行自衛時高呼「戰爭罪」，把道德標準反過來使用。這種道德顛倒，不僅為恐怖主義提供輿論庇護，更在實際上成為它賴以生存的另一種「輸血」。

　　值得一提的時，一些恐怖組織是我們前面提到的新保守主義政客推動「民主輸出」、干涉他國內政過程中應運而生的。當美國以「自由」與「人權」為名，試圖強行改變中東的政權結構時，往往未能真正理解當地宗教、部族與文化的複雜性。伊拉克戰爭推翻薩達姆後，留下的權力真空和社會崩潰環境直接催生了「基地組織伊拉克分支」，最終演變為更為極端的ISIS。類似的情況也發生在利比亞、敘利亞和葉門——政權崩潰但秩序未建，結果便是恐怖主義趁虛而入，反噬「解放者」本身。

　　當然，另一類為恐怖主義持續「輸血」的力量則更具戰略性——那就是以中共和俄羅斯為代表的極權國家。他們並不真心關心中東的穩定，也並不認同恐怖主義的宗教訴求，而是出於地緣政治的考量，將美國視為首要敵人。因此，他們選擇以金錢、武器、外交支援等方式暗中扶持反美武裝和恐怖組織，目的在於削弱美國的國際影響力，分散其戰略資源，令其陷入「無休止的干預與撤軍迴圈」。比如，俄羅斯長期與伊朗結盟，向敘利亞政權輸送武器，默許真主党行動。

總結

　　總的來說，我們真正可以通過選票和輿論影響的，是那些在西方政壇、媒體、學界和國際援助系統中，為恐怖主義提供合法性與資源的左派力量。他們打著「反壓迫」的旗號，美化恐怖行為、資助極端組織、縱容仇恨教育，甚至在平民遇害之後依然公開聲援，形成一整套「道德顛倒」的意識形態聯盟。諷刺的是，伊斯蘭極端

主義本身與西方左派所宣揚的「自由價值」完全背道而馳，但他們卻因共同的敵人——以色列與基督教文明——而結成事實上的「聯手反美」同盟。

正如我們前文所說，恐怖主義如同癌細胞，其擴散依賴外部持續的「能量供應」。而這能量，往往不是來自中東自身，而是來自那些在國際社會中為其辯護、資助與開脫的西方極左勢力。唯有教育公眾認清這種「左派與恐怖主義聯姻」的荒謬現實，通過選票選下縱容恐怖組織的政客，公開反對那些為暴力洗白的學者與媒體話語體系，切斷一切對恐怖主義的資源與輿論供應，中東問題的解決才真正有希望。

第四部分

政治智商的邏輯與應用

「當整個世界都在奔向懸崖時,選擇反方向奔跑的人,
才是真正有邏輯的人。」

—— 作者

(注:此警句改編自梭羅《論公民的不服從》等思想,
強調理性與逆向思維的價值。)

第四部分 政治智商的邏輯與應用

第九章

倫理學和社會議題

**「除非你以某種道德標準來衡量進步，
否則'進步'這個詞毫無意義。」**

—— C.S.路易斯（C.S. Lewis）

　　我們現在進入本書的最後一部分：政治智商的邏輯與應用。社會議題，正是當今美國最具撕裂性的公共話題。著名基督教哲學家C.S. 路易斯曾提醒我們：如果沒有道德原則作為衡量標準，所謂的「進步」可能恰恰是社會倫理的倒退。

　　本章首先從倫理學的視角出發，確立「以原則為主，結果為輔」的分析框架，嘗試從道德根基的角度審視當代社會的關鍵議題。我們聚焦於四個核心問題：墮胎、非法移民、選舉誠信與華人參政。

　　貫穿這些議題的主旋律不言而喻——當一個社會背離倫理原則時，人們將失去判斷自由與墮落之間界限的能力。在這種價值真空之下，政府極易滑向腐敗與專斷，而大眾則往往在不知不覺中被意識形態牽引，走向自毀的道路，對國家秩序的崩塌毫無察覺。

9-1
倫理學導論：原則，還是結果？

當我們討論社會議題時，大部分爭論可以歸結為一個基本問題：「倫理是應以原則為導向，還是以結果為導向？」這一核心分歧，在教育、醫療、司法、社會公平等諸多領域都有明顯的體現。

以大學升學的平權問題為例，共和黨人秉持原則導向（Principle-based Ethics），主張擇優錄取，所有人遵循同樣的標準，不以膚色或族裔為考量因素。而民主黨人則傾向於結果導向（Outcome-based Ethics），要求大學招生時確保不同族裔的學生比例與人口構成相匹配。為達到這一「公平結果」，往往對亞裔學生施以更高的錄取標準，而對黑人學生則降低標準。

本文將探討這兩大倫理學派的基本理念、經典理論、現實應用以及各自的局限性，並融入基督教的倫理觀，嘗試分析在現代複雜社會中，我們應如何在「遵循道德的原則」與「追求良善的結果」之間找到真正的平衡點。

一、原則主義——道德原則的守護者

在道德哲學中，原則主義（Deontology）始終扮演著維護道德底線的堅定守護者。原則主義認為，行為的道德價值不取決於結果，而取決於其是否遵循普遍適用的道德法則。這一理論的奠基者，德國哲學家 伊曼努爾·康得（Immanuel Kant）提出了著名的「絕對命令」（Categorical Imperative），強調行為的正當性必須基於普遍化原則。康得認為，「行為只有在符合普遍化原則時才

是道德的。」也就是說,一個行為是否正義,不能取決於它帶來的結果,而是要看它是否可以作為普遍適用的行為準則。

康得的倫理思想深受他早年的信仰背景和家庭影響,尤其是母親安娜·蕾吉娜(Anna Regina Reuter)的虔誠信仰。安娜是一位虔誠的路德宗敬虔主義者(Pietist),這種信仰強調個人內在的道德自律、對神的敬畏以及對鄰舍的愛與服務。安娜不僅教導年幼的康得誦讀聖經,還培養了他對道德律法和敬畏神的深刻理解。康得曾表示,他的母親安娜·雷吉娜通過虔誠的教導影響了他的道德觀念,這種影響在他的人生和哲學中留下了深刻的痕蹟。

儘管康得日後在哲學上強調理性高於宗教權威,他的「道德律與星空」之名言卻揭示出他對宇宙秩序背後神聖存在的深刻敬畏。在《實踐理性批判》中,康得寫道:

「兩樣東西,我愈是常常深思,愈感到驚奇和敬畏:我頭上的星空,和我心中的道德律。」

圖表24:德國哲學家 康得

這句流傳甚廣的哲思名句,道出了他對自然與道德兩種秩序的莊嚴認知,也暗示了他對一位道德立法者——即上帝——的理性敬畏。他的宗教觀可以說是「反教會制度的束縛,而不反對上帝本身」。

康得的倫理理論雖然為世俗道德奠定了堅實基礎,但基督教倫理觀更進一步強調,真正的道德原則不是出自人類的理性推導,而是源自神的律法。出埃及記中的「十誡」(The Ten Commandments)是基督教道

第九章 倫理學和社會議題

德的基石,它不僅為人類社會奠定了道德秩序,更成為永恆不變的行為準則。

比如第五誡 教導我們「當孝敬父母,使你的日子在耶和華你神所賜你的地上得以長久。」,第六誡 明確規定「不可殺人」,第七誡 告誡「不可姦淫」,第八誡 則強調「不可偷盜。「(出埃及記 20:3-17) 這些誡命不僅是道德的基石,也是維護社會秩序與人際關係和諧的重要準則。

應用場景:堅持原則的力量

在現代社會,產權保護是道德原則在法律和社會實踐中的具體體現。根據基督教倫理觀和康得的「絕對命令」,財產權作為個人基本權利,具有不可侵犯的神聖性。在美國,保護個人財產權的案例歷來很多。

在賓夕法尼亞州,一群阿米什人(Amish)農民因拒絕安裝現代污水系統而被環保部門起訴。政府要求他們必須使用國家標準設備,否則就必須搬離農場。但阿米什人出於基督教信仰,堅持過簡樸、非技術化的生活方式,認為安裝現代設備違背了他們的信仰。雖然案件看似涉及「公共衛生」,但實質上是關於個人信仰、私有財產權與政府權力之間的根本張力。

阿米什人沒有妥協,他們寧可坐牢,也不願背叛信仰。最終,聯邦法院在2018年判定:政府不能強迫他們以違背良心的方式使用財產,此舉將構成對《憲法第一修正案》(宗教自由)與第五修正案(財產權)的雙重侵犯。

這個案例展現了一種以信仰為導向的堅持原則——財產權不是孤立存在的,它嵌在人的道德良知與宗教信念中。當政府試圖「以善之名」強迫執行時,正是信仰和原則為個人提供了抵抗的力量與合法性。

二、結果主義——追求最大化的善

在道德哲學的版圖中，結果主義（Consequentialism）以其獨特的立場成為一個重要的流派。結果主義認為，行為的道德價值取決於它所帶來的結果。換句話說，如果一個行為能夠帶來積極的結果或最大化整體福祉，那麼這個行為就是道德的。結果主義的核心理念是「目的可以證明手段的正當性」，只要最終結果是好的，行為本身的過程或手段就可以被接受。

功利主義（Utilitarianism）是結果主義最具代表性的理論，由 傑瑞米・邊沁（Jeremy Bentham） 和 約翰・斯圖爾特・密爾（John Stuart Mill） 提出並發展。功利主義的核心原則是「最大多數人的最大幸福」（The Greatest Happiness for the Greatest Number），它主張通過計算一個行為所帶來的快樂與痛苦的總量來衡量該行為的道德性。邊沁認為，一個行為之所以是正確的，是因為它能夠帶來更多的快樂，並減少更多的痛苦。因此，只要一個行為能夠讓「最大多數人」受益，即便這個行為對少數人造成傷害，也可以被視為道德的。

這一觀點與許多現代社會的文化邏輯不謀而合。在許多國家和地區，人們往往將「讓大多數人生活得更好」作為社會發展的最高目標。例如，政府制定經濟政策時，通常會考慮如何讓最大多數的公民享受物質繁榮，即便某些群體在這一過程中受到損害。

應用場景：結果主義的實踐挑戰

在現代社會，結果主義的邏輯廣泛應用於公共政策、科技倫理、醫療資源配置和戰爭決策等領域。然而，這種方法雖然可以在短期內帶來較好的社會效益，但它往往會忽視個體的權利和尊嚴，導致道德困境。

案例：疫情中的封鎖政策——保護大多數人還是維護個體自由？

COVID-19疫情爆發後，全球多國紛紛採取大規模封鎖措施，試圖以限制流動來遏制病毒傳播。這些政策在短期內確實在一定程度上減緩了疫情的蔓延。然而，它們也帶來了深遠且複雜的社會後果：公民的基本自由被大幅限制，如禁止外出、強制集中隔離等，導致一些重症患者錯過最佳治療時機，臨產孕婦因交通封控無法及時入院。同時，經濟活動陷入停滯，引發大規模失業與經濟衰退，普通家庭生計受損，社會普遍出現焦慮、孤獨與抑鬱等心理健康危機。

從結果主義（Consequentialism）的視角來看，封鎖政策雖然犧牲了個體的自由與經濟福祉，但如果它在總體上挽救了更多人的生命，那麼這種「代價」就是可以接受的。因此，在這一邏輯下，封鎖措施被視為正當甚至必要的道德選擇。然而，這種立場也引發了強烈爭議：在犧牲健康與自由的代價下所獲得的「集體利益」，究竟是否值得？——這是結果主義倫理所必須面對的根本挑戰。

結果主義的道德缺陷

結果主義面臨著一個根本性的道德缺陷——它很容易在「集體利益」面前犧牲個體的尊嚴與權利。從邏輯上看，如果最大多數人的幸福可以證明手段的正當性，那麼，哪怕犧牲少數人的生命、自由甚至尊嚴，也似乎可以被合理化。這種思路看似「務實」，實則危險。

最典型的反例就是生命原則的優先性。試想一輛救護車在鬧市中緊急通行時，所有車輛與行人都必須讓路，交通被短暫打亂，大多數人的利益因此受到損害，但沒有人會質疑這種「特殊對待」。為什麼？因為人們普遍承認，個體的生命尊嚴遠高於簡單的利益計算。一個人的生命，遠比一百人的便利更重要。

再比如，民主黨人主張在大學招生、就業錄用等方面，必須確保不同族裔的「最終結果」與人口構成相匹配。為達到這一看似

「公平」的統計結果，必須對亞裔學生施加更高的錄取標準，同時對黑人、拉美裔學生降低標準。

表面上，這似乎是在追求「種族平等」，但實際上，這正體現了結果主義的道德缺陷：為了大多數人眼中的「好結果」，個體的尊嚴、努力與權利被犧牲掉了。亞裔學生即便成績優異、競爭力強，卻因為「種族比例已超標」而被人為設置更高門檻；黑人學生雖然獲得錄取，有的卻因學習基礎不夠扎實，跟不上進度，只好輟學。而優秀的黑人學生即使畢業了，也會被人懷疑是不是分數降低特招進去的「工農兵學員」。

這正是典型的「為了結果合理化不公」的邏輯陷阱。結果主義忽視了過程中的公平、個人權利與尊嚴，最終反而破壞了社會對真正平等的信任，也讓種族關係變得更加緊張與對立。

因此，真正健康的社會治理，不能只靠冰冷的結果計算，更要堅守對個體生命、自由與尊嚴的基本敬畏。這也正是為什麼，以原則為根基、以結果為參考，才是更有智慧、更值得信賴的路徑。

倫理學的第三條道路——善意引發的災難

在倫理學的討論中，除了以原則和結果為導向的兩大主流理論，還有一些值得關注的「第三條道路」。我們可以從德性倫理、雙重效應原則和責任倫理三個理論來探討，但每條道路都隱藏著潛在的危險，最好的善意可能會引發災難性的後果。

以品德為導向：德性倫理的局限性

亞里斯多德（Aristotle）的德性倫理（Virtue Ethics）強調人的品德和道德修養，認為良好的品德可以引導人做出正確的選擇。然而，這種理論的局限性在於「品德」的標準往往是主觀的，容易受到社會風氣和個人偏見的影響。比如，現代西方社會在「包容」和「平等」的旗號下，縱容了諸如色情氾濫、毒品合法化、性別混亂、青少年墮胎自由化等文化現象。這些行為不僅嚴重衝擊了家庭

與倫理秩序，還常常被包裝為「進步」、「多元」或「人權」。這種對墮落文化的美化，正是德性倫理被濫用的典型表現。

以動機為導向：雙重效應原則的風險

湯瑪斯・阿奎那（Thomas Aquinas）的「雙重效應原則」（Doctrine of Double Effect）認為，如果一個行為的動機是出於善意，即便該行為不可避免地帶來負面結果，這種行為在道德上依然可以接受。例如，為了自衛而殺人是保護自己和家人的行為，屬於正當的道德行為。然而，今天的社會對「善意」的定義早已變得極端主觀，甚至被濫用。比如，民主黨在推行「進步主義」議程時，可以宣稱「為了保護民主，我們必須打壓不同聲音」，這種扭曲的「善意」往往是壓制異見的藉口，讓社會滑向極權的深淵。

以責任為導向：責任可以被強加

德國社會學家馬克斯・韋伯（Max Weber）提出的「責任倫理」（Ethics of Responsibility）試圖在原則與結果之間找到平衡。他強調，責任倫理要求人們不僅要遵循道德法則，還要權衡行為的後果，並對社會負責。然而，這種「平衡」常常成為權力者操縱道德的工具。在今天的語境中，責任被重新定義，淪為政治正確的工具。例如，在「環境保護」運動中，為了達到減少碳排放的目標，政府可以隨意增加稅收、控制企業運作，而這種所謂的「責任」最終壓垮的是普通百姓。

醫生協助自殺：善意的危險

「醫生協助自殺」（physician-assisted suicide）是一個典型的例子。目前在美國11個州是合法的。表面上，這種做法可以幫助失去生活尊嚴、痛苦不堪的患者結束生命，從德性、動機、責任和結果的角度看，似乎符合倫理要求。然而，從更高的原則角度來看，這卻打開了「潘朵拉的魔盒」。人性是墮落的。醫生可能為了圖省事，子女可能為了爭奪遺產，提前結束老人的生命。甚至那些本還

有自理能力的老人,也可能在不知情的情況下被悄悄剝奪了本應屬於自己的生存權。

類似的,以歐洲為例,最初安樂死僅限於患有絕症、極度痛苦的病人,但隨後擴大到包括「精神疾病」、「抑鬱症」、「生活失去意義」等非身體疾病的群體。比如荷蘭甚至允許未成年人和新生兒進行安樂死,只要被認為「生活品質無法改善」,醫生便可做出終止生命的決定。這種標準的不斷放寬,讓「自願死亡」變成了「方便死亡」。

歷史上的前車之鑒

更可怕的是,這種以「結果」為藉口、以「減輕社會負擔」為理由犧牲個體生命的邏輯,歷史上並非沒有前車之鑒。納粹德國正是走到了這種結果主義倫理的極端。

在希特勒治下,納粹政權大肆推行所謂「種族淨化計畫」,其中最惡名昭著的,便是T4行動——一項針對「生命不值得生存者」的滅絕政策。納粹口中的「社會不適合者」,包括殘疾人、精神病人、慢性病患者乃至部分少數族裔,成千上萬的人被強制絕育、送往「安樂死」中心,最終慘遭屠殺。

希特勒政權正是打著「減輕社會負擔」、「提升國家整體健康水準」、「保障優良人口素質」的旗號,徹底踐踏了個人尊嚴與生命價值的底線。這種極端的結果主義思維,最終帶來的不是福祉,而是歷史上最黑暗的人道災難之一。

今天,若我們在討論安樂死、資源配置等問題時,仍舊只盯著「整體結果」、「社會效益」,而忽視了對每一個個體生命的基本敬畏,那麼,無論初衷多麼善意,結果主義都可能悄然滑向歷史的老路。

原則為主，結果為輔

前面我們談到了結果主義的危險，但必須承認，現實生活中有些時候我們也不得不看結果。比如，大家都知道「誠實」是一條基本的道德原則，撒謊被普遍視為不道德。但在複雜的現實中，單純堅持形式上的誠實，有時候反而會帶來更糟糕的後果。

二戰時期德國商人奧斯卡‧辛德勒的故事，正是這種道德兩難的最好注解。

在電影《辛德勒的名單》中，辛德勒利用自己的人脈和工廠，千方百計從納粹集中營中「買」下了上千名猶太人，保住了他們的性命。為了做到這一點，辛德勒不得不不斷行賄、撒謊，甚至偽造檔，把這些猶太人偽裝成自己「急需的技術工人」。否則，他們早就被送進毒氣室，慘死其中。

如果我們機械地看待撒謊本身，辛德勒的做法當然是不道德的——他說了無數謊話，欺騙了納粹官員。但如果我們站在更高的道德層面，回到「人的生命不可侵犯」這一根本原則來看，辛德勒的選擇不僅是正確的，甚至是偉大的。

這正體現了「原則為主，結果為輔」的真正含義。

所謂「原則為主」，是指人的基本權利、尊嚴與生命，這些不可妥協的底線，必須作為最高標準。所謂「結果為輔」，是指在不違背這些根本原則的前提下，當然可以、也應當追求良好的結果。

辛德勒面臨的選擇，不是簡單的「誠實」與「撒謊」之爭，而是在殘酷的現實中，堅守生命至上的道德原則，哪怕不得不暫時犧牲表面上的「誠實」。

這，正是我們面對複雜問題時，必須具備的智慧與勇氣。「原則為主，結果為輔」，不僅是處理現實難題的準則，更是上帝賜予人類的智慧與良知。

9-2
墮胎：撕裂美國的倫理問題

在討論政治時，人們往往更關注經濟、戰爭和外交等「硬核」議題，因為這些領域直接影響國家安全和經濟利益。然而，社會議題往往才是壓倒駱駝的最後一根稻草，引發社會重大變革，甚至決定國家的未來走向。

以2022年美國中期選舉為例，原本許多人預期共和黨將掀起一場席捲國會的「紅潮」，但結果卻大大出乎意料。普遍認為，造成這一結果的關鍵因素是墮胎問題。就在那一年，美國最高法院推翻了「羅伊訴韋德案」（Roe v. Wade），將墮胎合法化的決定權交還給各州。墮胎議題迅速成為中期選舉的焦點，動員了大批自由派選民投票，阻擋了共和黨的勢頭。

墮胎、同性戀、變性等社會議題表面上看是「個人選擇」的問題，實際上與基督教的倫理觀密不可分。對於許多華人移民而言，這些議題往往顯得「隔岸觀火，霧裡看花」。由於對基督教和聖經的陌生，華人群體很難理解這些社會議題背後的深層倫理邏輯。他們習慣用功利主義的角度看待政治，對墮胎、同性戀、變性等議題抱持「各人做各人的選擇，政府不要干預」的態度。

更離譜的是，主流媒體將所有持保守立場的 MAGA（Make America Great Again）基督徒描繪成「極右派」，給他們貼上「仇恨」、「不寬容」、「歧視」等標籤，進一步加深了公眾的誤解與偏見。實際上，這些基督徒並不是極端主義者，而是堅持傳統的道德秩序，反對進步主義帶來的道德顛覆。然而，受到主流媒

第九章 倫理學和社會議題

體單方面的引導,許多華人群體將MAGA基督徒與極端右翼混為一談,無法真正理解他們的立場。

因此,在這一章中,我希望以墮胎為例,用普通讀者可以理解的語言,深入剖析這個社會議題,帶領讀者從科學、歷史和基督教倫理的視角,理解這些問題背後的深層道德含義。

胎兒在母腹中的發育——生命是個奇蹟

所有人都會同意,殺人是死罪。那麼問題是,還沒有出生、在母腹中的胎兒,是不是人? 這個問題,我們先從科學的角度來看胎兒在不同階段的發育。

在3周時,胚胎在受精後的21天就開始出現心跳。此時的心跳可以通過超聲波檢測到,這也是「心跳法」(Heartbeat Bill)設定法律依據的科學基礎。

在6周左右,胎兒的大腦開始出現電波活動。雖然此時胎兒的神經系統尚未完全成熟,但基本的神經反射和大腦活動已開始形成。

到8周時,胎兒的手腳開始形成,並對外界的刺激產生輕微反應。到了10周,胎兒的神經系統更加複雜,可以對疼痛、聲音、觸覺等外部刺激做出基本反應。

在懷孕12周左右,胎兒已具備基本的痛覺感知能力。這一階段,胎兒的神經系統進一步發育完善,對外界刺激表現出明顯反應,尤其對刺痛和壓力產生不適。

15周後,胎兒的神經系統更加完善,不僅能感受到疼痛,還能對母親的情感和聲音產生反應。研究表明,胎兒在15周後已具備所有感知疼痛的必要神經結構,並且能夠對外部刺激做出應激反應。

在20周後,胎兒的大腦皮層開始活動,具備初步的意識和記憶能力。此時胎兒可以分辨母親的聲音,並對母親的情緒變化產生反應。

24周後，胎兒的肺部開始分泌表面活性物質（Surfactant），使肺泡不再塌陷，具備一定的自主呼吸功能。到了25周左右，胎兒的器官功能更加成熟，存活率可達80%左右。雖然早產兒仍需在 NICU（新生兒重症監護室）接受長期護理，但存活的可能性大大增加。

24周以後的墮胎在美國被稱為「晚期墮胎」（Late-term Abortion）。有醫學專家指出，在懷孕24周以後進行墮胎時，胎兒經歷的痛苦相當於成年人承受極度疼痛的折磨。這一過程不僅殘忍殺害胎兒，也對母親的身體和心理造成不可逆創傷。

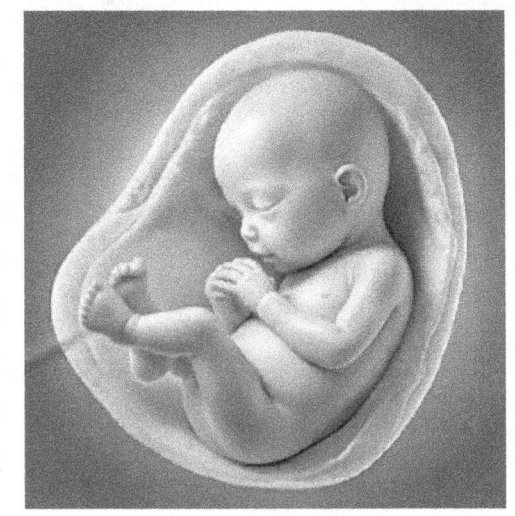

圖表 25：24周的胎兒

調查顯示，美國人不分黨派，大部分人在瞭解這些科學事實後，都反對晚期墮胎。然而，主流媒體和學校對胎兒的痛苦絕口不提，只談論「婦女的墮胎權利」，完全不把胎兒視為一個活生生的生命。事實上，很多州的法律允許晚期墮胎，甚至在直到出生那一刻都可墮胎，這種現象令人痛心。

另一個亟待回答的問題是：在哪一周可以定義胎兒為「人」呢？任何人為定義的「生命開始點」都是主觀的、缺乏邏輯基礎的，無法經受理性和倫理的考驗。事實上，胎兒的發育是一個迅速漸進的過程，沒有一個清晰的分界線。

從受精後24小時開始，胎兒的細胞以驚人的速度分裂，3-4天形成桑椹胚（morula），5-6天發展為囊胚（blastocyst），細胞數量迅速增加。8周時，胎兒的細胞已突破 10億個，並以每小時數

百萬個的速度持續增長。12周時，細胞數量達 100億個，大腦神經元以每分鐘 25萬 的速度生成。24周時，大腦和器官系統基本形成，胎兒具備感知能力。到了足月出生時，胎兒的細胞數已超過 100萬億個。

這種驚人的增長速度不僅彰顯了生命的複雜性，更是神奇妙創造的明證。

> 「我未成形的體質，你的眼早已看見；你所定的日子，我尚未度一日，你都寫在你的冊上。」（詩篇 139:16）

生命是一個奇蹟，無論是從科學的角度，還是從聖經的啟示，我們都可以明白，胎兒的生命自受孕那一刻便已開始。即使在最微小、最初的階段，這個生命仍然是神聖的，值得我們用心珍惜和堅定捍衛。

拜偶像與墮胎——殺嬰獻祭自古就有

過去由於醫學技術的限制，殺害母腹中的胎兒並不容易。然而，歷史上墮落的人類並未因此放過那些已經出生的嬰孩。正是因為嬰孩的微小與軟弱，他們成了人類歷史上最無辜、最慘烈的犧牲品。

舊約聖經中清楚地記載了古代摩洛（Moloch）崇拜的邪惡行為。摩洛是一位要求活人獻祭的偶像，以色列人在背離神的律法之後，竟然仿效周圍外邦民族，將自己的兒女「經火獻給摩洛」，以換取豐收、財富與權力。這種褻瀆生命的行為被神嚴厲譴責。

> 「你不可將你的兒女經火獻給摩洛，免得褻瀆你神的名。」（利未記 18:21）

神多次警告以色列人，不可陷入偶像崇拜的網羅，耶利米書 32:35 更明確指出，以色列人的墮落使他們行了神所「未曾吩咐，也未曾起意」的惡事，將兒女獻祭給偶像。

令人痛心的是，古代殺嬰獻祭的罪惡並未消失，今天只是換了一種更加隱秘、現代的形式。墮胎，作為當今社會推崇的「女性權利」和「身體自主」的象徵，本質上是拜「自我」和「欲望」之神。現代人不再把孩子獻給摩洛，但他們卻為了追求自由、享樂和個人欲望，無情地犧牲尚未出生的胎兒，繼續著古代殺嬰獻祭的罪行。

進一步說，今天的墮胎成為了一種「快感文化」的祭品，女性以「身體自主權」為藉口，將胎兒視為累贅，甘願以墮胎的方式換取無拘無束的生活方式。這種自我中心的文化，掩蓋了生命的神聖性，把神賦予的奇蹟降格為隨時可以拋棄的「選擇」。

古今對比，墮胎與拜偶像殺嬰的本質並無不同，只是現代人祭拜的偶像，不再是銅制的摩洛，而是人類的「自我」和「欲望」，將胎兒的生命獻祭在享樂與放縱的祭壇上。

墮胎的血腥產業：Planned Parenthood的黑暗內幕

美國墮胎行業的幕後推手之一，就是所謂的「計劃生育協會」（Planned Parenthood，簡稱 PP）。這個打著「女性健康」旗號的組織，不僅成為墮胎行業的巨頭，還通過巧妙的政治遊說，從聯邦政府獲取了巨額資金。PP 每年從美國納稅人手中拿走大約 6億美元 的聯邦補助資金。這些資金本應用於婦女健康、避孕服務等領域，但事實上，這個組織的主要業務是墮胎手術，並且通過誇大所謂的「女性健康服務」的名義掩蓋其罪行。

PP 堅稱其提供的「服務」包括性教育、避孕、乳腺癌篩查等，但資料顯示，墮胎手術占該組織主要收入來源的很大比例。2019年，該機構執行了超過 34萬件墮胎手術，占全美墮胎總數的40%以上。

而更令人髮指的是，這個組織並不滿足於通過墮胎獲取利潤，他們還通過販賣胎兒的器官和組織來牟取更大的利益。這一驚天醜聞在2015年被「醫學進步中心」（Center for Medical Progress, CMP）曝光，秘密錄影顯示 PP 的高管討論如何精確提取胎兒的器官，以便更好地出售給醫學研究機構。這一暴行揭示了 PP 的真實面目——一個將無辜生命變成金錢機器的血腥工廠。

聯邦資金：政府在資助殺嬰

更可怕的是，美國政府的補助資金成了 PP 運營的命脈。雖然《海德修正案》（Hyde Amendment）明文規定聯邦資金不得用於直接支付墮胎費用，但 PP 卻巧妙地通過「撥款轉移」的方式，將這些資金間接用於支持墮胎業務。聯邦政府的補助資金為該組織提供了大量的行政費用和設施維護資金，從而間接為墮胎提供了支持。每一個納稅人的錢，都在無形中被用來助長這個墮胎巨頭的罪惡事業。

2025年4月，川普政府已扣留 Title X 專案中分配給9個 PP 分支機構的資金，共計約 2,060 萬美元，約占該項目總預算的四分之一。這一資金凍結措施迅速造成衝擊，包括猶他州和密西根州在內的多個地區已有診所宣佈關閉。

墮胎手術的殘酷性：血腥的「醫療」過程

墮胎行業不僅是金錢機器，更是一個踐踏生命、毫無人道的血腥屠宰場。墮胎手術的殘忍程度，超乎大多數人的想像。墮胎通常分為藥物墮胎和外科手術墮胎兩種。藥物墮胎使用的米非司酮（Mifepristone）會阻斷孕激素供應，使胚胎無法生存，然後通過米索前列醇（Misoprostol）促使子宮收縮，將胎兒排出。即便是這種「非侵入性」的墮胎，也會導致女性在家中承受數小時的劇烈疼痛和大出血，胎兒被排出的景象慘不忍睹。

這些情節在電影《未曾計畫》（Unplanned）中都有極其真實而震撼的展現。這部影片改編自美國墮胎診所前主管艾比·詹森

（Abby Johnson）的真實經歷，她曾親眼目睹無數墮胎過程，並協助進行了超過兩萬起墮胎手術。然而在一次超聲引導下的中期墮胎中，她看到胎兒掙扎逃避器械的畫面後，徹底崩潰並決定離開計劃生育協會（Planned Parenthood）。影片深刻揭露了墮胎行業的黑暗內幕，也展現了女性在墮胎後所承受的身心創傷。

而更為殘酷的是外科手術墮胎，尤其是妊娠中期和後期的手術。中期墮胎通常採用擴張與刮宮術（D&E），醫生會使用鉗子將胎兒的肢體一一撕碎，然後取出頭骨。這種手術不僅對胎兒極其殘忍，還對母體造成巨大創傷。更令人髮指的是「活產墮胎」（Partial-birth Abortion），在這種極端的墮胎過程中，胎兒幾乎完全娩出時，醫生會刺破嬰兒的後顱部，吸取腦髓，讓嬰兒在痛苦中死去。

「母親生命危險」的神話：被極端誇大的理由

墮胎的支持者常常將「母親的生命危險」作為合法化墮胎的理由，聲稱墮胎是「保護母親健康」的必要手段。然而，真實資料卻證明這種說法完全是謊言。根據美國婦產科醫師協會（ACOG）的統計，因母體生命危險而進行的墮胎手術的比例極低，占所有墮胎案例的不足 1%。絕大多數墮胎，並不是因為母親生命受到威脅，而是因為未婚先孕、經濟困境、或個人選擇。事實上，大多數墮胎的動機是為了「方便」，是因為受到宣傳、缺乏責任感、或擔心孩子影響前途。這種對「母親生命危險」的過度誇大，成為墮胎合法化的遮羞布，為血腥的殺嬰行為提供了看似「正義」的理由。

「未婚先孕文化」與墮胎的產業鏈

更深層的問題在於，美國的娛樂媒體、教育體系和流行文化從小就在性化（Sexualize）兒童，使青少年誤以為在青春期發生性行為是「正常的」、「成熟的」表現。近年來，好萊塢電影、流行音樂、社交媒體等管道不斷向青少年灌輸「隨意享樂」、「性解放」

的觀念，導致越來越多的年輕人缺乏對性行為後果的認識，進而導致未婚先孕的情況激增。而 Planned Parenthood 等墮胎機構正是靠著這種放縱文化獲得了源源不斷的客戶。

不僅如此，美國的公立學校還強制推行「全面性教育」（Comprehensive Sex Education），不僅教授孩子避孕，還在兒童尚未成熟的年紀向他們灌輸 LGBTQ+、多性伴侶、變性等思想。這些課程通過「性別流動性」、「性探索」的概念，讓孩子們誤以為不論年齡大小，性行為都是「個人選擇」。這種性解放的觀念直接導致了青少年性行為的激增，也為墮胎機構培養了下一代客戶群體。

結語

現代自由主義高舉「個人選擇」的旗幟，將「個體意志」置於道德律之上，宣揚所謂的「自我解放」，卻完全忽視了傳統的道德秩序。特別是當基督教信仰被拋棄，自由主義就不可避免地墮落為隨心所欲，將整個社會引向毀滅的邊緣。

墮胎不是「女性的選擇」，而是現代版的「獻嬰祭」。Planned Parenthood 以及整個墮胎產業，通過操控政府資金、操縱媒體文化、歪曲「女性自主權」的概念，將美國社會一步步推向墮落的深淵。這一切的背後，是邪靈通過「性解放」、「身體自主」等口號，將人類帶入悖逆的道路。

「凡流人血的，他的血也必被人所流，因為神造人是照自己的形象造的。」（創世記9:6）

美國若繼續在這條褻瀆生命的道路上走下去，終將無法逃避上帝公義的審判。

9-3
非法移民與選舉誠信：亡國的一盤棋

美國的非法移民問題自2021年拜登上臺以來，以一種有計劃、有預謀的方式持續惡化。超過兩千萬的非法移民湧入南部邊境，形成了嚴重的邊境危機。這是什麼概念？這相當於美國人口在短時間內驟增了6%到8%，也等同于一個越南（約1億人口）突然整體湧入中國，這種突如其來的規模變化給社會治理、資源配置和文化認同帶來了前所未有的衝擊與壓力。

僅在 2021年，美國邊境巡邏隊就逮捕了超過 250萬名非法移民，這一數字在 2022年 和 2023年 繼續攀升，創下歷史新高。這些非法移民不僅對社會、經濟和公共資源 造成巨大壓力，還直接威脅到國家安全與法治秩序。

然而，非法移民的影響遠不止於此，更深層次的危機在於它對選舉誠信（Election Integrity）的巨大威脅。由於缺乏嚴格的選民身份認證和選民名單清理機制，大量非法移民可能在不知情的情況下被錯誤登記為選民，其身份資訊被盜用，用於填寫並投遞郵寄選票，非法參與了選舉過程。此外，由於人口的增加，非法移民還間接增加了民主黨控制州在國會的席位，進一步改變了美國的政治格局。這種現象不僅扭曲了選舉結果，還嚴重侵蝕了美國民主制度的根基。

非法移民與選舉誠信的關聯，不僅關乎國家主權與法治，更直接決定著美國未來的民主、公平與正義。一旦選舉誠信被破壞，民主制度將失去其公平性和合法性，國家將陷入無法挽回的混亂與分裂。

第九章 倫理學和社會議題

邊境危機的開端：拜登廢除川普邊境政策

2021年1月20日，拜登總統上任的第一天，迅速推翻了川普政府實施的多項邊境安全與移民控制政策，直接導致了邊境危機的惡化。首先，拜登終止了「留在墨西哥」政策（MPP），讓原本必須在墨西哥等待庇護申請結果的移民可以進入美國境內等待審理。許多非法移民在進入美國後「人間蒸發」，形成了庇護制度的漏洞。

拜登還立即停止了邊境牆的建設，大幅削弱了邊境安全防線，讓毒販、人販子和非法移民得以大規模湧入。同時，他取消了「公共負擔規則」，允許潛在的公共福利依賴者獲得綠卡和入籍，這為非法移民打開了進入美國福利體系的大門。

此外，拜登恢復了「捕獲後釋放」（Catch and Release）政策，使非法移民在等待庇護結果期間可以被釋放進入美國。這一政策導致大批非法移民逃避追蹤，形成長期滯留的隱患。

圖表 26：拜登執政之間，美國南部邊境湧入了大量非法移民。

拜登政府的這些政策調整不僅直接導致非法移民人數激增，還對美國的國家安全、選舉誠信和社會資源構成了巨大威脅。短短四年內，美國南部邊境湧入了超過幾千萬非法移民。這是一場有計劃、有目的的亡掉美國的大棋。

非法移民的激增：對社會與經濟的巨大衝擊

非法移民的激增對美國的公共資源造成了巨大的壓力，特別是在醫療、教育、住房、福利 等關鍵領域。根據美國移民改革聯合會（FAIR） 的資料，非法移民每年給美國納稅人帶來的財政負擔高達 1500億美元。這些費用主要用於緊急醫療服務、公共教育、社會福利和刑事司法系統。

醫療體系 首當其衝，非法移民享受緊急醫療服務，但由於無法支付醫療費用，這些負擔最終落在了美國納稅人身上。2019年 的資料顯示，僅加州為非法移民提供的醫療費用就高達 10億美元，而在拜登政府擴大對非法移民的醫保覆蓋之後，這一數字還在持續上升。

教育系統 也不堪重負，大量非法移民兒童湧入公立學校，迫使地方政府增加教育經費，同時導致教學品質下降。根據美國教育統計中心（NCES） 的報告，非法移民兒童的教育成本每年超過 600億美元，這些經費本應用於改善美國本土學生的教育資源。

美國政府效率部（DOGE） 最近發現，2024年在社會安全號資料庫裡面增加了幾百萬非法移民，這些人有了社會安全號以後可以享受到美國聯邦政府提供的各種福利，而同時我們有成千上萬的退伍軍人還睡在大街上。

因此，住房與福利體系面臨嚴峻挑戰，非法移民的大量湧入加劇了低收入群體的住房危機，同時擠佔了本應給予美國公民的福利資源。許多低收入家庭因為福利資源被分配給非法移民而陷入更深的貧困中，加劇了社會分裂，使底層公民的生活更加艱難。

非法移民的激增不僅造成了經濟壓力，還嚴重威脅到了社會治安。由於邊境政策的放鬆，毒品、人口販賣、暴力犯罪 等問題迅速蔓延。大量毒販趁機將芬太尼（Fentanyl） 等致命毒品大規模走私進美國，導致美國毒品危機進一步惡化。據美國緝毒局（DEA） 資

料，僅在 2022年，從墨西哥走私入美國的芬太尼就足以殺死 3億人，而這些毒品的來源大多與非法移民的跨境活動密切相關。

人口販賣 的現象同樣令人觸目驚心。根據美國國土安全部（DHS） 的資料，每年有數千名婦女和兒童通過非法移民的管道被販賣進入美國，成為性剝削的受害者。人口販賣集團利用邊境開放的漏洞，將無辜的人口作為商品進行交易，給美國社會帶來了道德和人道主義的災難。

此外，大量未經過背景調查的非法移民湧入美國，他們中許多人攜帶犯罪前科，對社區安全構成巨大威脅。根據德克薩斯州公共安全部 的統計資料，近年來被逮捕的非法移民中，有相當一部分曾經犯下重罪，包括謀殺、強姦、性侵、毒品交易等惡性犯罪。犯罪率的上升導致社區安全感下降。

非法移民的倫理問題

在與朋友的交流中，我常常聽到這樣的話：「我們都是移民，為什麼要反對非法移民？」 還有人說：「他們已經在這裡工作和生活了很多年，大部分人並不是壞人。」這些觀點聽起來似乎充滿同情和善意，但當我們深入分析這些論點時，會發現這些想法雖然出自好心，卻忽略了更深層的倫理原則問題。

在面對複雜的社會議題時，我們不能僅憑情感做出判斷，而必須回到倫理學的基本原則。倫理的首要核心，是對秩序與正義的尊重。邊界是國家主權與社會契約的象徵；若連合法與非法都無法區分，所謂的「愛」就會滑向縱容，最終傷害的，是守法者的尊嚴和國家的正義。

1.「我們都是移民，為什麼要反對非法移民？」

首先，我們必須明確一個關鍵的區別：合法移民與非法移民是不同的概念。 合法移民是遵循法律程式，經過審查、獲得批准、持合法簽證進入美國的人。他們來美國的一個主要原因正是因為美國

是一個有著法治文明的國家。而非法移民則是繞過法律程式，未經授權進入美國，不僅破壞了法律秩序，還剝奪了那些遵循合法程式、耐心等待多年的人進入美國的機會。大量的非法移民還會被犯罪集團利用做走私毒品和人口販賣。

2.「他們已經在這裡工作和生活了很多年，大部分人不是壞人。」

有人認為，非法移民已經在美國生活多年，他們勤勞工作、融入社區，「並不是壞人」，因此我們不應驅逐他們。確實，不可否認，大多數非法移民勤勞善良，並非罪犯，但倫理問題不能僅僅以「好人」或「壞人」來衡量。「一個人的好壞」並不能成為違反法律的正當理由。違法行為本身就是錯的，即使動機是善良的，也不能為非法行為洗白。另外，最近來的大量的非法移民沒有工作機會，靠福利和納稅人的錢住在酒店裡面，是政府造成的危機。

3.「這是一個給他們傳福音的好機會。」

許多基督徒提出一個善意的觀點：「非法移民來到美國，是神給我們傳福音的機會。」確實，耶穌教導我們要「廣傳福音」，但並不意味著縱容罪惡或忽視法律秩序。我們當然可以向非法移民傳福音，幫助他們瞭解神的愛和救贖，但這並不意味著我們應當支持他們違背法律的行為。「我們不可故意犯罪，叫恩典顯多。」（羅馬書 6:1-2）。

4.「聖經教導我們要愛人如己。」

「愛人如己」確實是耶穌基督對我們的重要教導，但愛必須與真理並行，而不是與罪妥協。愛人如己不是縱容違法，不是讓非法行為成為合法的特例。我們必須明白，真正的愛並不是縱容犯罪，而是引導人們回到神的正義之道。「愛是不喜歡不義，只喜歡真理。」（哥林多前書 13:6）

另外，「愛人如己」不僅僅意味著幫助陌生人，還意味著保護自己的家庭和社區。我們有責任保護家人免受傷害，不讓罪惡侵入

我們的家園。在2022財政年，美國移民與海關執法局（ICE）逮捕了約143,000名非法移民，其中約86,000人有犯罪記錄（包括逮捕和定罪）。這些犯罪包括暴力犯罪（如謀殺、襲擊）、性侵、強姦和人口販運。允許非法移民大規模進入，不僅是對法律的不尊重，更是對美國合法居民、婦女和兒童安全的巨大威脅。

5. 非法移民對社會和合法移民的不公

非法移民的存在也給美國社會帶來了嚴重的不公平。許多合法移民等待多年，遵循所有的規定，繳納巨額費用，才得以獲得合法身份。而非法移民通過違法手段進入美國，卻在某些情況下獲得了與合法移民同樣的待遇，這對那些合法守法的移民極為不公。此外，非法移民大量湧入，還對美國的醫療、教育、福利等公共資源造成沉重負擔，間接剝奪了本地合法居民和退伍軍人的權益。

選舉誠信面臨的威脅：非法移民如何影響選舉

近年來，美國選舉誠信面臨著前所未有的威脅，其中最嚴重的隱患之一便是非法移民對選舉結果的潛在影響。表面上看，美國的民主制度建立在全民投票和選舉公正的基礎上，但隨著非法移民問題的日益嚴重，選民登記、選舉誠信和選票安全正被一步步侵蝕。這一威脅不僅危及選舉的合法性，更可能導致整個民主制度的崩潰。

非法移民與選民登記的灰色地帶

非法移民之所以能夠進入美國選民體系，部分原因在於「自動選民登記法案」（Automatic Voter Registration, AVR）的推行。AVR的初衷是為了方便合法公民登記投票，但在一些州，這一機制卻成為非法移民進入選民名單的便捷通道。通過申請駕駛執照、社會福利或其他政府服務時，許多非法移民在不知不覺中被錯誤地登記為選民。

比如麻州自 2018年 開始實施自動選民登記法案，該法案規定，凡是在麻州機動車管理局（Massachusetts Registry of Motor Vehicles, RMV） 申請駕照或更新身份證的人，都會自動進入選民登記系統，除非他們主動選擇退出（opt-out）。由於預設值是將申請人登記為選民，而相關選項僅以不起眼的小字呈現，許多人在申請或更新駕照時，在不知情的情況下被自動註冊為選民。

2022年6月，麻州議會通過了「工作與家庭流動法案」（Work and Family Mobility Act），該法案允許非法移民申請駕照。儘管時任麻州州長查理‧貝克（Charlie Baker）試圖否決該法案，認為該法律可能導致非法移民誤入選民系統，但在民主黨占多數的州議會中，這項法案最終通過，並於2023年7月1日正式生效。這一政策直接打開了非法移民進入選民系統的大門。

根據公民記者 Mike Urban 的報導，僅2022年，麻州就出現了超過 750,000條選民登記錯誤（如重複記錄、已遷移或已故選民未註銷等）。這樣的龐大數字意味著大量無效或不當選民可能留在名單上，給選舉誠信帶來巨大漏洞。

無證移民投票的漏洞：身份核查的缺失

由於美國許多州缺乏嚴格的選民身份認證（Voter ID）機制，非公民投票已經成為一種現實威脅。儘管一些州嘗試推行選民身份證制度，以確保只有合法公民才能投票，但在民主黨極左派的阻撓下，這些政策往往無法得到有效執行。許多州的選舉官員拒絕執行嚴格的身份核查規定，導致非法移民可以輕鬆冒充合法選民進入投票站。

在2020年總統大選 期間，亞利桑那州和喬治亞州等關鍵搖擺州的選民名單管理引發了巨大爭議。據報導，亞利桑那州 的馬里科帕縣（Maricopa County） 進行的審計發現，有超過 11,000名非法選民參與了投票，其中包括非法移民、非公民 和其他不具備投票資格的個人。

同樣，在喬治亞州，司法監督組織 Judicial Watch 在2021年提出訴訟，指控喬治亞州的選民名單中存在 超過10萬個不符合資格的選民記錄，包括搬離州外的人、死亡人員以及潛在的非法移民。這些名單未能及時清理，為非法移民和無資格者提供了潛在的投票機會。

大規模選民欺詐的風險

非法移民投票不僅僅是個別現象，更可能在大規模操作下影響選舉結果，導致整個民主制度的崩潰。在一些關鍵的搖擺州，選舉結果往往取決於微弱的票數差距，哪怕只有一兩個百分點的變化，也足以改變選舉的最終結果。而非法移民的投票，正可能是左右這種微妙平衡的決定性因素。

根據皮尤研究中心（Pew Research Center） 的資料，美國有上千萬非法移民，其中許多人已經通過各種手段進入了選民系統。即便只有其中1%的非法移民參與投票，在關鍵州就可能帶來數萬張非法選票，這對於任何選舉而言，都是一個足以改變結果的數字。

在許多情況下，非法移民本人並沒有參與投票，而是因為他們的選民登記資訊被濫用，產生了大量郵寄選票，這些選票在他們不知情的情況下被用於投票。 大量的郵寄選票可以被批量列印，並分期分批地投入投票箱，導致選舉結果被操控。

這一現象在紀錄片《2000頭騾子》（2000 Mules） 中被曝光，影片提供了投票點的監視錄影作為證據，揭示了郵寄選票被系統性濫用的驚人事實。

更危險的是，民主黨正在通過支持非法移民政策，為自己培養一個潛在的「票倉 」。這些非法移民一旦被允許投票，將成為民主黨的鐵桿支持者，從而在未來幾十年內改變美國的政治版圖。民主黨極左派深知，非法移民是他們維持權力的重要工具，因此他們不惜阻撓任何形式的選民身份認證措施，甚至將「清理選民名單 」的行為汙名化為「壓制選民權利 」。

美國選舉舞弊的常態

很多人以為美國的選舉體系非常安全、成熟，幾乎不可能出現大規模舞弊。然而，事實卻並非如此。過去二十年來，美國的政治極化日益嚴重，尤其是在民主黨控制的媒體、教育體系和文化領域的長期洗腦下，許多左派人士被灌輸一種危險的觀念——「共和黨人是恐怖分子」，甚至將川普與希特勒相提並論。在這種「結果導向的倫理」（Consequentialist Ethics）驅使下，他們相信「阻止希特勒上臺」比維護民主制度更重要，因此，為了達到這個「更高的目標」，選舉舞弊不僅是可以接受的，甚至被視為「道德的必要」。

在這種扭曲的道德觀念影響下，選舉舞弊在過去二十年裡已成為一種「常態化」現象，遠非主流媒體所宣稱的「個別事件」。根據傳統基金會（Heritage Foundation）提供的「選民欺詐資料庫」（Voter Fraud Database），過去二十年中，美國各州已經有1000多起經法院判決定罪的選民欺詐案件，這些案件覆蓋了選舉舞弊的各個方面，包括非法投票、選票篡改、選民冒名頂替、郵寄選票欺詐等。令人震驚的是，這些案件不僅發生在關鍵搖擺州，而且在許多長期由民主黨主導的州也屢見不鮮。

值得注意的是，雖然資料庫中並沒有明確統計涉案人員的黨派背景，但大量的選民欺詐案件發生在民主黨控制的地區，並且受益方往往是民主黨候選人，這已經不是「偶然現象」能夠解釋的了。民主黨在選舉中使用各種不正當手段獲取政治利益的案例層出不窮，從「幽靈選票」（Ghost Voting）到「收割選票」（Ballot Harvesting），再到「郵寄選票欺詐」（Mail-in Ballot Fraud），這些舞弊手段已經形成了一條完整的「地下選舉產業鏈」，徹底顛覆了美國原本以誠信和透明為基石的民主制度。

非法移民如何改變美國政治版圖

美國的國會席位分配基於每十年一次的人口普查（Census），根據人口變化調整眾議院的435個席位。雖然只有美國公民才有資格投票，但人口普查統計時卻將所有人口（包括非法移民、綠卡持有者和其他非公民）都計算在內。這意味著，無論一個州有多少非法移民，這些非公民的人口都會被納入計算，從而影響眾議院席位的重新劃分。這種做法嚴重扭曲了美國的政治版圖，使得非法移民高度集中的州不僅在眾議院獲得更多席位，還在總統選舉中增加了選舉人票的權重。

比如，加州是非法移民的首選目的地，全美大約27%的非法移民居住在加州。根據皮尤研究中心（Pew Research Center）的統計，加州擁有220萬非法移民，這些人口雖然無法投票，但他們的人數在重新分配國會席位時被計算在內。過去幾十年，加州一直保持著53個眾議院席位的規模，而其非法移民為其增加了至少4-5個選舉人票，這在總統選舉中給予了民主黨巨大的優勢。

結語

非法移民問題並非孤立的社會現象，而是民主黨政府精心策劃的一盤大棋，目的是逐步侵蝕美國的主權，將這個曾經自由獨立的國家引向全球主義的深淵。通過大規模引入非法移民，不僅改變了美國的人口結構，還為民主黨培養了未來的「票倉」，確保其在未來幾十年內繼續掌控政治權力。

如果不是川普的回歸，美國無疑將走向亡國的不歸路。川普明確表示，他的使命不僅是讓美國再次偉大，更是要阻止深層政府對美國主權的侵蝕。他的責任是重新恢復邊境安全，建立法律與秩序，並重建選舉誠信。

9-4
華人政客專宰華人：華人該如何投票

中國有句俗話，叫「專宰熟人」——意思是，有些人做保險、代購、理財生意，最先「收割」的往往就是親戚朋友，不僅不講清楚條款，甚至把風險全部轉嫁給熟人。用這句話來形容當今某些華人政客的表現，可謂再貼切不過。

在美國政壇，華人議員、市長的身影並不少見，但令人痛心的是，部分當選後的華裔政客，並未積極為華人爭權益、護家園，反而頻頻成為推動損害華人利益政策的急先鋒。從加州 SCA5 試圖剝奪亞裔學生的公平升學機會，到立法削弱家長對子女教育的決定權；從縱容毒品合法化、支持「無現金保釋」政策，造成華人社區治安惡化，到在議會中投票支持提高稅負、鼓勵非法移民——這些政策背後，竟然常能看到「自己人」的名字。

我們必須認真追問：華人政客，真的代表華人嗎？投票給一個「長得像我們」的候選人，就意味著他會維護我們的價值與利益嗎？

華人政客的崛起

在當今北美的政治舞臺上，華人政客的身影越來越頻繁地出現在聚光燈下。無論是在聯邦層級還是地方政府，華裔參政者的數量均有顯著增長。例如，波士頓市長吳弭（Michelle Wu）便是一位引人注目的華裔政客。她不僅是波士頓歷史上第一位亞裔市長，也是首位女性擔任此職，標誌著華人已從傳統的政治邊緣，躍升至美國重要城市的權力核心。在加拿大，多倫多等地也陸續出現了華裔

市長與市議員,顯示出華人在北美政壇的影響力正從象徵意義走向實質性參與。

在美國國會層面,根據國會亞太裔小組(CAPAC)及相關公開資料,目前約有22位亞太裔擔任聯邦議員,其中約有5至7位具華裔背景。儘管尚無華裔參議員,但在眾議院中,裘蒂・楚(Judy Chu)自2009年當選以來已多次連任,成為國會中最資深的華裔代表之一。在州級政治中,亞太裔州議員超過40位,其中華裔比例也頗為可觀,特別是在加州表現尤為突出。這一趨勢顯示,華人在傳統上被視為「非主流」的政治族群中,正迅速崛起。

這一現象反映出美國作為機會平等、多元開放國家的制度優勢。華人通過教育、勤奮和積極參與,得以躋身主流政治圈,這是「美國夢」的真實寫照,也是一項值得肯定的成就。然而,更值得我們深思的是:這些政治代表的增加,是否真的代表了廣大華人群體的聲音與核心利益?

政治代表不應是基於血緣的投票結果,而應是基於價值認同的責任託付。 如果一位華裔政客當選後,反而積極推動削弱華人家庭、破壞社區安全、損害子女教育前途的政策,那麼他頂多只是「披著華裔外衣的左派代言人」。尤其值得警覺的是,這些在主流政壇活躍的華裔政客幾乎清一色來自民主黨。他們的政策立場,常常與華人傳統文化中重視教育、守法、家庭倫理和個人奮鬥的價值觀背道而馳——從削弱家長對子女教育的知情權、放寬非法移民政策,到推動教育配額、削減執法資源,他們大多緊隨民主黨極左路線。

教育上的「亞裔懲罰」

在教育公平方面,「亞裔懲罰」(Asian Penalty)已成為不爭的事實。最新的研究與司法案件揭示,亞裔學生在大學招生中面臨系統性的不公。2023年,美國國家經濟研究局(NBER)的一份報告顯示:在SAT、GPA、課外活動等條件相同的前提下,亞裔學生

被頂尖大學錄取的概率比黑人學生低約25%。尤其在常春藤盟校，這種差距更加明顯。更嚴重的是，「個性評分」等主觀標準常被用來壓低亞裔學生的綜合評估，而這類評分缺乏透明度，極易受種族偏見左右。

更早期的研究也早已指出這種不公。2005年，普林斯頓大學的學者 Thomas Espenshade 發現，在同等條件下，亞裔申請者在名校中相當於「被扣分50到100分」，而黑人則獲得+200至+230分的加分。2023年哈佛招生歧視案中披露的證據更清楚地表明，儘管亞裔學生在學術與課外活動上表現優異，但在「個性評價」環節屢屢被打低分，錄取率因此顯著偏低。

令人遺憾的是，在推動不公平政策的立法與辯護過程中，一些華裔政客不但沒有為亞裔爭取公平，反而站在壓制公平的一邊。2014年，加州曾提出SCA5議案，旨在恢復大學錄取中的種族因素。該法案若通過，將直接取消以成績為主的錄取標準，對亞裔學生構成重大打擊。而加州華裔參議員余胤良（Leland Yee）、劉雲平（Carol Liu）及台裔參議員劉雲達（Ted Lieu）竟然在參議院投票支持。後來但因亞裔社區強烈反對，三人隨後聯合要求暫停該法案。這說明亞裔選民一定要發聲，不能成為政治上的「啞裔」。

從倫理角度看，教育制度應以原則為主，結果為輔。我們應該反對一切形式的種族歧視，支持「擇優錄取」作為最基本的公平原則。個人的背景、文化與努力應決定教育機會，而不是膚色或族裔標籤。**Affirmative Action（平權政策）本可以作為短期的歷史修復工具，但若沒有清晰的期限與檢討機制，最終會演變成制度化的新型歧視。**

我們必須堅持這樣的底線：平權政策可以有，但必須有明確的期限和目標。一旦它傷害到其他群體的公平權利，就應當及時糾正、甚至終止。

只有這樣，我們才能守住教育制度的公正與道德底線，讓所有孩子都能以自己的才華與努力贏得應得的機會，而不是在身份政治的陰影下被扭曲命運。

治安問題——反亞裔歧視的虛偽

在治安政策上，許多左派政客大力推動「去員警化」（Defund the Police）和「無現金保釋政策」（No Cash Bail）等激進立法，聲稱是為「社會公平」而努力，實則卻嚴重破壞了法治秩序，直接導致犯罪率飆升。受害最重的，往往不是所謂的「弱勢群體」，而是那些安分守己、不擅長自衛和愛在家裡存放現金首飾的亞裔社區。特別是在2020年黑命貴運動後，從三藩市到紐約，亞裔商鋪頻遭打砸搶燒，長者無故被攻擊，幾乎每週都有新案件登上新聞頭條。更令人震驚的是，許多施暴者在被捕後不久即因「無現金保釋政策」而獲釋，複犯率極高，居民惶惶不可終日。

2021年11月9日，芝加哥大學24歲的中國留學生鄭少雄（四川樂山人）在校園附近人行道上遭持槍搶劫並被槍殺。兇手奧爾頓·斯潘（Alton Spann）是一名19歲的非裔慣犯，早有前科，曾因持械搶劫和劫車被定罪。這一次，他在搶劫鄭的筆記型電腦時開槍殺人，隨後僅以100美元將電腦典當換錢。該案揭示了芝加哥南區治安惡化、槍支暴力頻發以及青少年犯罪氾濫的嚴峻現實。

然而，更令人寒心的是，一些華裔政客並未為社區發聲，反而在左派抗議浪潮中站隊極端分子，為削弱警力辯護，將「政治正確」凌駕于選民生命安全之上。2022年，一位中國留學生在波士頓地鐵上遭一名非裔男子持續辱罵數分鐘，充滿赤裸裸的種族歧視。多位乘客拍下視頻上傳網路。我親自將此視頻提交波士頓警察局及吳弭（Michelle Wu）市長辦公室，要求查明責任、避免類似事件重演。但多次聯繫均未獲任何回應。

這種沉默並非偶然，而是因為這起事件「不符合左派敘事」。若施暴者為白人，受害者為黑人，第二天恐怕就會登上全國頭條，市長會親自發聲，組織記者會。但當受害者是亞裔，施暴者是非裔，便被「系統性忽略」。吳弭市長曾因舉辦「無白人參與」的聖誕派對而受到輿論質疑，在亞裔遭遇真實歧視時卻冷漠回避，這種「雙標」並非偶然，而是選擇性的政治失明。

　　更令人失望的是，我將此事件也舉報給了美國三、四個主要的反亞裔歧視組織，並附上視頻證據，結果竟無一回應。這些組織並非真正在維護普世正義，而是在維繫一種政治敘事：只有「白人壓迫少數族裔」才值得譴責，「黑人施暴」則被視而不見。

　　在這樣的意識形態操控下，華人成了美國「文化大革命」中的新犧牲者——不符合左派「種族正義」標準，就無權發聲，無權被保護。這不是反歧視，而是一種戴著「正義」面具的全新壓迫。

家長權利——邊緣化亞裔父母

　　在家長權利方面，形勢同樣令人憂慮。不少華裔民主黨政客追隨左派極端性別意識形態，公開支持「家長無知情權」（Parents Don't Need to Know）。他們主張公立學校可以在未經父母知情或同意的情況下，提供性別認同輔導，甚至進行激素干預或引導性別轉變。這類政策打著「多元包容」的旗號，實則將父母從孩子教育與人格成長的核心環節中排除。

　　對華人家庭而言，這是對傳統倫理根基的嚴重衝擊。我們向來重視父母的教養責任，把子女的身心健康視為最高使命。但現在，學校與政客卻視父母為「潛在威脅」，剝奪他們對子女教育的知情權與決策權。

　　令人痛心的真實案例並非罕見。一位華人母親講述她的兒子進入大學後，受校園「性別流動」文化影響，短短一年便開始穿戴女性服飾，並在未告知家人的情況下自認「女性」。當母親察覺時，

一切已無法挽回。此外，越來越多華裔青少年在校園中被「鼓勵」接受性別表達自由，卻未被告知這種轉變可能引發的心理衝突、倫理疑惑和家庭裂痕。

在政策層面，不少華裔議員也在推動這類變革。例如，2024年，華裔議員 Ted Lieu 在聯邦層面支持減少家長對未成年性別決策的干預；在州一級，加州通過的 Assembly Bill 1955 和 School Success and Opportunity Act（AB 1266）等法案，明確禁止學校在學生改變性別認同（如更換代詞、使用新名字）時告知父母。這些華裔議員的投票與倡議，讓亞裔父母在孩子教育與成長中被制度性邊緣化。

這些極端意識形態披著「自由」的外衣，實則是對父母權利和孩子成長環境的深度干預與破壞。如果我們放任此類政策繼續推進，下一代將不再理解什麼是性別、家庭和責任。

經濟上華人中產負重前行

在經濟政策方面，許多華裔政客普遍追隨民主黨的高稅收、高福利路線，打著「公平分配」的旗號，實則不斷加重中產階層，尤其是華人中產的稅收壓力。諷刺的是，華人中產階層恰恰是這個國家「納稅最多、受益最少」的群體。他們勤奮工作、注重教育、節儉持家，卻因「不夠窮」而被剝奪各種福利；又因「沒有特權身份」而得不到政策傾斜，最終在通貨膨脹和生活成本飆升的夾擊下進退兩難。

這種經濟制度的最大受益者，往往是那些長期依賴福利、缺乏納稅義務的群體。而高福利政策的長期後果，已在美國底層城市社區顯現得淋漓盡致。以黑人社區為例，過去數十年的福利制度，尤其是對單親母親的持續補助，直接導致家庭結構的系統性崩解。

1960年代之前，黑人家庭的婚姻率與白人相差無幾，絕大多數孩子在雙親家庭中成長；但今天，近70%的黑人兒童在無父親陪伴

的家庭中出生和成長。這種結構性的父愛缺失，帶來了教育退化、青少年犯罪激增、毒品氾濫與貧困代際延續等嚴重後果。

這些現象，並非源於種族特性，而是由於制度設計鼓勵父親逃避責任。正如著名保守派經濟學家湯瑪斯・索威爾（Thomas Sowell）指出：「福利制度可能是導致黑人家庭瓦解的最主要原因。」

如果華裔政客真正關心社區的長期利益，就應當宣導減稅、鼓勵創業、保護財產權與自由市場秩序，而不是盲目追隨「大政府」思維，將辛勤納稅者當作提款機。他們應該成為爭取制度公義、為下一代創造上升通道的守望者。

毒品政策——「人道」外衣下的文化災難

最後，在毒品政策方面，不少民主黨華人政客也毫無例外地緊隨左派步調，積極推動毒品合法化，在大麻問題上尤為積極。在他們主政或支持下，如加州、麻塞諸塞州等民主黨主導的州，已全面開放娛樂性大麻，甚至開始嘗試設立所謂「安全注射點」，允許吸毒者在政府監管下注射更強效的毒品，理由竟然是「減少感染風險」、「保護吸毒者的生命權」。

這些政客將此類政策標榜為「進步」、「包容」、「人道主義」的體現。他們辯稱：「在外買大麻不安全，不如政府監管」、「街頭注射危險，不如設立乾淨的注射室」。這種說法聽上去充滿「關懷」，實則是對公共倫理與治理責任的徹底背離。政府的職責不是協助人民「更安全地上癮」，而是引導他們走向責任、自律與健康。

對華人社區而言，這種「進步政策」是文化和道德的雙重災難。我們的文化傳統強調克己、勤奮、節制，對毒品更是零容忍。**我們尊重自由，但絕不把放縱視為解放；我們珍惜生命，拒絕把自毀當作權利。**那些戴著「華人代表」標籤的政客，在大麻合法化議題上

卻甘當先鋒，完全無視長輩一代的憂慮，也漠視下一代在寬鬆氛圍中墮落的風險。

越來越多華人家庭反映，大麻在校園中已變得唾手可得，孩子們被誤導、被誘惑，甚至染上癮癖。而校方和政府卻以「合法」為由推諉責任，對毒品問題不聞不問。誰來為此負責？是誰將孩子們置於如此危險的環境中？

真正有良知、有擔當的政治代表，不會為了迎合「進步」標籤而犧牲青年的未來，更不會將吸毒權包裝成「人權」。我們不需要會說中文、姓李或姓陳的政客——我們需要願意捍衛社區健康、保護家庭價值、對孩子生命負責的公共領袖。

為什麼華人政客背離華人利益？

許多華人政客在美國土生土長，接受的是美國過去幾十年逐漸左傾的教育體系。他們一口流利英語，熟悉政治技巧，卻對立國精神與倫理基礎知之甚少。事實上，這一現象既反映了美國精英教育的「去歷史化」傾向，也暴露出華人社區在政治選擇上的盲點。許多選民高 IQ 卻低 PQ（政治智商），常常只看重候選人的學歷、形象和族裔背景，卻忽視了其政治立場與價值取向。

美國建國的核心並非血緣或文化認同，而是對「自然權利」的信仰——即上帝所賜不可剝奪的人權。新教倫理強調人的墮落本性，因此必須通過有限政府、法治制度和公民責任來約束權力、保障自由。然而，許多華人政客卻缺乏這種思想根基。他們並不敬畏自然法，也不瞭解為何憲法之下必須有道德信仰作基礎。他們將政府視為「萬能父母」，習慣用行政命令代替社會責任，用政策補貼掩蓋家庭與教育的崩塌，最終落入「高稅收，高福利」的大政府陷阱。

更嚴重的是，現代美國政治高度極化，民主黨內部已被激進左派把持，「多元、公平、包容」的口號日益成為絕對政治正確。當華人政客進入民主黨體系，往往面臨極大的同化壓力。為了獲得黨

內支持與資源，他們不得不表態、站隊，放棄價值、遷就輿論，從而一步步淪為「多元敘事」的工具人。這也解釋了為何我們常見到一些華人議員，在「去員警化」、「無現金保釋政策」、「性別自定」等議題上表態極其激進，卻對華人社區的傳統價值和現實痛點閉口不談。

說到底，這是倫理原則的缺失所致。沒有堅實的信仰與道德勇氣，政客就只能隨著政治風向起舞。而這對華人社區而言，意味著選出來的不是代表，而是打著「我們的人」旗號的牆頭草。我們不能再滿足於膚色認同，而應要求價值認同。唯有如此，華人參政才有真正的意義，華人群體也才能在美國公共生活中贏得應有的尊重。

華人投票該怎麼投？從倫理原則出發

長期以來，華裔在美國政治中被視為「沉默的大多數」，其中一個重要原因是投票率普遍偏低。根據皮尤研究中心的資料顯示，在2020年美國總統大選中，亞裔選民的投票率為59%，顯著低於白人（71%）和黑人（63%）。這種「政治冷感」不僅削弱了我們在關鍵議題中的話語權，也直接影響了我們對社區和國家未來走向的影響力。

更令人遺憾的是，許多華人對候選人的關注僅停留在膚淺層面，總是在投票日臨近時，才匆匆上網搜索、四處打聽。這種臨時抱佛腳式的投票方式，使我們錯失了審慎評估候選人立場的機會。其實，我們完全可以通過參與候選人見面會、社區論壇，流覽其官方網站和社交媒體平臺，或觀看公開辯論視頻，主動瞭解他們對教育、治安、經濟等關鍵議題的真實立場。

投票不僅是權利，更是道義上的責任。我們需要回歸到倫理原則和價值判斷的核心。那麼，什麼才是負責任、有判斷力的投票？你可以考慮從四個基本原則出發：

第一，是否尊重憲法與人的自然權利。通過候選人的政綱或公開演講，判斷他們是否堅定支持言論自由、宗教自由等核心憲政價值，是否願意捍衛每個人作為自由公民的基本尊嚴。

第二，是否保護家庭與父母對子女的教育權。支持那些明確保障家長知情權、反對極端性別教育與意識形態灌輸的候選人。教育應當服務家庭，而非取代家庭。

第三，是否捍衛法治與社區安全。拒絕支持「無現金保釋政策」、「去員警化」或毒品合法化的政客。真正的正義，是保護守法者，而不是縱容犯罪分子。

第四，是否促進合法、公平的市場制度。拒絕高稅收與「大政府」依賴，支持那些尊重財產權、鼓勵創業、激勵勤勞致富的候選人，才能保障社會真正的公平與繁榮。

另外，我們尤其要警惕那些口口聲聲「為華人爭取福利」的候選人。她們常在競選時許諾要為華人社區爭取更多政府撥款、修公園、修路、改善老人中心等「看得見的小恩小惠」，似乎「很親民、很體貼」，但一旦當選，卻在宏觀政策上支持高稅收、高福利、大政府擴張，最終反而讓中產華人家庭承擔更沉重的經濟負擔。所謂「給你十塊福利，收你三十塊稅」，往往就是現實的結果。

更重要的是，不要只聽她們「說了什麼」，而要認真去看她們「做了什麼」。真正反映她們立場的，是她們過去投下的每一張選票，支持的每一項議案。

我們應主動查閱她們在市議會、州議會、國會中的投票記錄，看看她們是否曾支持「去員警化」、「無現金保釋政策」、「大麻合法化」或種族配額等傷害華人社區利益的法案。

華人是一個勤奮、自律、重視家庭與教育的群體，這些美德應該成為我們政治參與的價值錨點。我們要學會用原則來衡量政客，而不是被他們的語言包裝所迷惑。唯有如此，才能選出真正代表我們價值與未來的政治領袖。

第十章

批判性思維和應用

「當所有其他的聲音都被壓制時,那唯一的聲音便是謊言。」

—— 佚名

在第一章中,我們提出了「政治智商」的整體框架,其中邏輯被比喻為政治判斷的「指揮司機」——引導我們在紛繁複雜的資訊與原則之間做出清晰抉擇。

面對多個看似矛盾的道德原則(比如「誠實」與「保護生命」),我們需要運用上一章介紹的倫理學原則來權衡取捨。而本章將進一步探討:在真假難辨的資訊時代,我們該如何藉助批判性思維,辨析資訊的真偽、洞察背後的立場與邏輯,做出理性、審慎的判斷。

10-1
批判性思維的實用模型

當你聽到專家在新聞裡說新冠疫苗絕對安全的時候，會不會立刻相信？或者面對鋪天蓋地的指控，「川普就是希特勒」的時候，是不是覺得有些觀點看似有理，卻又無法完全說服你？這些時刻，批判性思維就像是大腦的「篩檢程式」，幫助我們在資訊的海洋中找到真正的珍珠。

那麼，什麼是批判性思維呢？簡單來說，批判性思維是一種理性分析、深入反思和科學判斷的能力。它讓我們不盲目接受眼前的觀點，而是通過觀察、提問、推理和驗證，去發現問題的本質。就像剝開一層層洋蔥皮，直到看清最內核的真相。

在今天這個資訊爆炸的時代，批判性思維的作用顯得更加重要。社交媒體讓資訊的傳播變得前所未有的迅速，但也帶來了大量的謠言、偏見和誤導。人們常常迷失在紛繁複雜的觀點之中，不知道哪些是值得信賴的，哪些又只是噱頭和空談。要在這樣的環境中保持清醒，就需要用批判性思維來為自己「導航」。

在接下來的文章中，我們將一同探討批判性思維的框架模型以及如何在實踐中運用它，最終探討它在提升「政治智商」中的重要作用。

傳統批判性思維模型

多年來，學術界和教育界發展出一系列分析框架，如 CRAAP 測試、RAVEN 框架和 SMELL 模型，幫助人們評估資訊的真實性與可靠性。

CRAAP 測試 是由加州州立大學奇科分校圖書館（California State University, Chico）開發，主要從時效性（Currency）、相關性（Relevance）、權威性（Authority）、準確性（Accuracy）和目的性（Purpose）五個方面評估資訊，廣泛應用於學術研究與資訊檢索入門課程中。

　　RAVEN 框架 出自美國教育研究機構「Critical Thinking Foundation」的相關出版物，用於分析論點的權威性（Reputation）、能力（Ability to observe）、偏見（Vested interest）、專業背景（Expertise）和中立性（Neutrality），適用於評估媒體或專家來源的可信度。可參考該機構教材《Critical Thinking: Tools for Taking Charge of Your Learning and Your Life》。

　　SMELL 模型 多用於中學教育中教授媒體素養，關注資訊的來源（Source）、動機（Motivation）、證據（Evidence）、邏輯（Logic）和遺漏（Left out）等方面。該模型常出現在新聞素養課程教材中，如美國國家新聞素養中心（NAMLE）的教學材料中便有廣泛應用。

　　這些模型在過去確實有效，但在當今政治高度極化、媒體操控日益加劇的環境下，它們的局限性也日益顯現。傳統的批判性思維框架通常假定「權威機構」的資訊是可靠的。然而，在現代社會，這種假設已不再成立。例如，美國疾病控制與預防中心（CDC）和美國國立衛生研究院（NIH）等機構的公信力因受到各種政治和經濟利益的影響而備受質疑。

　　再比如，主流媒體與社交平臺長期宣稱「事實核查（Fact-checking）」是評估新聞真實性的重要工具，但事實上，這些平臺往往與主流媒體存在利益關聯，甚至隸屬於同一資本集團，難以真正保持中立。所謂「事實核查」在實踐中常常帶有強烈的立場傾向，有時甚至成為壓制不同聲音、維持輿論壟斷的工具。

在這樣的環境下，僅僅依賴傳統的批判性思維框架已無法滿足當今資訊戰的挑戰。資訊操控的手法日益複雜，我們需要更具針對性、更敏銳的分析工具來識別真相，並抵禦資訊操控的侵蝕。

資訊操控的新形態

現代資訊操控已不僅僅是「假新聞」的問題，而是高度精細化的認知戰。政府、跨國企業、媒體和社交平臺已經建立起龐大的資訊過濾和操控系統，通過放大某些資訊、壓制其他資訊，甚至利用「選擇性事實」來誤導公眾。這種操控手段比傳統的宣傳更隱蔽、更具影響力，使得普通人難以察覺自己正處於資訊繭房之中。

例如，2020年美國大選期間，社交媒體巨頭封鎖了關於亨特・拜登筆記型電腦的報導，導致關鍵資訊在選舉最敏感的時期被人為壓制。《紐約郵報》（New York Post）報導此事時遭到Twitter和Facebook的封殺，主流媒體幾乎一邊倒地將此事件定性為「俄羅斯的虛假資訊」。然而，經過多方調查證實，這些資訊是真實的，但當真相水落石出時，美國大選的結果已成定局。

2021年1月6日美國國會山事件（J6）的處理同樣暴露了資訊操控的另一種形式。J6委員會（January 6 Committee）在調查過程中涉嫌銷毀關鍵證據，而FBI更被曝派遣百餘名探員混入示威人群，煽動抗議者採取激進行動，但這些資訊在主流媒體的報導中被刻意忽略。與此同時，提出異議的塔克・卡爾森（Tucker Carlson）和梅根・凱利（Megyn Kelly）等知名媒體人，因敢於揭露真相而遭到FOX新聞解雇。然而，多年後，越來越多的證據證明，他們的質疑和報導是準確的，這進一步印證了資訊操控的深層複雜性。

新冠疫情期間，YouTube、Twitter和Facebook曾廣泛刪除批評疫苗效果或質疑封鎖政策的內容，許多科學家和醫學專家的聲音被壓制，公眾只能接受單一的「科學共識」。但兩年後，多項研

究表明，關於自然免疫、疫苗副作用和封鎖政策負面影響的觀點，當初被視為「陰謀論」的聲音，實際上是符合科學的。

另一方面，一些被懷疑與情報機構有關聯的自媒體帳號頻繁出現，例如2020年大選後與「Q」相關的自媒體頻道，經常散佈未經證實的陰謀論與謠言。這類資訊在社交平臺上迅速傳播，卻幾乎不承擔任何後果，對公眾輿論造成干擾與誤導。

這些例子表明，傳統的批判性思維模型已經無法適應這個資訊操控的新紀元。當今的資訊戰不僅僅是控制「資訊的真假」，更是通過操控「資訊的選擇性」和「話語權」來引導公眾的思維和行為。在這種環境下，僅僅依靠 CRAAP 或 RAVEN 等傳統分析框架已不足以洞察真相。

為了應對這種新的挑戰，本書為大眾提出了一個更實用的評估框架——TRAC 模型。這一模型將幫助讀者在資訊戰中保持清醒，辨別真偽。

介紹 TRAC 模型：道高一尺，魔高一丈

TRAC 模型提供了一種系統化的方法，讓我們從四個核心維度評估資訊的真實性和可信度：透明性（Transparency）、記錄（Record）、利益（Agenda）、審查（Censorship）。

透明性（Transparency）——資訊的來源是否透明？是否清晰地公開了資金支持、政治立場或企業背景？例如，某些「疫苗獨立研究」實際上由大型製藥公司資助，這就可能影響其結論的客觀性。在評估資訊時，我們必須審視其背後的資金流動、政策支持和關聯機

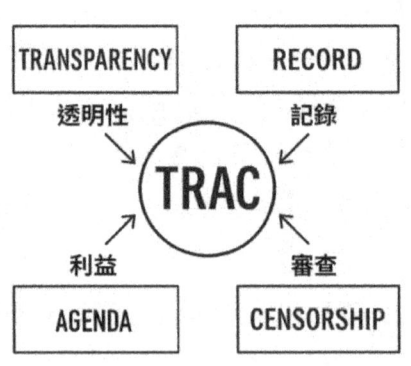

圖表 27：批判性思維的 TRAC 模型

構。如果一個新聞來源隱瞞其贊助者或不願透露研究方法，它的可信度就值得懷疑。

記錄（Record）——發佈者的歷史記錄如何？它過去是否發佈過不實資訊？例如，紐約時報在伊拉克戰爭前夕曾多次發表關於「薩達姆藏有大規模殺傷性武器」的報導，後來被證明是錯誤的。那麼，今天當該報刊再次發佈類似的戰爭宣傳時，我們是否還應無條件相信？對比資訊來源的過往報導，查閱其準確性和一致性，是判斷可靠性的關鍵。

利益（Agenda）——誰會從這條資訊中獲利？任何一條資訊的背後，都可能涉及利益交換。一個研究機構聲稱某種食品可以極大降低癌症風險，我們需要問：「它是否接受了該食品公司的資金贊助？」如果某家主流媒體反復強調「氣候變化危機」，我們也需要考察它是否從綠色能源政策或相關企業中受益。追蹤利益鏈條，能讓我們看清資訊的真實動機。

審查（Censorship）——某條資訊是否被審查、封鎖或打壓？一個不尋常的現象是，許多被政府或科技公司審查的資訊，往往恰恰是最接近真相的。例如，在2021年，美國政府和大型科技公司合謀壓制關於新冠病毒可能來源於武漢實驗室的說法，稱其為「陰謀論」。但後來，多個國家的情報機構都承認，這是一個值得深入調查的合理假設。資訊的被審查程度，本身可以成為一個判斷其可信性的指標。

TRAC 模型的現實應用

TRAC 模型不僅適用於政治新聞，也同樣適用於我們日常資訊的篩選和辨別。例如，在2021年 COVID-19 疫情期間，媒體廣泛報導「FDA（美國食品藥品監督管理局）和醫生懇請人們停止服用馬用驅蟲藥伊維菌素（Ivermectin）治療 COVID-19」的消息。然而，同一時期，皮埃爾・寇里博士（Dr. Pierre Kory），一位重症監護

專家兼新冠重症護理聯盟（FLCCC）的聯合創始人，公開聲稱伊維菌素對治療 COVID-19 有顯著療效。面對兩種截然不同的觀點，我們應該相信哪一個？

在這種情況下，運用 TRAC 模型可以幫助我們做出更理性的判斷：

透明性：資訊的來源是否透明？

透明性是判斷資訊可信度的第一步。我們必須審視資訊的來源、發佈者的立場以及其背後可能存在的動機。

FDA 和 CDC 的立場：FDA 在2021年8月通過社交媒體發佈了那句著名的推文：「你不是馬，也不是牛，真的，大家別吃伊維菌素。」這條資訊迅速被主流媒體廣泛引用，形成了「伊維菌素是馬用藥物」的公眾印象。然而，FDA 本身並沒有進行關於伊維菌素治療 COVID-19 的深入研究，其依據的只是有限的實驗資料和早期臨床試驗的結論。

寇里博士的立場：作為新冠重症護理聯盟的聯合創始人，寇里博士在美國參議院作證時明確表示，「伊維菌素是 COVID-19 的奇蹟藥物」，其效果遠超預期。他的立場基於 FLCCC 的大量病例資料和一系列獨立研究，儘管他的觀點與主流媒體和政府立場相左，但他的研究資料明顯更加透明。

記錄：過去是否有類似事件的錯誤報導？

記錄是檢驗媒體和機構的可信度的重要因素。媒體和官方機構的過往表現，能揭示他們是否存在誇大、錯誤報導或壓制不同聲音的歷史。

FDA 和 CDC 曾多次在重大公共健康議題上誤導公眾：例如，在1980–1990年代，FDA 曾長期否認糖類攝入與肥胖、糖尿病之間的直接關係，反而錯誤地引導公眾「遠離脂肪」，鼓勵高碳水飲食，

導致美國肥胖率飆升。直到多年後營養學界逐步糾正這一觀念，FDA 才開始調整指南，但造成的健康後果早已深遠。

又如，在2020–2021年 COVID-19 疫情高峰期，CDC 多次更改口罩、防疫政策和疫苗傳播機制的表述，有時甚至前後矛盾。例如最初聲稱「接種疫苗後不會傳播病毒」，但後來又承認即便接種者也可能攜帶並傳播 COVID-19。這樣反復變化的資訊，在公眾中造成了混亂與不信任。

利益：哪些機構或公司從中獲利？

利益分析有助於揭示資訊背後的潛在動機，特別是在涉及製藥行業、政府政策和大規模公共衛生事件時。

疫苗製造商的利益：疫苗生產商如 輝瑞（Pfizer）和 莫德納（Moderna）等公司，在 COVID-19 疫苗推廣期間，賺取了數百億美元的利潤。據《華爾街日報》報導，2021年輝瑞的 COVID-19 疫苗銷售額超過 360 億美元，成為全球最暢銷的藥品之一。在這種情況下，疫苗製造商自然傾向于打壓廉價的替代療法，如伊維菌素和羥氯喹（HCQ）。

政府和衛生機構的利益：美國疾病控制與預防中心（CDC）並非完全獨立運作，其下屬的 CDC 基金會可以合法接受來自大型製藥公司的捐贈。這種財務聯繫引發了外界對公正性的質疑。與此同時，政府通過與這些製藥巨頭的密切合作，推動全國範圍的疫苗接種計畫，進一步加深了公眾對公共衛生政策「是否中立」的擔憂。

2021財年，CDC 基金會收到超過1.74億美元的捐款，其中包括輝瑞（Pfizer）等藥企的資金。美國食品藥品監督管理局（FDA）的情況有所不同，其預算約60%（2023財年為36億美元）來自製藥公司繳納的「用戶費用（如藥品審批費）」，而非直接捐款，但這同樣使得FDA在財務上與行業利益密切相關。

審查：資訊發佈者是否受到打壓？

審查機制往往是資訊操控的最重要一環，打壓異見、遮罩不同聲音是維持主流敘事的重要手段。正如那句諺語所說：「如果所有其他的聲音被打壓，只有一種聲音出現，那麼這種聲音就是謊言。」

寇里博士和 FLCCC 遭受的打壓：寇里博士在參議院作證後，不僅被主流媒體攻擊，還面臨學術界的孤立。他所在的新冠重症護理聯盟（FLCCC）也遭到 YouTube、Twitter 和 Facebook 的封殺，相關視頻和資訊被大量刪除。

關於伊維菌素的審查：許多支持伊維菌素的醫生和研究人員的聲音被主流平臺遮罩或標籤為「虛假資訊」。美國前線醫生聯盟（America's Frontline Doctors，AFLD）以及全球各地的多位醫學專家，包括印度的研究人員、澳大利亞的學者，都曾發表報告或臨床試驗結果，表明伊維菌素對 COVID-19 治療具有潛在的效果。AFLD，由 Simone Gold 博士領導，一直在推廣伊維菌素和羥氯喹等早期治療手段。

南非的疫苗接種專家 Shankara Chetty 博士也公開支持伊維菌素在 COVID-19 治療中的使用，並指出主流媒體和衛生組織對這些療法的壓制是「出於利益考慮」。

這些例子表明，主流媒體和政府機構在 COVID-19 資訊傳播上，存在偏袒和選擇性發佈的現象。這種模式在歷史上也曾多次上演，提醒我們在面對複雜資訊時，不應盲信「主流共識」。

結論和實例

通過以上基於 TRAC 模型的四個維度分析可以清晰看出，官方機構如 FDA、CDC 以及大型製藥公司，在透明性、歷史記錄、利益關係與資訊審查四個方面，整體表現並不令人信服，資訊來源高度依賴內部立場與經濟利益，缺乏獨立性與公開性。相較之下，雖然寇里博士等質疑者也難免有個人立場，但他們的資料來源、臨床觀

察與公開發聲，整體在透明度、邏輯自洽性與資訊完整性上明顯優於官方敘事。

綜合四個指標，伊維菌素作為 COVID-19 治療手段的潛力與可信度，遠高於被主流媒體簡單汙名化的標籤。下面是一個真實的故事。

根據多家媒體報導，71歲華裔老人 Sun Ng 于2021年10月14日在伊利諾州感染 COVID-19 入院，並於10月18日病情惡化需使用呼吸機，醫生評估其存活機率僅10-15%。其女兒堅持為他注射伊維菌素（Ivermectin），但醫院兩次拒絕；家屬遂提起訴訟，並於11月8日獲得法官許可，由外部醫生在醫院進行伊維菌素治療。Sun Ng 先後接受5天共15針治療後，情況顯著好轉，最終在 11月27日康復出院。此案例由 Fox 10 Phoenix 等媒體報導，並被很多人稱為伊維菌素的「救命奇蹟」。

類似的事情也發生在我身上。在2021年前後，筆者看到許多關於伊維菌素治療 COVID 的報導，基於對時局的判斷，筆者通過聯繫外州的醫生為自己和家人備好了伊維菌素。

後來自己不幸感染了 COVID，起初身體極度虛弱，一天臥床不起，咳嗽嚴重。但在第二天早上確診後，立即服用了四粒伊維菌素（共12mg）。沒想到中午時症狀已有明顯緩解，精神狀態也大有改善，下午甚至可以處理郵件並恢復部分工作。到了晚上，體力和精力基本恢復。

第三天繼續服用伊維菌素，狀態進一步好轉。我順利上了一天班，甚至還能出去跑步。第四天咳嗽完全消失，雖然口中仍有些乾澀與苦味，但生活已恢復正常。

這只是我個人的親身經歷，不能視為醫學建議。但根據我看到的多方資料和真實案例，伊維菌素的確在很多患者中發揮了關鍵作用，挽救了無數生命。

結語

　　TRAC 模型為我們提供了一個強有力的工具，讓我們能夠從透明性（Transparency）、記錄（Record）、利益（Agenda）、審查（Censorship）等關鍵角度，深入審查資訊的可靠性。

　　傳統的批判性思維模型建立在對權威機構的信任之上，但當這些機構的公信力因為政治、經濟和意識形態的滲透而崩塌時，我們必須重新思考什麼是真正的批判性思維。任何剝奪公眾資訊權和選擇權的行為都值得被質疑，因為當資訊被操控、言論被壓制，自由和正確的選擇便成為一種假像。

　　真正的批判性思維，不是盲目相信主流敘事，而是敢於質疑、勇於探尋、不斷追求真相。

10-2
政治智商的三個應用實例

前面，我們一起梳理了很多理論和模型，講了世界觀、原則、知識、邏輯這些政治智商的核心要素。但如果政治智商只是停留在書本和理念裡，那它不過是紙上談兵。真正重要的，是把這些理論用在現實生活中，面對具體的選擇、具體的挑戰。

所以，這裡我挑選了三個實例，帶大家一起看看，當政治智商真正派上用場時，它是如何影響我們的健康、家庭和命運的。

一、疫苗，打還是不打——可以救命的政治智商

2021年，疫情進入第二個年頭。那時候，鋪天蓋地的宣傳幾乎讓人相信，新冠疫苗是這場危機的救星。只要打了疫苗，疫情就會結束，生活很快恢復正常。

起初，我也半信半疑，心想：「也許，這次疫苗真的能救我們。」然而，沒過多久，現實就讓我徹底清醒了。

一次偶然的機會，我點開了 VAERS 資料庫，全名叫「疫苗不良事件報告系統」，這是美國疾控中心（CDC）設立的官方平臺，任何人——醫生、護士、患者甚至普通家屬——都可以在上面報告接種疫苗後的反應。

我原本只是好奇，結果這一看，心裡頓時一沉：三千人。

僅僅幾個月時間，全美就有三千例因疫苗副作用死亡的報告！這個數字讓我後背發涼。早在1976年，美國政府推出「豬流感疫苗」，結果因為僅有三人死亡，就立刻叫停了接種。而這一次，面對三千條人命，媒體卻像被誰封住了嘴巴一樣，鴉雀無聲。

不僅不報導，很多打完疫苗後因嚴重副作用而致殘的人，也被醫院和媒體集體打壓，唯一能發聲的地方，居然是議員主持的聽證會。這讓我第一次真正意識到，這背後，已經不只是單純的「科學」問題，而可能是一場蓄謀已久的公共健康危機。

這種感覺，很快變得更加真實。

有一天，負責我家割草的公司老闆安東尼，臉色陰沉地告訴我：「歐貝德走了。」

歐貝德是他的工人，四十來歲，常年在我家幫忙打理花園，幹活踏實。我以為他是換工作了，結果安東尼苦笑著說：「他週五打了疫苗，周日感覺不舒服，送醫院後去世了。留下兩個孩子，才九歲和十一歲。由於他離了婚，現在孩子由他母親在幫忙照看。」

我一下子愣住了。更讓我寒心的是，這麼大的事，地方新聞連一條報導都沒有。

與此同時，新聞上也不斷有人質疑：像羥氯喹、伊維菌素這些早期治療新冠有效的藥物，為什麼被打壓？很多感染者因此錯失治療機會，眼睜睜從輕症拖成了重症。

我決定，不打疫苗。

但現實很快又把我逼到了懸崖邊。

2021年9月9日，拜登政府正式宣佈聯邦疫苗強制政策，要求所有大型聯邦承包商（100名員工以上）和醫療保健機構，強制員工接種新冠疫苗。

11月，我的老闆突然發來會議邀請。平時他是個和氣隨和的人，和我關係一向不錯，但那天他的表情格外嚴肅。

他開門見山地說：「你應該知道了吧？公司從上面接到強制疫苗的通知。我們和政府有很多業務往來，必須嚴格遵守相關規定。現在，公司要求所有員工接種新冠疫苗並出示疫苗卡。」

他頓了頓，語氣中帶著理解又無奈：「我知道你可能有顧慮，實際上我也理解。但公司的副總裁和管理層態度非常強硬，似乎沒有多少迴旋餘地。如果你不想打疫苗，我可以幫你推薦去另一家公司。」

這突如其來的消息讓我愣住了。但慶倖的是，我早就瞭解「宗教赦免權」，這是受《美國憲法》第一修正案宗教自由保護的。這意味著，個人可以基於宗教信仰申請豁免，包括拒絕強制疫苗接種。

我當即表示：「公司應該允許基於宗教信仰申請豁免，我打算試試。」

老闆點了點頭：「可以，你去申請吧。」

我拿到了公司的申請流程，才發現這次的要求格外嚴格。所有申請宗教豁免的人，都必須接受一家外部諮詢公司的面談審核。很明顯，這是公司故意設置的門檻，目的就是不想讓太多人走這條路。

我沒有退縮。我查閱了大量資料，諮詢了律師，瞭解到宗教豁免權不僅保護佛教、基督教等有組織的宗教，也同樣適用於那些無組織的個人信仰，即使你信奉玉皇大帝，也不應該有人來質疑。它的本質，是對個人良心和尊嚴的保護；任何企業都不得因宗教理由歧視員工，或剝奪其合法權益。

我認真準備了申請材料，詳細闡述了自己的基督教信仰、立場，以及相關的法律依據。一周後，我的宗教豁免申請順利獲批，甚至連面試都沒有安排。

我還瞭解到，公司裡其他同事的宗教豁免申請，也都順利通過。

這個親身經歷，再次印證了我們講的「政治智商模型」：

世界觀：身體和生命都是上帝賜予的恩典，個人有責任為自己和家人的健康負責。

原則：權力必然腐敗，必須警惕政府、製藥公司、CDC的勾結與利益鏈。

知識：《美國憲法》第一修正案提供了宗教赦免權的法律保障。任何企業都不得因宗教理由歧視員工。

邏輯：保持批判性思維，獨立判斷主流媒體和所謂「專家」的資訊真偽，理性看待疫苗的安全性與風險。

然而，更多人沒有我這麼幸運。那段時間，僅在我們州，成千上萬的公務員、醫生、護士、員警，甚至一些懷孕的女性，因為拒絕打疫苗而被迫辭職。

而那些被迫接種疫苗後出現事故的人，更是令人痛心。我身邊一些本該正值壯年的朋友和同學，在打完疫苗後，突然因心肌梗塞去世，或者在短時間內查出晚期癌症，結局令人無比悲哀。

這一切讓我更加堅信：只有保持清醒的世界觀、對權力本質的深刻理解、對資訊來源的嚴格辨別，外加瞭解法律，勇敢地依法抗爭，才能真正守護自己和家人的自由與生命。這正是政治智商可以救命的體現。

二、用腳投票：一家人的「逃離麻州」之路

我有一對美國朋友，邁克和凱倫夫婦（化名），原本住在美國東北部的麻州。麻州曾是他們的家鄉、事業的起點，也是孩子出生的地方。但到了2022年，他們做出了一個看似瘋狂、但實際上極其清醒的決定：賣掉房子，舉家搬遷到佛羅里達州。

在很多人眼裡，麻州是教育和科技的重鎮，哈佛、MIT等世界名校坐落其中，醫療資源發達，文化氛圍濃厚，聽起來是精英嚮往的天堂。然而，真正住在這裡的人，卻未必這麼想，邁克一家正是其中的典型。

沉重的稅收枷鎖

「你知道我一年光房產稅就交了多少嗎？」邁克苦笑著對我說，「兩萬多美元。」

他們家住在波士頓郊區一棟典型的中產階級獨立屋，房產稅高得驚人，尤其在那些長期由左派掌控的地區，比如他們住的鎮。就拿最近的一個例子來說，為了更換鎮上的老年活動中心的供暖和空調系統，原本使用天然氣的方案只需約50萬美元，卻因為要成為全州「綠色能源」政策的示範點，招標時改成了全電系統，花了整整200萬美元。這類高昂而理想化的支出，最終都反映在居民的房產稅上，年年攀升。

不僅如此，麻州還徵收5%的州個人所得稅，而佛州完全沒有州收入稅。邁克是公司銷售，凱倫是公司高管，收入不菲，每到報稅季，他們都感覺壓力巨大。

「辛辛苦苦幹一年，結果最後幾個月賺的錢全進了政府的口袋。」凱倫無奈地說，「關鍵是，看著政府把錢花在哪？福利被濫用，養著一群懶人，監管漏洞到處都是；另外非法移民的待遇比我們這些納稅人還好。」

更糟糕的是，麻州的遺產稅同樣很高，「一旦出點意外，大半財產都得被政府拿走。」邁克歎了口氣。

學校裡的「思想洗腦」

更讓他們無法忍受的，是他們的孩子所在學校的教育環境。麻州的教育系統早已被「覺醒主義」（Wokeism）和極端左翼思潮牢牢掌控。所謂「多元平等」教育，不過是赤裸裸的意識形態灌輸。

「老師在課堂上不停潛移默化地宣傳和暗示'白人原罪'、'系統性種族主義'、'性別流動性'這些概念，孩子才十歲，就被要求在表格上填寫自己認同的性別，」凱倫滿臉憤怒地告訴我，「你敢提出異議？立刻被貼上'極端保守'、'不包容'的標籤，家長的聲音根本沒法被聽見。」

不僅如此，周圍的同學大多被洗腦嚴重，他們的孩子在學校裡孤立無援。她曾因為公開表達一些質疑和更傳統的立場，被同學排擠，連老師都冷嘲熱諷。

被強制的疫苗政策

疫情期間，麻州實行了嚴苛的強制疫苗政策，上千名護士、員警因此失去工作。邁克夫婦眼睜睜看著那些為社區服務的人被迫離開崗位，只因他們不願意向政府的醫療霸權低頭。

更令他們擔心的是，疫情結束後，極左的州議會又開始推動取消宗教赦免權的法案，一旦通過，連孩子的疫苗選擇權都可能被徹底剝奪。

「我們實在不敢想像，孩子和將來的孫輩在這樣的環境下長大，健康、自由都會變得遙不可及。」凱倫憂心忡忡地說。

「佛州自由」的吸引力

相比之下，佛羅里達州成了他們眼中的「自由之地」。這裡不僅沒有州收入稅，整體稅負輕很多，生活成本也更可控。更重要的是，州長德桑蒂斯（Ron DeSantis）帶領佛州，在防疫政策、教育政策上，堅決捍衛個人自由和家長權利。

「佛州不強制封鎖、不強制口罩、不強制疫苗，更不允許學校搞那些意識形態教育，」邁克說，「我們要的，就是這樣的生活環境。」

經過幾個月考察與權衡，他們果斷賣掉麻州的房子，帶著孩子南下佛州。雖然重新安家、適應新環境需要時間，但他們幾乎立刻感受到經濟壓力大幅減輕，精神上也前所未有的輕鬆。

「我們住的房子比麻州的還大，但只需要付以前三分之一的房產稅。」邁克開心地說。

「孩子在新學校，老師專心教書，課本內容正常，同學們也很合得來。」凱倫臉上的笑容，是真正發自內心的輕鬆。

用腳投票,理性的政治選擇

邁克一家選擇離開麻州,正是「政治智商」最實際的體現。

他們沒有被華麗的包裝和表面的繁榮所迷惑,而是清醒看清政策背後對普通家庭的真實影響,做出了理性的選擇。他們的選擇也印證了我們的「政治智商」模型:

原則:堅守個人自由,拒絕被大政府和極左政策控制,選擇有限政府、市場經濟的州。

知識:深入瞭解美國各州的法律、稅收與政策,真正搞清楚哪裡才適合居住與發展。

邏輯:用批判性思維看待學校教育,不盲目信任專家,敢於為孩子的成長環境做選擇。

今天,美國南部諸州,尤其是佛羅里達、德克薩斯、田納西等等,正在吸引著越來越多像邁克這樣的「逃離者」。他們用腳投票,選擇了真正尊重自由、尊重家庭、尊重常識的地方。

當然,並不是每個人都有條件遷居他方,也未必人人都能適應南方炎熱的氣候。面對現實環境,政治智商的最高體現,不在於逃避,而在於承擔——那就是公共責任感:勇於參與地方治理,出席聽證會、表達立場、監督政策、喚醒沉睡的社區意識。真正的公民,不是局外人,而是行動者。這是我們本章最後一篇文章的內容。

三、小心CIA/FBI的心理戰(Psychological Operation)

在介紹批判性思維那一章裡面,我們談到吹哨人資訊的重要性,但是我們常常會被一些假吹哨人所迷惑。真正的吹哨人,往往要付出慘痛代價。比如,曝光政府腐敗、疫苗黑幕的醫生、律師、科學家,很多人因此被打壓、被封號,甚至失去工作、面臨起訴。但偏

偏，總有一批「吹哨人」，不僅安然無恙，反而越混越風生水起。這時候，你就必須提高警惕了。

還記得2020年美國大選後的那段時間嗎？當時，質疑大選舞弊的人，幾乎都被社交媒體封殺。YouTube、Facebook、Twitter 上，稍微說句不符合「官方口徑」的話，立刻被封號、禁言。

可奇怪的是，一些所謂的「愛國者頻道」卻毫髮無損，甚至粉絲暴漲。比如 Simon Parkes、Juan O'Savin 這些人，他們大肆宣揚「白帽子」理論：雖然川普表面上敗選了，但其實仍然掌控大局，軍方內部有大量隱藏的愛國者（白帽子），一切盡在掌握中，大家只需要「耐心等待」，Q 團隊最終會帶來奇蹟。

這些資訊聽起來像極了救世主劇本。許多焦慮的保守派、愛國者因為資訊管道受限，別無選擇，開始大量關注這些頻道，甚至將其視為精神寄託。

什麼是 Q？

簡單說，Q 是2017年開始活躍在美國網路上的匿名帳號，自稱「政府內部的愛國者」，掌握最高機密，逐步揭露全球深層政府（Deep State）的陰謀。Q 的資訊充滿神秘、隱喻和各種未解之謎，配合大量「預言」，一度在保守派圈子引發巨大追捧。然而，幾年過去，Q 團隊和他們的「代言人」們預言的事情，幾乎沒有兌現的。

比如，他們聲稱，白帽子（愛國者陣營）已經掌控了 EBS 系統，也就是緊急廣播系統（Emergency Broadcast System）。這套系統是美國政府在特殊情況下使用的全國性緊急廣播中斷機制，通常只在戰爭、重大災難或國家安全威脅時啟用。

根據 Q 系陰謀論的說法，一旦「EBS信號」啟動，全國範圍內的電視、廣播、手機都會中斷正常節目，統一播放揭露「深層政府」（Deep State）和拜登集團罪行的視頻。隨後，川普將重新掌權，叛國者集體被捕，國家進入所謂「清洗與復興」階段。

除此之外，這些人還反覆宣揚一系列「預言」，比如：
- JFK總統的兒子其實沒有死，很快就會公開現身；
- 2021年3月，川普將正式復位執政；
- 拜登是假總統，目前一切只是軍事演習……

這些聽起來熱血沸騰的劇本，現實中卻連影子都沒出現。越來越多蹟象表明，這些「Q系」頻道，很可能本身就是CIA、FBI操控的心理戰工具。他們的作用，不是喚醒群眾，而是麻痺人心——給憤怒、焦慮的保守派打上一針「精神鎮定劑」。

聽完他們的節目，你是不是覺得：「幕後有人掌控，一切盡在安排」，於是自己就不用出門抗議、不給議員寫信、也不需要參加草根組織。只需躺在沙發上，耐心等待Q救世主登場，一切自然好轉。這，正是心理戰最陰險的地方：讓你以為自己很清醒，實際上早已被困在虛假的安全感裡。

美國人把這種現象稱為：「The Patriots' Pacifier」（愛國者的奶嘴）。這些Q類頻道，看似安撫人心，實際上卻讓保守派群眾自廢武功，徹底喪失實際的行動能力。

我曾在地方選舉中認識不少本地美國人。有一次，一位沉迷Q陰謀論的美國朋友找到我，聊了兩個小時。他神秘兮兮地告訴我：「你知道嗎？中國的習主席也是白帽子！」我真是哭笑不得。

用 TRAC 模型識破資訊陷阱

我們在這一章裡介紹過 TRAC 模型，正好可以幫助我們識破這些資訊的本質：

T——透明度（Transparency）：這些資訊來源模糊、神秘兮兮，動不動就說「內部消息」，卻拿不出任何國會聽證會記錄，或者其他公開、可靠的證據。

R——記錄（Record）：他們的預言屢屢落空，像EBS信號、JFK總統的兒子並沒有去世、即將現身這些事情，至今沒有發生。

A——利益動機（Agenda）：他們確實達到了效果，大批憤怒的愛國者整天沉迷這些節目，忙著等「奇蹟」，卻忘了草根抗爭。

C——審查狀況（Censorship）：真正敢於質疑大選、疫苗、政府腐敗的頻道被社交媒體瘋狂封殺，唯獨這些「白帽子」理論的節目暢通無阻，甚至被平臺主動推薦、推送。

結合美國中央情報局 CIA 和美國聯邦調查局 FBI 過去幾十年心理戰的歷史，這些現象實在太熟悉了。別忘了，FBI 探員曾深度介入1月6日事件，CIA 也長期被質疑暗中策劃針對川普的政治打擊和甚至刺殺陰謀。

可以預見，隨著川普這次回歸，更多真相會浮出水面。但在那之前，真正的政治智商，是不被虛假的「資訊奶嘴」騙得暈頭轉向，而是保持警惕，保持清醒。

結語：政治智商，決定你的命運

通過前面這三個故事，我們已經可以清楚看到政治智商基本結構的重要性：

清晰的世界觀 —— 生命、家庭、信仰，不能妥協；
堅定的原則感 —— 權力必然腐敗，必須堅持有限政府；
豐富的知識儲備 —— 瞭解法律、政策、歷史，拒絕被洗腦；
冷靜的邏輯思維 —— 不盲信媒體和隨大流，用行動守護自己。

現實生活中，類似的挑戰比比皆是。比如，有人敏銳察覺國內樓市風險，及時套現，避開了房地產的深坑；又比如，在川普貿易戰2.0時，準確判斷大勢，成功完成投資佈局。這些，都是政治智商在現實中具體而實用的體現。

願我們都能用常識、勇氣和理性，守住自己的自由、家人的安全，以及未來的命運。

10-3
四劑良藥：治癒華人在美種族歧視焦慮症

試想這樣一個場景：你在一家美國公司辛勤工作，用並不熟練的第二語言努力完成報告，卻在會議中注意到有同事對你的口音露出揶揄的微笑；又或者，在地鐵上，一個黑人男子突然以充滿敵意的語氣喝令你「滾回中國」。雖然這種遭遇屬於小概率事件，但它們卻往往如同針刺一般，久久縈繞心頭，揮之不去。許多華人即便移民美國多年，依然背負著沉重的「種族歧視焦慮症」。

這種焦慮並非出於經濟地位的不安——資料顯示，華人的平均收入早已超過了白人；也並非因為缺乏政治代表——從市議員到市長，越來越多的華人政客在各級政府中嶄露頭角。真正讓不少華人焦慮的是：「我是不是又被種族歧視了？」

誠然，我們不該玻璃心，但不能否認種族偏見的客觀存在。關鍵是，我們不能讓這些傷害來定義自我，控制我們的人生。本文將分析華人在美的「身份焦慮症」形成原因，並提出四劑「良藥」，幫助你從內而外地提升情商，從而治癒這困擾無數華人的心理頑疾。

華人在美身份焦慮症的形成

華人移民在美國的歷史可追溯至19世紀建設太平洋鐵路時期。當年，大批華工遠渡重洋，背井離鄉，為美國的基礎設施建設作出了不可磨滅的貢獻。然而，從踏上美國土地的那一刻起，他們就面臨著語言、文化乃至制度上的重重障礙，融入主流社會始終是一道難以跨越的門檻。即使到了今天，許多華人仍因英語表達不夠流利，在職場或社交場合中感到被忽視、被邊緣甚至被歧視。

與此同時，一些傳統生活習慣也無意間使華人成為犯罪分子的目標。比如，習慣于攜帶現金、不使用槍支防衛、家中存放現金與珠寶等行為，在治安惡化的城市中反而使華人成為搶劫的「首選目標」。特別是最近這些年，在「黑命貴」（Black Lives Matter）運動的影響下，司法系統對犯罪行為趨於寬容，許多慣犯被提前釋放或根本未被起訴，導致針對亞裔的暴力犯罪明顯增加。加州街頭多次出現華裔老人無故遭受攻擊的事件，媒體的頻繁報導進一步加劇了華人社區的不安與恐懼。

　　現實壓力與心理創傷交織在一起，催生了華人群體中的普遍「身份焦慮」。他們一方面渴望融入主流社會，另一方面卻因文化差異、種族標籤和刻板印象而感到格格不入。「在美國做二等公民」這句在華人社區中流傳的自嘲，正反映出這種深層的不安與矛盾。

　　與此同時，美國左派主流媒體的敘事也無形中加劇了這種焦慮感。這些媒體傾向於將個別事件無限放大，營造出一種美國「系統性歧視少數族裔」的氛圍。他們不斷強調「白人至上主義」依舊主導美國社會，刻意忽略過去幾十年法律與制度層面所取得的巨大進步。在這種媒體敘事的渲染下，許多華人誤以為美國仍停留在過去的種族隔離時代，彷彿自己遇到的每一次不順都可以歸因於種族歧視。這種情緒的累積，不僅加劇了少數族裔與主流社會的對立，更讓原本能夠理性思考、積極融入的移民陷入怨懟與無力感之中。

　　明確了「焦慮症」的症狀與成因後，我們便可以對症下藥。以下「四劑良藥」，盼望能帶給你新的眼界與心態，重新面對人生。

第一劑藥：尊嚴——別在意別人的眼光，你的中國腔是上帝的恩賜

　　美國被譽為「大熔爐」，不同民族、不同膚色、不同文化背景的人在這裡共同生活，但他們擁有一個共同的信念：人人受造平等。注意，不是生而平等。人出生時就存在著各種差異：有人出生在富

裕之家，有人出生在貧寒環境；有人天生聰慧，有人卻在體育方面更有天賦。但並不是每一個人都有富裕的父母和好的基因。

美國人所相信的平等，不是建立在膚色、語言、收入或地位之上，而是因為我們在上帝眼中都是祂的兒女。如前文所述，人的尊嚴並非社會賦予，而是在上帝創造之初就已刻印在我們生命中的形象。作為一個以基督教文化為背景的國家，美國的價值觀正是以這樣的認知為基礎，我們也應當學會入鄉隨俗，理解並接納這種觀念。

正因如此，我們的文化，我們的口音，不該視作障礙，而是一種恩賜，是上帝賦予我們的獨特記號。我們不該輕看自己的聲音，因為那正是上帝以特殊方式創造了我們，帶著祂美好的旨意與計畫。

還記得一次孩子學校舉行課外活動，家長們被邀請參與其中。我負責帶領一個遊戲環節，活動結束後，幾個美國孩子跑來對我說：「我喜歡你的口音！（I like your accent!）」她們眼神清澈、話語真誠。在那一瞬間我意識到，我的「中國腔」英文並不是缺陷，而是多元文化社區的一道獨特的風景，是可以被欣賞的物件。

在美國職場工作的朋友都知道，身邊的同事來自五湖四海，有印度口音、韓國口音、法國口音、德國口音，五花八門。事實上，法國人和德國人的英文表達往往還不如中國人，我們實在沒有理由感到自卑。而你或許也注意到，最愛嘲笑我們口音的，反而是我們自己的同胞。這其實反映了他們尚未從「自我否定」的文化陰影中走出來，而你不必被這樣的評價所束縛。

當然，這並不意味著我們就可以不去提高自己的英文能力。清晰地表達自己、讓別人容易理解，是溝通中最基本的尊重，也理應是我們努力的方向。但你要始終記住：語言能力從來不決定你的價值。不要把自我價值和尊嚴建立在「別人是否接納你」的基礎之上。

下一次，當你與同事、鄰居交流時，可以更坦然、更自信地做你自己。因為你明白，你的「中國腔」，本身就是上帝給予你的恩賜與祝福。

第二劑藥：反省——美國不是天堂，因為你也是個種族歧視者

許多華人初到美國時，心中懷抱著烏托邦式的期望，以為這裡沒有偏見、沒有歧視，人人都平等相待。然而，地上並沒有天堂。美國人相信「人人受造平等」，但同時也堅信「人人都是罪人」。正如一句話所說：「如果地上真的有天堂，當你踏入的那一刻，它就不再是天堂了，因為你的罪會玷污它。」

美國是個多民族融合的國家，各族裔間的文化差異巨大，從飲食、穿著到生活習慣，各方面往往截然不同。這種差異容易形成幫派主義和族群隔離。想要明白這種狀況，只需看看今日的歐洲：穆斯林群體自成社區、非洲移民群體獨居一地，彼此之間很難真正融合，甚至相互排斥；再想想中國國內，城裡人對農村人口的偏見至今根深蒂固。

我們華人也不例外。在華人社區中，廣泛存在著對黑人的刻板印象，例如認為他們「懶惰」、「危險」、「犯罪率高」；對印度人則經常使用帶有侮辱性的稱呼，比如「阿三」。我有一位朋友負責寄宿高中留學生的安排工作，她告訴我，在他們學校裡曾經有一位中國留學生堅決拒絕與黑人學生同住一個宿舍。而華人大部分父母也不願意他們的女兒嫁給一個黑人。

事實上，美國不是天堂，正因為我們每個人內心深處都有歧視的傾向。白人、黑人、華人皆如此。這意味著，我們不該指望種族歧視有一天會徹底消失，因為它不是某一個族群獨有的問題，而是整個人類共同的病根。我們既是受害者，也是加害者。只有當我們意識到這一點時，才能以謙卑與同理心去面對並處理種族之間的張力。

而真正讓美國與其他國家不同的是，其基督教文化的底蘊促使許多人能夠自我反省，向上帝悔改，從而真正活出新的生命。他們的愛跨越了種族和國家。

以領養為例，據美國國務院資料顯示，1999年至2018年，美國從中國領養了約8.16萬名兒童，其中60%以上為女孩，近年來約80%為有先天疾病或殘疾的特殊需求兒童。這些孩子在美國家中獲得醫療與教育支持，迎來新的生活機會，甚至不少人長大後取得了令人矚目的成就。例如，被美國家庭領養的體操運動員摩根·赫爾德（Morgan Hurd），來自中國廣西，從小在美國成長，2017年更成為世界體操錦標賽的全能冠軍，享譽世界。

這些故事清楚地說明了，美國文化中紮根于基督教的慈愛精神如何切實地改變了個人和社會。正是這樣的愛與接納，使得美國社會在種族融合和跨文化交流方面擁有更深厚的底蘊，凸顯出與其他國家不同的文明特質。

第三劑藥：感恩——從縱向與橫向看，美國都是一個奇蹟

人常常容易陷入「當局者迷」的狀態，看問題只盯著眼前的不足，卻忽略了歷史與世界的全景視角。當我們學會以感恩的眼光審視周圍環境，就會發現——美國，無論從縱向的歷史進程，還是橫向的國際比較來看，都是人類文明史上的一個奇蹟。

首先，從縱向的歷史視角來看，美國如今所實現的種族平等，遠遠超越了歷史上任何時期。

18世紀的美國與當時世界大多數地區一樣，普遍實行奴隸制度，黑人被視為「財產」，無基本人權可言。進入19世紀，美國為廢除奴隸制付出了極大代價，一場血腥的南北戰爭奪去了七十萬條生命，正是無數白人與黑人並肩作戰，才最終結束了這段黑暗歷史。

到了20世紀中期，馬丁·路德·金博士領導的民權運動，打破了種族隔離的體制壁壘，使法律層面上的平等成為現實。美國通過

立法，明確禁止公共領域和就業中的種族歧視，推動社會逐步走向真正的種族融合。

進入21世紀，從法律制度上，美國已經全面廢除了所有形式的系統性種族歧視，並設立嚴厲的法律機制來保障每個人的權利和平等機會。從奴隸制到民權法案，再到今天多民族和多宗教共融的社會結構，這在短短兩百餘年的時間裡完成了巨大的躍遷，堪稱人類歷史上的奇蹟。

其次，我們也應當進行橫向的國際比較。若將目光轉向當今世界，便更清楚地看到美國在平等制度上的特殊性與難能可貴之處。在中國，戶籍制度至今仍將城鄉人口嚴格區分，不同地區的人享有的教育、醫療、社會保障資源截然不同，形成了明顯的制度性不平等；在印度，種姓制度雖然名義上已廢除，但仍以傳統習俗和社會心理繼續固化著階層分野；而在阿拉伯世界、非洲及中東許多國家，性別、宗教與種族歧視的現象甚至被制度化與常態化，給人們的生活造成極大的傷害與壓迫。

相較之下，美國的制度為每一個來到這裡的人提供了前所未有的公平機遇。今天華人社區的發展就是最好的證明：華人的平均收入水準甚至超過了白人群體，大部分華人家庭都居住在優質學區，享受著良好的社區環境。

我過去數年參與地方選舉，經常走街串巷敲門拜訪，親眼所見的普遍現象是，華人家庭通常擁有比白人家庭更大、更新的房子，更好的汽車，孩子們也普遍進入更好的大學就讀。這些事實都值得我們心存感恩——感恩這個國家制度的包容與公平，感恩那些為建設憲政共和體制而奉獻心力的先輩們。

你可能確實經歷過歧視，或感受到冷漠與偏見，但與此同時，你也擁有法律賦予的自由與權利。你可以通過選票表達自己的意願，可以藉助法律保護自己的尊嚴，也可以在公共平臺自由發聲，爭取

應得的權益。這些自由與權利並不是自然發生的，而是憲政共和制度的寶貴成果。

因此，與其沉浸於對現狀的不滿或歧視的焦慮，不如更多地心懷感恩，珍惜當下所擁有的一切。感恩能帶給我們謙卑與智慧，幫助我們更清晰地看待現實，更積極地參與創造美好的未來。

第四劑藥：參與——成為建設者，保護自己與他人

面對種族歧視，我們的態度不能僅僅停留在抱怨上，而應主動參與，成為一個積極建設種族平等環境的人。要成為建設者，需要從以下幾個方面付出實際行動：

第一，積極監督與舉報。

當你在職場中遇到真實存在的種族歧視，無論是言語上的不尊重，還是晉升過程中的不公平待遇，都應該及時採取行動。大多數公司設有專門的舉報熱線（Hotline），供員工反映此類問題，並設有制度保障舉報者不受打擊報復，包括匿名申訴、內部調查流程與法律層面的保護條款。

在正式舉報之前，我建議你先嘗試與直接主管或相關同事溝通，理清是否存在誤解，避免因資訊不全或主觀判斷造成不必要的衝突。

當然，如果你清楚地看到身邊的同胞受到明顯的不公對待甚至傷害，請不要猶豫，一定要及時記錄證據並報告給相關機構。書中前面我提到，有一次我在網上看到華人學生在地鐵遭遇歧視攻擊的視頻後，就立即將視頻發送給了當地警察局，採取了必要的行動。

第二，努力提升自我，突破「玻璃天花板」。

在美國科技行業中，「玻璃天花板」現象普遍存在：華裔工程師雖然在技術崗位表現突出，但往往難以晉升到管理層，與此同時，印度裔卻能頻繁晉升至企業高管職位，形成了知名高科技公司高管多為印度裔的現象。這背後的原因值得我們反思：

同為亞裔，為什麼印度裔往往比華人更容易獲得晉升機會？語言能力固然是一個因素，但更深層的原因在於文化背景與軟技能的差異。印度文化強調合作、分享、主動表達和積極領導，而這些正是職場晉升中不可或缺的軟實力。

相比之下，許多華人，尤其是在國內應試教育體系下成長的，更擅長獨立完成任務，但在表達、溝通與展示自我方面相對薄弱。從小習慣於通過考試證明能力，成長過程中鮮少受到鼓勵去質疑、去分享、去探索，也很少有機會在開放自由的環境中鍛煉表達能力。我們被教導的是「聽話」，而不是「說話」。

這種文化上的內斂，再疊加語言障礙，使得我們在職場上往往顯得被動，晉升之路也因此受限。要真正打破這種「玻璃天花板」，我們華人必須勇敢跳出文化舒適區，主動學習溝通技巧與領導能力，積極參與團隊協作，培養影響力。這不僅是一代人的努力，更需要幾代人的積累與突破。

當然，最重要的是做最好的自己，不是每個人都適合或者需要成為領導者。生活中，快樂、幽默和知足是不可或缺的。

第三，積極參與社區建設，為家人與下一代創造更公平的環境。

參與地方事務、建設健康社區環境，不僅是為了自身利益，更是為我們的家人和下一代樹立榜樣。我們應當積極參與地方選舉和鎮政府的公共事務，發出華人群體理性、成熟的聲音。在下一章《10-4 馴服公權力的十個公民責任》中，我將系統介紹十種社區參與的方式，並分享具體可行的經驗。

結語：從焦慮者到改變者

尊嚴、反省、感恩、參與，這「四劑藥」並非空泛的理論，而是我們面對種族歧視焦慮的切實解藥。我們若想真正擺脫這種焦慮症狀，唯有通過行動和信念的結合來實現。

種族歧視無法靠仇恨與怨懟來消除，焦慮與憤怒更無法改變現實。真正能帶來改變的，只有來自信仰的自由、源于智慧的公義，以及基於實踐的參與。

當我們學會以信仰建立自身的尊嚴，我們便不再輕易被外界的眼光所左右。當我們學會自我反省與謙卑，我們便能清楚認識到人性的共通缺陷，避免陷入受害者心態。當我們學會感恩，我們就能更客觀、更平和地看待自己的處境，從而珍惜並善用眼前的自由與機會。當我們主動參與，我們便從消極的抱怨者轉變為積極的建設者，靠制度保障自身與下一代的權益。

今天，你若身處美國，請記住，你仍然處在一個存在偏見與誤解的世界裡，願你以智慧、勇氣和信心成為美國社會積極而有力的貢獻者，成為種族平等與自由的真正推動者。

10-4
馴服公權力的十個公民責任

在美國的華人社區，許多人雖然已在美國生活多年，甚至已經成為公民，卻仍然生活在「華人圈子」裡，幾乎與這個國家的公共事務隔絕。許多華人並不瞭解自己所在州通過了哪些法律，也從未主動聯繫過自己的州議員。他們可能按時繳稅、工作努力、養育兒女，卻從未真正進入公民社會的軌道。這樣的人，雖然名義上是「美國人」，卻始終只是一個「技術型移民」——在民主社會中生活，卻不參與民主制度的建構。

但現實是，正因為有太多像我們這樣的「沉默公民」，美國才一步步被推向今天的混亂。我們常常抱怨政府腐敗、學校左傾、媒體偏頗、公共安全失序，可我們是否認真想過：如果我們從未參與，又有什麼資格埋怨結果？美國是一個需要公民參與才能正常運作的國家。

為了幫助華人走出這種「封閉自保」的狀態，以下是我總結出的履行公共責任的十件事，由容易到有難度，既是因為自由而帶來的責任，更是幫助我們建立政治智商和公共素質。

一、認真履行陪審團義務（Jury Duty）：你參與法治的機會

在美國，成為公民後，每個人都有可能被選中履行陪審團義務。陪審團制度源于英美法系，其核心理念是「由人民判斷是非」，而不是完全交由政府或法官決定。在刑事或民事案件中，法官負責主

持庭審、解釋法律，但最終是否有罪、是否賠償，則由一群普通公民組成的陪審團裁定。

我曾經被選中過一次，當天與許多候選陪審員一起在法院等候。後來，由於案件雙方達成和解，我們便無需參與審理。

陪審員的職責其實非常重要。他們必須全程聆聽庭審內容，包括控辯雙方的陳述、證人證詞和物證展示。同時，陪審員需遵循法官的法律指引，在庭審期間不得私下討論案情，更不能自行調查。這要求他們具備紀律、耐心與良知。

在最終的閉門討論中，陪審員必須集體做出裁決——決定被告是否有罪，或一方是否應承擔法律責任。在刑事案件中，這樣的裁決甚至可能關乎一個人的自由，乃至生死。

二、與州議員溝通：讓你的聲音成為影響力

在民主制度下，政治代表並不是高高在上的「官員」，而是由選民選出的「公僕」，本應代表選民利益、回應選民關切。美國的州議會制度正體現了這一點。每個州都有自己的眾議院和參議院，議員們分別代表具體的選區，處理州內的重要立法事務。你知道自己所在選區的州眾議員和參議員是誰嗎？你曾經與他們聯繫過嗎？

事實上，美國的政治系統非常鼓勵選民與民意代表保持溝通。許多議員辦公室都會認真記錄選民的來信、電話或意見回饋。

你可以主動寫信給議員，闡明自己對某項法案的支持或反對；可以撥打電話，留下簡明有力的意見；也可以和朋友一起組織會面，安排「選民代表團」直接向議員表達關切。在關鍵議題上，若能發動幾百人同時發出明信片、電郵或留言，其產生的政治壓力可能遠遠超出你的想像。議員要連任、要選票，他們必須傾聽你的聲音。

此外，如果你或家人在簽證、移民等事務上遇到困難，也可以向所在選區的議員求助。他們有一套正式的「選區服務」機制，有責任協助居民解決聯邦和州政府系統中的實際問題。

三、參與州議會的聽證會：站出來，就是影響世界

在美國，任何重要法案在成為法律之前，通常都要經過公開聽證會。這是民主制度賦予每一位公民的機會——不僅可以旁聽，還可以報名上臺發言，表達對某項立法的支持或反對。當你站在麥克風前，面對議員、媒體與公眾，親自闡明你的立場，那就不僅是一場抽象的政治辯論，而是真正地在為你的家庭、信仰與下一代捍衛未來。

我曾多次走進我們州議會的聽證會現場。第一次，是為了反對一項無限制墮胎法案，這是一項極端提案，允許在懷孕任何階段都可以墮胎。那天，大多數發言者都強烈支持該法案，反覆強調所謂「婦女生育權利（Women's reproductive rights）」和「我的身體我做主」。我和幾位教會的弟兄姊妹則勇敢站出來，發出了不同的聲音：「你們說的不是生育權利，而是『殺嬰孩』的權利，這是在混淆是非。」我們堅定地指出：「胎兒也是生命，也有活下去的權利。」在那個充滿張力的現場，我們雖然是少數，卻為那些無法為自己發聲的胎兒開口說話，為微小但是神聖的生命爭取公義。

聽證會就是戰場。還有一次，為了反對一項「亞裔細分」法案，華人朋友們自發動員，上千人齊聚州議會聽證會現場，擠得水洩不通，形成了強大的輿論壓力。最終，法案被迫中止。這正是民主制度發揮作用的真實寫照——靠的不是後臺，不是金錢，而是人民的聲音和行動。

四、抗議與訴訟：公民表達正義的工具

在美國，抗議是合法的，訴訟是正當的。這兩個工具，正是一個成熟公民社會所賦予人民的聲音管道。當政府的政策觸犯了基本的自由權利——無論是信仰自由、教育自由，還是家庭權利——和平抗議與法律維權不僅不是「鬧事」，恰恰是負責任的公民在行使憲法賦予的權利。

一個真實的例子是2021年麻州疫苗強制令事件。當時州政府推行極端防疫政策，強制要求包括護士、員警在內的公共服務人員必須接種疫苗，否則就要失去工作。就在這時，一個名為 MAHA（Make America Healthy Again）的民間組織站了出來。他們發起了大規模的抗議遊行，在零下20度的嚴寒中，上千人聚集在波士頓的街頭，高舉標語、和平遊行，向政府表達反對。

更關鍵的是，MAHA並未止步於街頭。他們組織了一組律師團隊，將波士頓市長吳弭（Michelle Wu）告上法庭。最終，正是在法律和輿論的雙重壓力下，市長才被迫撤回了疫苗強制令，恢復了人們的就業和選擇自由。

五、發起簽名請願：把人民的聲音放上選票

在美國，公民的聲音不僅體現在投票箱前，也可以通過簽名請願（petition）的方式直接推動立法。只要達到法定數量的有效簽名，就可以將某項議題提交為全民公投選項。這一機制賦予了普通人真正的政治影響力，讓「草根」也能參與制度的塑造。

以我們所在的州為例，要將一個議題送上選票，通常需要提交至少7萬5千份合法簽名。為了預防無效簽名帶來的風險，實際目標往往設定為10萬份。這個數字聽起來龐大，實際執行起來也確實艱難，需要長期組織、堅持不懈的努力，以及面對冷漠與拒絕時依然不動搖的勇氣。

過去幾年，我們成功推動了多個關鍵議題進入全民公投程式。其中包括反對「男女共廁」法案——我們認為這嚴重侵犯了兒童和女性的隱私與安全；也包括推動「選民身份證法案」（Voter ID），要求投票時必須出示有效身份證件。

這項法案的邏輯再簡單不過了：你去健身房、搭乘飛機，在圖書館藉書時，都需要出示身份證；唯獨在決定國家命運的投票環節，卻有人堅持「不准查ID」，這不僅荒謬，也為選舉舞弊敞開了大門。

簽名徵集的過程從不輕鬆。我們帶著簽名板，站在超市門口、商場出入口、社區活動現場，挨個向路人說明情況、邀請簽名。有時是朋友、鄰居；更多時候是陌生人。我們常常收穫鼓勵，也常遭遇冷眼、諷刺甚至辱罵。但我們沒有退縮，因為這些努力值得——我們是在守護孩子的未來、家庭的安全、國家的根基。

六、參與政黨委員會：我和川普在同一張選票上

加入鎮上的政黨委員會，是公民深度參與地方政治的重要途徑。作為委員會成員，個人肩負多項職責，包括參與會議決策、協助傳播政治理念、組織競選活動等，實實在在地影響本地政治生態。

我和太太多年來一直參與我們鎮上的共和黨委員會。委員會大約有二十名成員，這些年，我們不僅見證了地方政治的運作機制，也親身參與推動有限政府、捍衛父母權利、維護選舉公正、反對大麻合法化等社會議題。

2024年3月，正值麻塞諸塞州共和黨初選，我和太太有機會正式成為共和黨委員會委員。根據規定，必須在初選中獲得本鎮幾千名共和黨選民的投票支持，才能取得委員身份。巧合的是，那一年川普正第三次競選總統，也需通過本州黨內初選爭取提名。於是，我們的名字——兩個普通公民的名字——與川普的名字一起，印在了同一張選票上。

這次經歷看似平凡，卻令人難忘——它提醒我們，在美國政治制度中，只要你願意參與，就可以擁有一席之地。

七、支持候選人：捐款、插牌子、敲門、打電話

在美國這個民主制度運作的國家，選舉不僅僅是每兩年或四年走一次投票站，更是一場全民參與的價值表達。投票當然重要，但如果你發現有候選人真正代表你的信念和道德立場，比如尊重生命、

維護家庭、捍衛信仰自由，那你就不該只在投票那一刻短暫露面，而應成為他們勝選的重要助力。

支持候選人，其實並不複雜。你可以捐款，哪怕只是幾十美元，也能為對方的廣告、傳單和組織工作出一份力；你可以在自家草坪插上一塊支持牌子，讓鄰里看到你的立場；你可以參加電話動員活動，提醒選民按時投票；你還可以加入「敲門行動」，親自上街與選民交流，推廣候選人的理念。這些，都是民主社會中最有力量的公民行動。

不要以為只有候選人才能改變社會。他們的勝敗，往往就取決於我們這些普通人是否積極參與。有時候，一場地方選舉只差幾十票，結果可能就因為幾個街區的動員力度不同而發生逆轉。

八、投票，並監督選票的公正

投票不僅是一項權利，更是一種責任。除了自己積極參與，我們也應鼓勵親友註冊為選民、履行公民義務，並瞭解本地的選舉流程與相關規定。在許多地方，選舉還依賴志願者協助計票、監票，甚至處理選務爭議和遞交投訴。

投票日通常是最熱鬧也是最忙碌的時候。我們常常在投票站外為支持的候選人舉牌助陣。2024年大選當天，我和太太也報名擔任投票站義工，負責核實選民登記、發放選票，並協助使用投票機。中途有空檔時，我們還幫忙掃描郵寄選票。從早上七點忙到下午一點，我們才輪換下班。

我記得有一年，我們鎮的選票結果差距不到十票，引發爭議，我們也參與了隨後的重新計票。那次經歷讓我第一次完整地瞭解了手工計票的流程——雖然慢，但極為可靠。而相比之下，電子投票機由於牽涉複雜程式與軟體運作，外界幾乎無法驗證其內部邏輯是否公正透明，監督難度極高。

九、成立政治組織或非營利機構：從草根走向影響力

在當前充滿挑戰的時代，成立政治組織或非營利機構，有助於集中資源、擴大影響，不僅能有力支持候選人，還能對公共政策施加長期影響。例如，「家庭研究委員會」（FRC）多年致力於推動保守立法，在國會遊說、發佈報告、舉辦講座，是捍衛傳統價值的重要力量。

在地方層面，我們也可以成立小型草根組織：定期聚會、寫信給議員、舉辦政策講座、為候選人籌款。點滴行動，累積就是影響。

組織形式大致分三類：**501(c)(3)：慈善型**，適合教育推廣，捐款可抵稅，但不能涉及候選人或政黨；**501(c)(4)：社會福利型**，可從事部分政治活動，捐款不抵稅；**PAC（政治行動委員會）**：專為籌款、助選設立，監管較嚴，必須註冊。

一句話總結：501(c)(3) 傳播價值，501(c)(4) 影響政策，PAC 贏下選舉。

十、成為候選人

成為候選人，無疑是參與社區建設和塑造公共政策最為直接且最具影響力的方式之一。每一年，無論是我們所居住的小鎮，還是更廣闊的州層面，都有著眾多的職位虛位以待，期待著有志之士挺身而出。從直接關乎下一代教育的鎮學校董事會委員，到守護居民健康的鎮健康委員會成員，再到掌管地方財政的財務委員會委員，直至更高層級的市議員、州議員乃至州政府內閣成員，這些崗位都承載著重要的責任和民眾的期許。

成為候選人的影響力是深遠而多維度的。首先，候選人可以直接將自己的理念、政策主張和對社區未來的願景公之於眾，通過競選活動與選民進行深入的交流和溝通，從而凝聚共識，爭取支持。其次，一旦成功當選，候選人便擁有了參與決策、制定法律法規的

權力,可以直接推動符合民眾利益的政策落地生根,切切實實地改變社區和居民的生活。更重要的是,候選人的參選本身就具有示範意義,能夠激勵更多的人關注公共事務,激發公民意識和參與熱情,為社區的健康發展注入源源不斷的活力。

幾年前,我曾競選州議員,向社區傳達我的政治主張與保守主義信念。作為我們這個四萬人選區兩百多年來第一位少數裔(非白人)候選人,我的參選本身就體現了美國式民主的精神:人人都有機會,也人人都有責任。

競選期間,我走街串戶,敲了幾千家門。讓我印象深刻的是,美國本地居民住的多是祖輩留下的老房子,而華人新移民多從事高收入行業,搬進來的往往是新建的大房子。儘管如此,當地居民對我們這些「後來者」仍然友好包容,毫無敵意。在整個過程中,我感受到的不是歧視,反而是支持。有色人種的身份反而成了我在政治參與中的一項加分,而州共和黨委員會也因看見勝選潛力,主動投入資源,為我助選、投放廣告。

最讓我感動的,是那支由教會、鄰里和華人社群組成的義工團隊。他們不是雇員,卻甘心投入。每一位敲門的姐妹、開車送看板的弟兄、帶著孩子一起發傳單的家長,都是無名卻勇敢的「草根共和」英雄。他們喚醒了沉睡的社區,也成為實踐公民責任的典範。

雖然我沒有贏得那場選舉,但這段經歷讓我更深刻體會到公民責任的重量。自由帶來責任,民主自治必須成為一種日常的習慣,而非偶發的激情。馴服公權力,不僅是監督和抗議,更是主動的參與和建設。

這也正呼應了本書的一項核心觀點:如法國思想家托克維爾在《論美國的民主》中所言,民主的根基不在於制度本身,而在於「民情」——即一個民族整體的道德與智力狀態。當人民普遍將自由與平等視為天賦權利而非政府恩賜,並願意為之承擔責任,民主才不會淪為暴民政治,也才能在時代風浪中持續穩定。

結語：請珍惜來之不易的自然權利

首先，恭喜你走完這趟思想的長征。

在這個資訊碎片化、喧囂浮躁的時代，願意靜下心來，讀完一本深入探討信仰、自由與制度根基的書，已經說明你不是一個隨波逐流的人。你正在蘇醒，正在脫離盲從、憤怒與冷漠，開始建立自己的政治智商，思考人的尊嚴、社會的真相，以及如何在這個墮落的世界中成為清醒而堅定的公民。

本書內容雖然廣泛，從世界觀、政治原則、歷史、經濟、戰爭、倫理到批判性思維，看似龐雜，其實都圍繞一個核心：自然權利——生命、自由與財產。

這個核心，並非出自任何政黨、政府或憲法，而是上帝親自賦予每一個人的神聖託付。世界觀告訴我們，這些權利不可剝奪；政治原則提醒我們，它們必須被守護；憲政民主與市場經濟，則是保障它們的制度手段。

文明，正是一個讓人民擁有自然權利的社會；剝奪了它的，不叫文明，而是野蠻。歷史是文明與野蠻爭奪自然權利的爭戰；倫理是為了捍衛它；批判性思維則幫助我們識破一切試圖偷走它的謊言。

請你珍惜這些自然權利。正是它們，讓你可以有尊嚴地、沒有恐懼地活著。

它們不是你白白擁有的，而是無數人為之流血犧牲所贏得的。從美國的獨立戰爭，到東歐人民推倒柏林圍牆——每個民族都曾為自由付出過慘烈代價。今年我在台灣旅遊，參觀「臺灣言論自由之

路」展覽，看到鄭南榕為捍衛言論自由而自焚殉道的故事，不禁潸然淚下。他用生命點燃了一代人對自由的渴望。

我們正生活在一個集體麻木的時代。大多數人只關心溫飽，只想當一個安穩的順民，卻忘了：自由從來不是免費的，更不是永久的。

英國歷史學家阿克頓勳爵（Lord Acton）的思想曾被總結為：每一個時代的自由都面臨四大致命考驗——強人對權力的渴望、窮人對財富不均的怨恨、無知者對烏托邦的幻想、無信仰者將自由與放縱混為一談。

看看今天的社會，無論富人還是窮人，專家還是政客，全民無一不在這四個陷阱中沉淪——這正是本書所指出的：「全民弱智」。

而你之所以能讀完這本書，是因為你內心深處對真理與自由的渴望。

正如我在書中寫過的：

「人性猶如一隻自出生便被囚於雞籠中長大的雄鷹，無論如何被灌輸服從的理念，它始終夢想著有朝一日能在蔚藍的天空中自由翱翔。」

願你，就是那只雄鷹。願你振翅高飛，越過愚昧、無知和恐懼，在真理與自由中，活出你真正的尊嚴。

讀完這本書不僅是智商的提高，也是靈魂的蘇醒。

耶穌曾在登山寶訓中說：

「你們要進窄門。因為引到滅亡，那門是寬的，路是大的，進去的人也多；引到永生，那門是窄的，路是小的，找著的人也少。」（馬太福音 7:13–14）

自由為我們開啟了通向永生的小路和窄門。

來吧，門已經開了。

附錄一：政治智商樣本測試題與解析

1. 在提升「政治智商」的過程中，理解現代政治文明的目的至關重要。你認為，下面哪三樣東西是現代文明中被視為神聖不可侵犯、政治制度存在的最終目的？

    A. 國家、邊境和主權

    B. 政黨、政府和人民

    C. 憲法、民主和自由

    D. 生命、自由和財產

正確答案：D

解釋：國家、政黨和政府本身並不神聖，它們若缺乏約束，隨時可能淪為壓迫與奴役人民的工具。真正神聖的，是「人」本身——每一個人因造物主所賦予的平等、尊嚴與不可侵犯的基本權利。這些基本權利，就是我們常說的「天賦人權」，其核心體現正是生命、自由與財產。這三項自然權利不是政府的恩賜，而是政府存在的根本理由。憲法、制度、政黨、主權等政治結構若脫離這一根基，都將失去正當性。理解這一點，正是提升「政治智商」的第一步——看清政治的目的不是統治人民，而是保障人民的自然權利。

2. 你覺得一個政府的主要目的應該是：

    A. 讓大多數人吃飽

    B. 讓少數人先富起來

    C. 讓每個人都可以批評政府

    D. 保護國家不受外敵侵略

正確答案：C

解釋：一個政府的終極目的，不是餵飽人民，也不是帶動經濟，更不是保衛疆土——這些都重要，但都只是手段。真正自由社會的政府，其根本職責是：保障人民有批評它的自由。能讓你吃飽的政府，也能讓你挨餓；能讓你「先富」的政策，也能用來扶植特權；能「保家衛國」的軍隊，也可能被用來鎮壓異見。只有當公民擁有批評政府的自由——這一被稱為「自然權利」的基本自由——政府才會明白，自己不是主子，而是公民的僕人。政治智商的核心，就是看穿這一點：只有在人民監督之下的政府，才有可能真正讓人吃飽、富起來，並避免出賣國家利益。

3. 以下哪一項，在20世紀造成的全球死亡人數最多？

A. 兩次世界大戰

B. 世界各地的共產主義實驗

C. 墮胎所造成的未出生嬰孩死亡

D. 重大傳染病與病毒疫情

正確答案：C

解釋：20世紀是科技飛躍的時代，也是人類死亡最多的時代。兩次世界大戰造成約7000萬人死亡；共產主義在蘇聯、中國、柬埔寨、朝鮮等地造成約1億人非正常死亡（包括饑荒、清洗、勞改營）；據估計，20世紀全球因傳染病死亡約達1.7億人，包括西班牙流感、愛滋病、結核、瘧疾、霍亂等重大疫情。

但最被忽視的，是墮胎。根據 Guttmacher Institute 與 WHO 的資料估算，僅20世紀全球因墮胎終結的胎兒可能超過10億。這是人類歷史上最安靜、最冷漠、最制度化的大屠殺。 現代人以為文明

的進步等於「更加寬容」,卻沒意識到,我們的醫學與法律,竟成了殺害無辜生命的工具。

4. 一個剛落地美國的中國留學生是否受到美國憲法的保護?

　　A. 不會,只有美國公民才有憲法保護

　　B. 只在獲得綠卡後才有憲法保障

　　C. 只在繳稅以後才享有部分權利

　　D. 會,因為美國憲法保障的是人的自然權利

　　正確答案:D

　　解釋:美國憲法中的絕大多數條款(約70%至90%)適用於所有人(person),包括非公民,因為其立足點是保護「人」本身——因為人是按上帝的形象被造,天生擁有不可剝奪的基本權利。因此,一個剛踏上美國土地的中國留學生,儘管某些專屬公民的條款(如選舉權)並不適用,但仍受憲法大部分保障條款的保護,包括言論自由、出版自由、集會自由和免於無理搜查的權利等基本保障。特別是在當前中美關係緊張的背景下,留學生更應學會運用法律手段,捍衛自身的正當權益。

5. 一個移民宣誓成為美國公民、莊嚴承諾要誓死捍衛的,是什麼?

　　A. 美國

　　B. 民主

　　C. 自由

　　D. 憲法

　　正確答案:D

解釋：美國公民宣誓的對象不是一個國家機器，更不是簡單的「民主」或「自由」的概念，而是具體而明確的《憲法》。因為憲法才是美國存在的根基，是限制政府、保障個人自由和權利的最高法律。換句話說，真正保衛憲法，才是保衛自由、保衛國家的唯一可靠方式。這正是美國區別於多數國家的政治文明所在。

6. 以下哪兩項指標，被認為是最能準確預測一個國家經濟走向的早期信號？

A. 國內生產總值（GDP）和消費指數
B. 私有財產權指數和經濟自由指數
C. 貧富懸殊指數和社會福利開支占比
D. 失業率和貨幣供應量 M2

正確答案：B

解釋：私有財產權和經濟自由，是現代經濟繁榮最核心、最基礎的製度支柱。一旦這兩個指標惡化，通常意味著政府乾預在加劇、法治在退步、市場信心在動搖，企業和個人的活力開始被壓制，資本也開始外逃——這往往是經濟下行最早、最清晰的信號。

相較之下，A 選項中的 GDP 和消費指數屬於滯後數據，等它們明顯下滑時，危機往往已經深度展開。C 選項的貧富差距和福利支出，主要反映的是既有製度導致的不平衡，本質上是一種結果變數。D 選項的失業率和 M2 雖然重要，但它們多數也是結果變量，反映的是後果，而不是深層制度原因。

更詳細的邏輯分析與數據解讀，請參考本書第七章《經濟發展的三塊基石》。

7. 要有效提升一個國家人民的道德水準，以下哪一項措施最為根本且具有持久影響？

  A. 由國家提供全面的免費教育

  B. 通過媒體宣傳精神文明建設

  C. 保障憲法所賦予的宗教自由

  D. 嚴格的法律管制與高壓監督

正確答案：C

  解釋：提升一個國家的道德水準，關鍵不在於外在的管控，而在於內心的自覺。免費教育（A）固然重要，但可能淪為政府灌輸意識形態的工具，例如哈馬斯在加沙學校中通過教育灌輸仇恨；媒體宣傳（B）易流於形式，且常被政黨操控為宣傳機器；而高壓法律（D）雖可約束行為，卻無法真正塑造品格。

  相比之下，保障宗教自由（C）讓個人在沒有強迫的環境中自主追求真理、反思善惡、約束欲望，從而形成內發、自覺且持久的道德力量。這正是托克維爾所觀察到的現象：傳統美國社會的道德根基，並非來自政府權威，而是源于信仰自由所孕育出的宗教文化。唯有自由之下的信仰，才能塑造出支撐自由的品格。

8. 很多人常說：「天下烏鴉一般黑，美國也腐敗，中國也腐敗，民主國家也打仗，專制國家也打仗，反正哪裡都一樣，別裝了，誰上臺都一樣。」 這種觀點是典型的犬儒主義（Cynicism）。下面哪一條對犬儒主義的評價最有道理？

  A. 他們看清了現實，選擇不參與任何陣營。

  B. 他們認為所有政府都是敗壞的，所以無需為任何制度辯護。

  C. 他們缺乏原則判斷，把人性墮落與制度優劣混為一談。

D. 他們善於揭露陰謀，因此他們比普通人更有政治智商。

正確答案：C

解釋：犬儒主義表面上看似「清醒」，實際上是一種片面的悲觀主義思維。它缺乏基本的原則判斷，把「人性的墮落」當作否定一切制度的理由，從而模糊了制度設計與人性約束之間的本質差異。它看不到制度的目的正是為限制人性中的邪惡，因而也否認了民主制度中存在的自我修正機制——如輿論監督、司法獨立、權力制衡與選舉更替等。

這種思維讓人陷入「反正哪裡都一樣」的虛無陷阱，既看不見希望，也失去了行動的方向。最終，反而助長了專制與腐敗。而真正的政治智商，恰恰要求我們在看清人性的同時，也要看懂制度的差異，更要有勇氣推動改變，守護自由。

9. 哈馬斯對以色列發動恐怖襲擊後，美國多所大學爆發了支持巴勒斯坦的示威潮。美國左派與伊斯蘭恐怖組織之間存在緊密關係。以下哪個原因最能合理解釋這一現象？

A. 左派天生喜歡暴力，因此與恐怖組織天然合得來。

B. 兩者在顛覆西方傳統價值觀的目的上，存在「敵人的敵人就是朋友」的策略性合作。

C. 伊斯蘭恐怖組織製造的難民潮，成為美國左派爭取募捐和政府援助的搖錢樹。

D. 美國誤把恐怖組織當作普通宗教團體支援。

正確答案：B

解釋：表面上看，左派強調「自由、平等、多元文化」，而伊斯蘭極端勢力奉行保守、宗教專制，二者理念水火不容。但在現實政治中，他們有一個共同敵人——美國傳統、基督教文化和保守主

義。左派為了削弱這些主流價值，願意與一切反美、反西方傳統的力量合作，伊斯蘭恐怖組織則正好利用這一點滲透西方。因此，雙方形成了典型的「敵人的敵人就是朋友」的策略性聯盟。這不是出於理念認同，而是出於共同的破壞性政治目的。

10. 根據近代世界各國民主政治的歷史經驗，以下哪一項最根本地決定了一個民主社會能否成功建立並長期維持自由與文明？

　　A. 一群受過精英教育的領袖

　　B. 制度完善的三權分立體系

　　C. 左右平衡的兩黨競爭格局

　　D. 相信天賦人權的民情秩序

正確答案：D

解釋：法國思想家托克維爾在《論美國的民主》中深刻指出，民主的根基在於「民情」——即「一個民族整體的道德與智力狀態」。這是一種民眾的內在共識，將自由與平等被視為天賦權利而非政府施予，從而有力抵禦多數暴政與社會動盪。

相比之下，一群受過精英教育的領袖（A）常常在權力的誘惑中腐敗；三權分立的制度設計（B）雖為必要框架，卻無法阻止「豬隊友」政客們將其搞壞；而左右搖擺的兩黨競爭（C）有助於權力制衡，但兩黨可能同時腐敗，如今日美國的「華盛頓沼澤」的現實便是一個例子。

唯有當一個社會的多數人真正相信自由來自造物主而非政府，認同人人皆有不可剝奪的尊嚴與權利，民主制度才能落地生根、長久維繫，這正是「民情秩序」的決定性力量。

附錄二：圖表目錄

圖表 1：政治智商的三大核心能力 27
圖表 2：政治智商的框架 29
圖表 3：加州的福利養懶人。 45
圖表 4：美國新冠疫苗的副作用 49
圖表 5：大學對亞裔學生有更高的錄取標準。 54
圖表 6：三座大山壓垮了中國人的認知。 76
圖表 7：三個陷阱摧毀了美國人的常識。 82
圖表 8：尊嚴與墮落的雙重認知 100
圖表 9：500只猴子不停地隨機敲擊打字機。 108
圖表 10：你是照著上帝的形象被造的。 116
圖表 11：人的罪性 124
圖表 12：立法、行政、司法三權分立。 161
圖表 13：亞當・斯密和他的《國富論》 169
圖表 14：自由的三劍客：加爾文、洛克與伯克 183
圖表 15：1776年7月，《獨立宣言》簽署現場。 189
圖表 16：清教徒在教會中選舉牧師與長老。 194
圖表 17：《聯邦党人文集》在街頭被公開朗讀。 198
圖表 18：CIA 操控全球，FBI 窺視本國。 207
圖表 19：激進示威者推倒林肯與華盛頓雕像。 214
圖表 20：美國國際開發署資金通過NGO流入政治捐款體系。 222
圖表 21：川普在集會上批評虛假媒體。 233
圖表 22：《新教倫理與資本主義精神》 243
圖表 23：每一美元被多次徵稅。 252
圖表 24：德國哲學家 康得 310
圖表 25：24周的胎兒 320
圖表 26：拜登執政之間，美國南部邊境湧入了大量非法移民。 327
圖表 27：批判性思維的 TRAC 模型 350

參考文獻

第一章 什麼是政治智商？

1. U.S. Department of Health and Human Services. Vaccine Adverse Event Reporting System (VAERS) Data. https://vaers.hhs.gov/ （美國疫苗不良反應官方資料庫）
2. Public Policy Institute of California (PPIC). Business Exodus from California: Trends and Implications. 2023. （加州企業外遷趨勢報告）
3. International Monetary Fund (IMF). Venezuela: Economic Collapse and Hyperinflation. 2019. （委內瑞拉經濟危機分析）
4. World Health Organization (WHO). The Role of Media During Public Health Emergencies. 2021. （媒體在公共健康危機中的角色）
5. Patrick, John J. The Civic Mission of Schools. Carnegie Corporation & CIRCLE, 2003. （《學校的公民使命》，公民教育研究）
6. Zacharias, Ravi. The Logic of God: 52 Christian Essentials for the Heart and Mind. Zondervan, 2019. （《信仰的邏輯》，探討理性與信仰關係）
7. Friedman, Milton. Capitalism and Freedom. University of Chicago Press, 2002. （《資本主義與自由》，自由市場經濟經典著作）

第二章 全民弱智的八個症狀

1. California Budget & Policy Center. California State Budget Overview 2023-2024. 2023. （加州預算與政策中心關於福利支出概況）
2. Bureau of Labor Statistics (BLS). Labor Force Participation Rate by State. 2022. （美國勞工統計局各州勞動參與率資料）
3. National Institute on Drug Abuse (NIDA). 2022 National Survey on Drug Use and Health. 2022. （美國國家藥物濫用研究所關於加州毒品問題的資料）
4. Pfizer Inc. Leaked Vaccine Contracts with Governments. Reported by Politico and Reuters, 2022. （輝瑞與各國政府疫苗合同條款，政治與路透社相關報導）
5. U.S. Census Bureau. Income in the United States: 2023. https://census.gov （美國人口普查局關於亞裔家庭收入資料）
6. Massachusetts Executive Office for Administration and Finance. Shelter Program Budget Reports. 2023. （麻塞諸塞州庇護系統財政支出官方報告）
7. New York City Office of the Comptroller. Costs of the Asylum Seeker Crisis. 2024. （紐約市審計署關於庇護移民危機的財政開支分析）

8. U.S. Immigration and Customs Enforcement (ICE). Enforcement and Removal Operations Reports. 2023. （美國移民與海關執法局關於非法移民犯罪資料）
9. European Union Agency for Fundamental Rights (FRA). Migrant Crime and Public Safety in Europe. 2023. （歐盟基本權利機構關於歐洲移民犯罪與治安問題的報告）
10. United Nations Office on Drugs and Crime (UNODC). Global Report on Trafficking in Persons. 2022. （聯合國毒品與犯罪辦公室關於全球人口販運的報告）
11. Elica Le Bon. The Dangerous Alliance: How Western Progressives Enable Terrorism. Wall Street Journal, 2023. （伊麗卡‧勒邦關於西方左派與恐怖主義關係的專欄文章）

第三章 全民弱智的病因：對人性的雙重誤判

1. Zacharias, Ravi. The End of Reason: A Response to the New Atheists. Zondervan, 2008. （拉維‧撒迦利亞《理性的終結》）
2. Meyer, Stephen C. Darwin's Doubt: The Explosive Origin of Animal Life and the Case for Intelligent Design. HarperOne, 2013. （斯蒂芬‧邁耶《達爾文的疑問》，關於化石記錄與智慧設計理論的系統性分析）
3. Behe, Michael J. Darwin Devolves: The New Science About DNA That Challenges Evolution. HarperOne, 2019. （邁克爾‧貝希《達爾文的退化》，基因科學對進化論的新挑戰）
4. National Center for Science Education (NCSE). Teaching Evolution in U.S. Schools: Historical and Legal Perspectives, 2020. （美國國家科學教育中心關於進化論在教育體系中的歷史與法律分析）
5. Pew Research Center. Nones on the Rise: Religion and the Unaffiliated in the U.S., 2022. （皮尤研究中心關於美國「不信派」群體增長的趨勢報告）
6. Murray, Douglas. The Madness of Crowds: Gender, Race and Identity. Bloomsbury Continuum, 2019. （道格拉斯‧默里《群眾的瘋狂》，深入批判身份政治與多元主義的暢銷作品）
7. Hunter, James Davison. Culture Wars: The Struggle to Define America. Basic Books, 1991. （詹姆斯‧亨特《文化戰爭》，探討美國社會價值衝突的經典學術著作）

第四章 世界觀：政治智商的根基

1. Behe, Michael J. Darwin's Black Box: The Biochemical Challenge to Evolution. Free Press, 1996. （邁克爾‧貝希《達爾文的黑匣子》，提出「不可簡約的複雜性」概念）
2. Sarfati, Jonathan. Refuting Evolution. Master Books, 1999. （喬納森‧薩爾法提《駁斥進化論》，面向普通大眾系統反駁進化論核心假設的暢銷讀物）
3. Hovind, Kent. 100 Reasons Why Evolution Is Stupid!. YouTube視頻系列, 2010起. （肯特‧霍文德《進化論為何愚蠢的100個理由》）

4. Madison, James. The Federalist Papers. Penguin Classics, 1987.（詹姆斯·麥迪森《聯邦党人文集》，奠定美國憲政制度與三權分立理念的政治經典）
5. Locke, John. Two Treatises of Government. Cambridge University Press, 1988.（約翰·洛克《政府論二篇》）
6. Alves, José Augusto Guilhon. The South American Nations and the Democratization Process. University of Miami Press, 1993.（阿爾維斯《南美國家與民主化進程》，分析南美在天主教背景下難以孕育出天賦人權和民主制度的歷史困境）
7. D'Souza, Dinesh. What's So Great About Christianity. Tyndale House Publishers, 2007.（丹尼什·德蘇薩《基督教到底偉大在哪裡》，對比基督教與其他宗教，揭示天賦人權的獨特來源）
8. Schmidt, Alvin J. How Christianity Changed the World. Zondervan, 2004.（阿爾文·施密特《基督教如何改變世界》，系統梳理基督教如何孕育個人主義、天賦人權與現代文明）

第五章 美國政治文明的四項基本原則

1. Skousen, W. Cleon. The 5000 Year Leap: A Miracle That Changed the World. National Center for Constitutional Studies, 2009.（W·克里昂·斯考森《美國的五千年飛躍》，保守主義經典著作，系統總結美國建國基於自然法與憲政共和的政治原則。）
2. Tocqueville, Alexis de. Democracy in America. Penguin Classics, 2003.（亞歷克西·托克維爾《論美國的民主》）
3. Jefferson, Thomas. The Papers of Thomas Jefferson. Princeton University Press, 1950–.（湯瑪斯·傑弗遜《傑弗遜文集》，美國開國元勳、第三任總統。）
4. Paine, Thomas. Common Sense. Penguin Classics, 2004.（湯瑪斯·潘恩《常識》，影響美國獨立的重要小冊子，強調政府是「必要之惡」。）
5. Hayek, F. A. The Road to Serfdom. University of Chicago Press, 1944.（弗裡德里希·哈耶克《通往奴役之路》，奧地利學派經濟學家。）
6. Smith, Adam. The Wealth of Nations. Penguin Classics, 2003.（亞當·斯密《國富論》，現代市場經濟學的奠基之作，提出「看不見的手」與自由市場的重要性。）
7. Burke, Edmund. Reflections on the Revolution in France. Oxford University Press, 1993.（艾德蒙·伯克《法國革命之反思》，保守主義經典著作。）
8. Calvin, John. Institutes of the Christian Religion. Westminster John Knox Press, 1960.（約翰·加爾文《基督教要義》，改革宗神學經典，強調人性墮落與上帝主權。）

第六章 重審美國歷史

1. McPherson, James M. Battle Cry of Freedom: The Civil War Era. Oxford University Press, 1988.（《自由的戰鬥吶喊》，美國內戰權威著作。）
2. Foner, Eric. The Fiery Trial: Abraham Lincoln and American Slavery. W. W. Norton & Company, 2011.（《烈火試煉》，深度探討林肯與奴隸制度的鬥爭。）

3. Johnson, Paul. A History of the American People. Harper Perennial, 1999.（《美國人民的歷史》，從保守主義角度梳理美國建國與政治發展。）
4. Shlaes, Amity. The Forgotten Man: A New History of the Great Depression. HarperCollins, 2007.（《被遺忘的人》，對羅斯福新政的批判性重評。）
5. Gilder, George. Wealth and Poverty. Regnery Publishing, 2012.（《財富與貧困》，保守主義經典經濟著作，強調自由市場與個人責任。）
6. Hayek, F. A. The Constitution of Liberty. University of Chicago Press, 1960.（《自由秩序原理》，系統闡述自由、法治與小政府理念。）
7. Horowitz, David. Big Government and the Decline of America. Encounter Books, 2022.（《大政府與美國衰退》，揭示百年大政府擴張對自由與社會的侵蝕。）
8. Carlson, Tucker. Ship of Fools: How a Selfish Ruling Class Is Bringing America to the Brink of Revolution. Free Press, 2018.（《蠢貨之船》。）
9. Williams, Thomas Sowell. Discrimination and Disparities. Basic Books, 2019.（湯瑪斯·索維爾，《歧視與差距》，系統批判「平權法案」與身份政治。）
10. Schweizer, Peter. Secret Empires: How the American Political Class Hides Corruption and Enriches Family and Friends. Harper, 2018.（《隱秘帝國》。）
11. Levin, Mark R. American Marxism. Threshold Editions, 2021.（《美國馬克思主義》，保守派剖析當代美國深層政府與左翼議程的滲透。）
12. Carter, Sara. The Rise of the Deep State. RealClearInvestigations, 2022.（《深層政府的崛起》，系列調查報導，聚焦建制派操控聯邦機構的機制。）
13. Hanson, Victor Davis. The Case for Trump. Basic Books, 2019.（《為川普辯護》）
14. O'Keefe, James. American Muckraker: Rethinking Journalism for the 21st Century. Muckraker.com, 2022.（《美國揭黑者》，揭黑記者講述揭露深層政府與選舉舞弊。）

第七章 經濟發展的三塊基石

1. Weber, Max. The Protestant Ethic and the Spirit of Capitalism. Routledge, 1930.（韋伯《新教倫理與資本主義精神》，探討信仰文化對現代經濟的深刻影響。）
2. Bradford, William. Of Plymouth Plantation: 1620-1647. Wright & Potter, 1898.（普利茅斯總督布拉福德回憶錄，詳細記錄清教徒私有財產權實踐與經濟轉型過程。）
3. Wilberforce, William. A Practical View of the Prevailing Religious System of Professed Christians. T. Cadell, 1797.（威廉·威伯福斯《基督徒信仰的實用觀》）
4. Property Rights Alliance. International Property Rights Index 2023. Property Rights Alliance, 2023.（國際產權聯盟發佈的全球財產權指數。）
5. North, Douglass C. Institutions, Institutional Change and Economic Performance. Cambridge University Press, 1990.（諾斯《制度、制度變遷與經濟績效》）
6. Heritage Foundation & Wall Street Journal. 2024 Index of Economic Freedom. Heritage Foundation, 2024.（美國傳統基金會與《華爾街日報》聯合發佈的《2024年經濟自由指數》，全球權威經濟自由排名與分析報告。）

7. Fraser Institute. Economic Freedom of the World: 2023 Annual Report. Fraser Institute, 2023. （加拿大弗雷澤研究所發佈的《世界經濟自由度年度報告》）
8. Gwartney, James, Robert Lawson, and Joshua Hall. Economic Freedom of the World: 2023 Annual Report. Fraser Institute, 2023. （詹姆斯・瓜特尼等人撰寫的《世界經濟自由度年度報告》，詳細解析經濟自由與經濟發展之間的關係。）
9. Bastiat, Frédéric. The Law. 1850. （巴斯夏《法律》，揭示政府干預如何侵蝕個人自由與私有財產權。）
10. World Economic Forum. Global Competitiveness Report 2023. World Economic Forum, 2023. （世界經濟論壇發佈的《2023年全球競爭力報告》，間接反映各國經濟自由環境對創新與競爭力的影響。）
11. OECD. Economic Policy Reforms: Going for Growth 2023. OECD Publishing, 2023. （經濟合作與發展組織發佈的《2023年結構性經濟改革報告》）

第八章 戰爭與外交

1. Cicero, Marcus Tullius. On Duties. Cambridge University Press, 1991. （西塞羅《論義務》，提出早期正義戰爭與國家責任的道德框架。）
2. Augustine. City of God. Penguin Classics, 2003. （奧古斯丁《上帝之城》，系統闡述基督教視角下正義戰爭的道德依據。）
3. Aquinas, Thomas. Summa Theologica. Christian Classics, 1981. （湯瑪斯・阿奎那《神學大全》，提出現代正義戰爭理論的系統化原則。）
4. Walzer, Michael. Just and Unjust Wars: A Moral Argument with Historical Illustrations. Basic Books, 2015. （沃爾澤《正義與非正義的戰爭》）
5. Brunstetter, Daniel R., and Cian O'Driscoll, eds. Just War Thinkers: From Cicero to the 21st Century. Routledge, 2017. （《正義戰爭思想家》）
6. Orend, Brian. The Ethics of War: Theory and Practice. Broadview Press, 2006. （奧倫德《戰爭倫理：理論與實踐》，探討正義戰爭理論在現實戰爭中的應用。）
7. Huntington, Samuel P. The Clash of Civilizations and the Remaking of World Order. Simon & Schuster, 1996. （亨廷頓《文明的衝突與世界秩序的重建》）
8. Kristol, Irving. Neoconservatism: The Autobiography of an Idea. Free Press, 1995. （歐文・克裡斯托《新保守主義：一種理念的自傳》）
9. Project for the New American Century (PNAC). Rebuilding America's Defenses: Strategy, Forces and Resources for a New Century. PNAC, 2000. （新美國世紀計畫《重建美國防禦》，新保守主義推動軍事干預與全球霸權的政策綱領。）
10. Halper, Stefan, and Jonathan Clarke. America Alone: The Neo-Conservatives and the Global Order. Cambridge University Press, 2004. （哈爾珀與克拉克《孤獨的美國：新保守主義與全球秩序》，批判新保守主義外交路線的後果。）

11. Lewis, Bernard. What Went Wrong? The Clash Between Islam and Modernity in the Middle East. Harper Perennial, 2003.（伯納德・路易斯《哪裡出了問題？伊斯蘭與現代性的衝突》，探討中東動盪的歷史、宗教與制度根源。）
12. Berman, Paul. Terror and Liberalism. W. W. Norton & Company, 2004.（保羅・伯曼《恐怖與自由主義》，探討伊斯蘭極端主義興起與西方內部自由主義危機的關係。）
13. Kepel, Gilles. Jihad: The Trail of Political Islam. Harvard University Press, 2002.（吉勒斯・凱佩爾《聖戰：政治伊斯蘭的足蹟》，系統梳理伊斯蘭極端主義的發展。）
14. Lewis, Bernard. The Crisis of Islam: Holy War and Unholy Terror. Modern Library, 2003.（伯納德・路易斯《伊斯蘭的危機：聖戰與恐怖主義》。）
15. Kagan, Robert. The Return of History and the End of Dreams. Vintage, 2009.（卡根《歷史的回歸與夢想的終結》，反思亨廷頓等樂觀主義假設，提出權力與制度更決定國際關係。）

第九章 倫理學和社會議題

1. Lewis, C. S. The Abolition of Man. HarperOne, 2001.（C.S.路易斯《人的廢除》，強調若社會喪失客觀道德標準，「進步」將淪為空談。）
2. Kant, Immanuel. Groundwork of the Metaphysics of Morals. Cambridge University Press, 1997.（康得《道德形而上學基礎》，奠定原則主義倫理觀。）
3. Kant, Immanuel. Critique of Practical Reason. Cambridge University Press, 2015.（康得《實踐理性批判》，通過「星空與道德律」表達對上帝與道德秩序的敬畏。）
4. Weber, Max. Politics as a Vocation. Fortress Press, 1965.（馬克斯・韋伯《以政治為志業》，首次系統提出「責任倫理」，強調道德與結果的平衡。）
5. Center for Medical Progress. Planned Parenthood Undercover Videos, 2015.（醫學進步中心《計劃生育協會暗訪錄影》，曝光該機構涉及販賣胎兒器官的醜聞。）
6. Guttmacher Institute. Induced Abortion in the United States. 2023.（古特馬赫研究所《美國墮胎現狀報告》，提供美國墮胎資料，揭示行業規模與趨勢。）
7. American College of Obstetricians and Gynecologists. ACOG Committee Opinion: Induced Abortion and Maternal Health, 2022.（美國婦產科醫師協會《墮胎與母體健康意見書》，統計顯示絕大多數墮胎與母體生命危險無關。）
8. Federation for American Immigration Reform (FAIR). The Fiscal Burden of Illegal Immigration on United States Taxpayers. 2023.（美國移民改革聯合會《非法移民對美國納稅人的財政負擔》，提供關於非法移民帶來的經濟成本資料。）
9. U.S. Department of Homeland Security (DHS). Combatting Human Trafficking. 2023.（美國國土安全部《打擊人口販賣報告》，揭示了非法移民與人口販賣的關聯。）
10. U.S. Drug Enforcement Administration (DEA). Fentanyl: The Deadliest Opioid Threat Facing the United States. 2023.（美國緝毒局《芬太尼：美國面臨的最致命毒品威脅》，指出芬太尼毒品走私的嚴重後果與來源。）

11. Texas Department of Public Safety (DPS). Criminal Illegal Alien Arrest Data. 2023. （德克薩斯州公共安全部《非法移民犯罪資料包告》，提供非法移民犯罪率統計。）
12. Judicial Watch. Election Integrity Investigations and Litigation. 2023. （美國司法監督組織《選舉誠信調查與訴訟》，揭示各州選民名單管理混亂及潛在舞弊問題。）
13. Pew Research Center. Unauthorized Immigrant Population Trends. 2023. （皮尤研究中心《非法移民人口趨勢報告》，提供非法移民總量與分佈資料。）
14. The Heritage Foundation. Voter Fraud Database. 2023. （傳統基金會《選民欺詐資料庫》，記錄美國歷年來選舉舞弊的具體案例。））
15. National Bureau of Economic Research (NBER). Affirmative Action and College Admissions. 2023. （美國國家經濟研究局《平權政策與大學錄取》，揭示亞裔在招生中的系統性不公。）
16. Espenshade, Thomas J., and Radford, Alexandria W. No Longer Separate, Not Yet Equal. Princeton University Press, 2009. （湯瑪斯·埃斯彭謝德《不再隔離，尚未平等》，早期研究亞裔在高等教育錄取中的劣勢。）
17. Thomas Sowell. The Vision of the Anointed: Self-Congratulation as a Basis for Social Policy. Basic Books, 1996. （湯瑪斯·索威爾《自詡的恩人》，批判福利制度對家庭結構與社會的破壞性影響。）
18. Pew Research Center. Asian American Voter Turnout in the 2020 Election. 2021. （皮尤研究中心《2020年亞裔選民投票率》，反映亞裔政治參與現狀。）

第十章 批判性思維和應用

1. Paul, R., & Elder, L. (2019). Critical Thinking: Tools for Taking Charge of Your Learning and Your Life. （保羅與埃爾德《批判性思維：掌控學習與人生的工具》）
2. Stanovich, K. (2010). How to Think Straight About Psychology. （斯塔諾維奇《如何理性看待心理學》，探討批判性思維在社會科學中的應用。）
3. The New York Post. (2020). Hunter Biden Laptop Report. （《紐約郵報》2020年《亨特·拜登筆記本事件報導》，揭示社交平臺封鎖新聞的例子。）
4. Kory, P., et al. (2021). Review of the Emerging Evidence Supporting the Use of Ivermectin in the Prophylaxis and Treatment of COVID-19. （寇里博士《伊維菌素用於COVID-19預防和治療的證據綜述》，反映資訊壓制背景下的獨立研究。）
5. New York Times. 「A Rise in Anti-Asian Hate Crimes.」https://www.nytimes.com/2021/03/05/us/asian-americans-hate-crimes.html（探討近年亞裔被攻擊事件及媒體報導的影響）
6. Wu, Ellen D. The Color of Success: Asian Americans and the Origins of the Model Minority. Princeton University Press, 2014. （吳愛倫，《成功的膚色》，分析「模範少數族裔」標籤背後的種族壓力）

7. Keller, Timothy. *The Reason for God: Belief in an Age of Skepticism*. Penguin Books, 2008.（提摩太・凱勒，《信仰的理由》，講解基督教對人性、尊嚴與平等的理解）

www.ingramcontent.com/pod-product-compliance
Lightning Source LLC
Chambersburg PA
CBHW020453030426
42337CB00011B/91